英語教師田尻悟郎の挑戦

# 生徒の心に火をつける

編著　横溝 紳一郎
著者　大津 由紀雄　柳瀬 陽介
監修　田尻 悟郎

教育出版

## はじめに

横溝紳一郎

　田尻悟郎先生（以下，田尻氏と呼ぶ）という島根の公立中学校の先生が，素晴らしい英語教育実践を行っているということを私（横溝）が知ったのは，2003年のことでした。たまたま職場のオフィスが隣同士だった柳瀬陽介氏から，「一人の素晴らしい英語教員についてリサーチをしようと思っているけど，興味ある？」との誘いを受け，それまで特に印象に残る先生に英語を教えてもらった記憶がない私が「やりたい」と即答したのが始まりでした。その後，「言語学・コミュニケーション・ライフヒストリー的観点からの中学英語教師の研究」（平成17年度〜19年度萌芽研究：課題番号17652064，研究代表者：柳瀬陽介）という科学研究費補助金プロジェクトの下，「田尻氏の素晴らしい英語教育実践はどのような過程を経て形成され，どのような構成をしているのか」，そして「田尻氏の実践から，他の教師が学ぶべきことは何なのか」等について，柳瀬陽介氏（広島大学），大津由紀雄氏（慶應義塾大学），そして私の3名が，3年間共同調査をすることになりました。私にまず与えられた役目は，田尻氏のライフヒストリーについて，ご本人にインタビュー調査をすることでした。2005年7月と2006年1月にインタビューは実施され，インタビュー時間の合計は10数時間という長さになりました。インタビューで語られる田尻氏のエピソードは，面白おかしく，それでいて涙を誘うとても魅力的なものでした。

　田尻氏のライフヒストリーのデータと格闘する一方で，その時点で既に公になっていたビデオ，DVD，そして書籍などによって，田尻氏の英語教育実践についての理解を深めていこうと私は試みていました。それらの試みによって田尻氏の授業についての理解が深まってきたと感じていたのですが，2007年1月と2月に，東出雲中学校に足を運んで実際に見た田尻氏の英語の授業は，私たち3名の想像をはるかに超えるものでした。一番驚いたのが，授業時間中の生徒たちの熱気・集中力と，英語授業時間の終わりのチャイムが鳴っても教室を離れようとしない数多くの生徒たちの存在でした。「なんでこの生徒たちは，こんなに前向きに英語を勉強したいと思っているんだろう」という問い

に対する答えを心から知りたいと思うようになった私は，それまで以上のエネルギーをもって，田尻実践と格闘するようになっていきました。田尻氏による講演会やワークショップにも何度も参加しました。どの会場にも，田尻氏のひと言ひと言を必死にメモし，田尻実践の工夫を盗み，明日からの授業の改善につなげようという現役の先生方の熱気が満ち溢れていました。その熱気に煽られた私は，著書やビデオ，DVD，テレビ番組，インターネットなど，あらゆるメディアを活用して，田尻氏による英語実践の全体像の把握に努めてきました。本書は，それらの努力を通じて私が把握した（と思っている）田尻氏の教育実践の理念と技術を明らかにしようとする試みです。

　田尻氏の実践は，奥深いばかりでなく日々進化し続けています。上記のような形で全体像に迫ろうとしたとしても，完全には文字化はできないでしょう。しかしながら，これまでバラバラに細切れのような形で紹介されることが多かった，田尻氏による英語教育実践の理念や技術をまるごと紹介しようとする本書の試みには，それなりの意義・価値があると，私は感じています。では，田尻ワールドの扉をお開きください。

左下より時計回りで，田尻，横溝，柳瀬，大津（2005年7月18日）

# 目　次

はじめに（横溝紳一郎） ———————————————————— ii

## 第1章　英語教科固有の特徴　（横溝紳一郎）

### 第1節　カリキュラム・デザイン ———————————————— 2
1. 授業の幹とバックワード・デザイン ———————————— 2
2. ニーズ分析と学習目標（学習項目）の設定 ———————— 4

### 第2節　テストの決定 ———————————————————— 13
1. テストの内容と学習目標の一致 —————————————— 13
2. 成績づけ ———————————————————————— 30
3. インタビューテスト ——————————————————— 32
4. 評価方法の明示と Can-do Statements ——————————— 38

### 第3節　教材の決定 ————————————————————— 42
1. 教材選択／作成にあたっての心がけ ———————————— 42
2. 教科書 ————————————————————————— 45
   a. 教科書分析　　45
   b. 教科書をいつ使い始めるか，どの部分を使うか　　47
   c. 音読用の教材としての教科書使用　　49
   d. 読解用の教材としての教科書使用　　54
   e. 聴解用の教材としての教科書使用　　59
3. 辞書 —————————————————————————— 62
   a. 辞書は生徒に使用させるべきか　　62
   b. 辞書使用の例1：ハロウインについてのリーディングの授業　　64
   c. 辞書使用の例2：クラスルームイングリッシュ　　69
4. 歌・音楽 ———————————————————————— 72
   a. 生徒のメンタル面への働きかけとしての歌・音楽の活用　　72
   b. 英語能力の向上のための歌・音楽の活用　　77
5. 映画 —————————————————————————— 80

## 第4節　教え方の決定 ──────────────── 85
1. ユニークな教え方を支えているもの ───────── 85
2. アルファベットの指導とフォニックス ──────── 86
   a. 段階的指導の必要性　86
   b. 第1ステップ：英語らしい発音を知る　88
   c. 第2ステップ：大文字と小文字の認識／書く練習　96
   d. 第3ステップ：フォニックス　101
     （1）第1段階：アルファベットの名字と仕事　101
       (a) 母音の「仕事」　103
       (b) 子音の「仕事」　103
     （2）第2段階：音の足し算　105
       (a) 子音＋短い母音（①番読み）　105
       (b) 短い母音を含む3〜4文字の語を読んでみる　106
       (c) 5文字以上の語を読んでみる　109
       (d) 子音＋長い母音の読み方（②番読み）を教える　110
       (e) 長い母音を含む4〜5文字の語を読んでみる　111
     （3）第3段階：例外編　112
       (a) 母音のその他の読み方（③番〜⑥番読み）を教える　112
       (b) 綴りのルールを教える　113
       (c) 特殊な読み方を教える　114
3. 語順指導 ────────────────── 118
   a. 5文型の知識は必要か　118
   b. 語順の段階的指導　120
4. 誤りへの対処 ──────────────── 132
5. 機械的ドリル ──────────────── 143
   a. パンチゲーム　144
   b. モデルダイアログの応用：Talk and Talk その1　151
   c. チェーンドリルの工夫：Talk and Talk その2　159
   d. プラスワンの文を加える工夫：Talk and Talk その3　162

6. 日記 ──────────────────────── 167
7. 文章の指導 ────────────────── 171
8. スピーチ ─────────────────── 174
9. 文型導入と文法説明 ─────────── 183
10. 4技能の統合 ─────────────── 195

## コラム：田尻悟郎の≪ことばへの感性≫ （大津由紀雄） ─── 208

## 第2章　生徒の心に火をつける工夫 （横溝紳一郎）

### 第1節　自学システム ────────────────── 212
1. 「自学」とは何か？ ───────────────── 212
2. 学習システムとしての「自学」 ─────────── 212
3. 田尻氏と「自学」の出合い ───────────── 213
4. 田尻氏による自学システム ───────────── 215
　　a. 『自学のすすめ』と『自学帳の使い方』　216
　　b. 『自学メニュー』　217
5. 田尻氏が自学システムで大切にしていること ───── 218

### 第2節　言葉かけ ─────────────────── 231
1. 「言葉かけ」とは何か？ ────────────── 231
2. 肯定的な情報を提供して意欲化を図る ───────── 232
　　a. ある一定の条件下で行われること　233
　　b. どこがよかったのかの特定化　235
　　c. ほめの信憑性　236
3. 否定的な情報を提供して意欲化を促す ───────── 238

## コラム：田尻に学ぶということ （柳瀬陽介） ─────── 241

## 第3章　生徒を育てるために必要なこと　（横溝紳一郎）

### 第1節　生徒指導と教科指導のつながり ——————— 246
1. 田尻氏と生徒指導 ——————————————— 246
2. 生徒指導その1：放課後の勉強会 ——————— 248
3. 生徒指導その2：生徒会活動と行事 —————— 251
4. 生徒指導その3：部活動 ———————————— 253
5. 生徒指導その4：英語の授業 ————————— 255
6. 田尻氏の「叱る」「説諭する」行為 ——————— 260

### 第2節　自己研修の継続 ————————————— 263
1. 教師の成長と自己教育力 ——————————— 263
2. 田尻氏の自己教育力 —————————————— 263
3. 英語の自己研修 ———————————————— 264
4. 教え方の自己研修 ——————————————— 267

### 第3節　子どもの可能性を信じること ——————— 272
1. 教師の期待と生徒の成長 ——————————— 272
2. 生徒を信じることの大切さ —————————— 273

注 ———————————————————————————— 277
引用文献 ——————————————————————— 285

## 執筆をおえて　（横溝紳一郎） ———————————— 290

## おわりに　（田尻悟郎） —————————————————— 294

# 第1章

# 英語教科固有の特徴

第 1 節

# カリキュラム・デザイン

## 1 授業の幹とバックワード・デザイン

　さまざまな創意工夫の結果生み出されてきた田尻氏による英語教育実践の全体像を把握するためには，何らかの枠組みが必要です。田尻氏の授業や講演会，ワークショップに参加している方々は，必死にメモを取っていることが多いのですが，田尻実践の優れた点は非常に多岐にわたるものなので，どんなに一生懸命メモを取ったとしても，田尻実践のほんの一部を垣間見た程度に終わってしまっていることが多いと思います（私もその一人でした）。田尻氏が紹介するさまざまな指導技術は「目からウロコ」的な魅力を発するものばかりなので，それに触れた者の多くが「自分もやってみたい」と感じるようです。しかしながら，自らの現場に戻ってその技術を真似してやってみても，思ったような効果が上がらないことも少なくないのではないでしょうか。このことに関して，三浦（2006：46）は，次のように述べています。

> 　近年，英語教授法の進歩には目覚しいものがあり，毎年新しい指導法が提案され，多くの指導書が出版されている。英語教師はこうした how-to 技術の洪水にさらされている。ともすれば教師は，こうした指導法の流行の波に流され，断片的な指導技術の追いかけに終始し，自らが直面する教育的課題を見失いがちである。指導技術はいわば樹木の枝葉であり，いくら枝葉を収集してもそれを有機的に統合する幹がなければ，「行く先のない」授業にすぎず，生徒を納得させることはできない。

　つまり，うわべの技術だけを真似するだけではダメだというわけです。で

は，どんな授業が「幹」のある優れた授業なのでしょうか。この点に関して，三浦は次の3つの要素を挙げています。

　①どこから出発し
　②どこへ向かって
　③どのようなルートをたどって旅するのか

　やや抽象的な三浦の主張を理解しやすくするために，Brown（1995：20）による外国語教育のカリキュラム・デザインを援用します。Brownは，外国語教育のカリキュラム・デザインを次のような図で表しています。

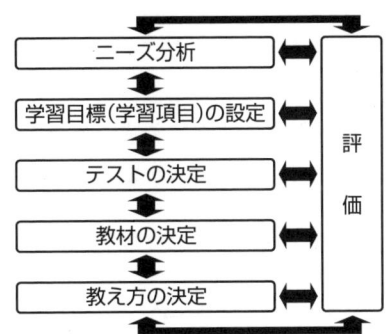

　この図は，「上から下のほうへプロセスを経ていくことでカリキュラムをデザインすべきである」という姿勢を表しています（両方向きの矢印になっているのは，行ったり来たりを繰り返す，ということです）。田尻氏による英語教育実践も，基本的には，この上から下への流れで構成されています。すなわち，

　①生徒が何を求めているか，生徒にとって何が必要か，生徒にどんな力をつけてあげたいかを考え
　②そのニーズを満たすために，大きな学習目標を立て，その目標に基づいて学習する項目を決め
　③その学習項目をマスターできたかどうかを決定するためのテストを作成し
　④そのテスト合格を達成するために，必要な教材を選び／作成し

⑤その教材を最大限に活かすような教え方の工夫をする

という流れです（④と⑤は，田尻氏の頭の中では同時進行なのかもしれませんが）。このような流れで構成されるカリキュラムは，バックワード・デザイン (backward design) とも呼ばれるもので，「文部科学省から許可を受けた教科書を1つなんとなく選んで，それに沿った授業を行って，授業でカバーした部分をテストしてみる」というものとは大きく異なっています。この後者の大きな弱点は，「何かの目標を達成するために教材も教え方も存在すべきなのに，その目標がはっきりとしないまま教材や教え方が決定されているので，目標達成につながりにくいこと」，そして「テストは，目標が達成されたかどうかを測るために存在すべきものなのに，テストの日までに教えたことをマスターしたかどうかの測定のみに使われがちになり，目標が達成されたのかどうかがチェックされにくいこと」などです。

　田尻氏の英語教育実践は，上から下へ，つまり大きなところから小さなところへと決定事項が流れています。では，この流れに沿って，田尻実践を詳しく見ていきましょう。

## 2　ニーズ分析と学習目標（学習項目）の設定

　中学校教員である田尻氏の生徒の多くに共通するニーズは，「高校入試に合格するための知識・技能を身につけたい」というものです。このニーズは，田尻氏の生徒に限らず，全国の生徒の多くに共通するニーズであり，田尻氏もそれを無視することはできません。このニーズを満たす授業を実現するために，田尻氏は過去の入試問題を数年分詳細に分析し，出題や問題，解答形式の傾向を把握し，正しく解答するために身につけておくべき知識・技能を明らかにしています。

　こういった分析と学習項目の設定は，入試対策として（特に塾などでは）広く行われているものなのですが，田尻実践のユニークな特徴は，その知識・技能の獲得を，もう一方の大きな目標を満たすための授業設計の中に組み入れている点です。その大きな目標とは，ズバリ「英語学習を通じて，生徒の心を育てたい」というものです。[1]

最近の子どもたちはコミュニケーション不足からか，人間関係を構築することが苦手になり，悩むことが多くなった。英語科はコミュニケーションの仕方を教える教科である。ならば，授業を通じて生徒同士が関わり合い，お互いを理解し，認め，支えるようにしてやりたいと考え，日々の授業作りに精を出した。

田尻氏は，子どもたちに，こう育ってほしいという願いを持っています。[2]

　グローバルシティズンを育てる。自分の言動に責任を持つ子。地域社会に建設的な働きができる子。そして心が豊かな子。そのためにコミュニケーション能力と社会性が必要になる。それを身につけさせるのが教育なんやと思ってます。

「コミュニケーション能力と社会性」のうち，「社会性」については，授業中のクラスメートとの関わりの中で身につけていくように教室活動が工夫されているので，後述します。では，もう1つの「コミュニケーション能力」を身につけるという大きな目標を達成するために，田尻氏は，3年間のカリキュラムを具体的にはどのようにデザインしているのでしょうか。次の表は，2004年度に田尻氏が立てた中学3年生用の学年到達目標です。

# 中学3年の学年到達目標

| 年 | 学期 | INPUT | OUTPUT | GRAMMAR |
|---|---|---|---|---|
| 3 | 1 | ・WPM-55（300 words）<br>・L. A. Hill の intermediate anecdotes level 1 の punch line がわかる<br>・初めて読んだ読み物に関して簡単な感想を述べることができる<br>・文法の知識を利用して聞き取りの間違いを訂正することができる<br>・80種類程度のクラスルームイングリッシュの意味がわかる | ・日本的な事物を英語で説明することができる<br>・修学旅行について英語で報告することができる<br>・2つのものの違いを既習事項を駆使して表すことができる<br>・40種類程度のクラスルームイングリッシュが使える | ・英語の語順（1-D, 1-E, 2-E）を知り，使うことができる<br>・関係代名詞をある程度使うことができる<br>・3人称で書かれた英文を使って内容理解のQ&Aができる<br>・It's ○ (for ☆) to がわかり，使える<br>・It takes □ ((for) ☆) to がわかり，使える<br>・時制の一致を知る<br>・so ○ that がわかり，使える |
| | | ・修学旅行について ALT に英語で報告でき，ALT の質問に答えることができる<br>・電話で応答できる | | |
| | 2 | ・WPM-60（350 words）<br>・L. A. Hill の intermediate anecdotes level 2 の punch line がわかる<br>・初めて読んだ／聞いた事柄に対して数文使って感想を述べることができる<br>・前後関係から未習の語句の意味を推測することができる<br>・90種類程度のクラスルームイングリッシュの意味がわかる | ・初めて読んだ物語の感想を言う／書くことができる<br>・関係代名詞を使って事物の定義ができる<br>・45種類程度のクラスルームイングリッシュが使える | ・分詞による後置修飾，接続節，不定詞の形容詞的用法に慣れる<br>・現在完了に慣れる<br>・1人称で書かれた英文を使って内容理解のQ&Aができる<br>・what to, how to, where to, when to, which to がわかり，使える<br>・tell ☆ to, ask ☆ to, want ☆ to, would like ☆ to がわかり，使える<br>・too ○ to がわかり，使える<br>・間接疑問文がわかり，使える |
| | | ・地図を使って電話で道案内ができる<br>・電話で道案内を聞き，復唱できる<br>・相手の言ったことに対して即座に質問できる<br>・レストランで注文ができる | | |
| | 3 | ・WPM-60（400 words）<br>・L. A. Hill の advanced anecdotes level 1 の punch line がわかる<br>・ばらばらになった段落を正しく並べ替えることができる<br>・初めて見た英文を音読することができる<br>・100種類程度のクラスルームイングリッシュの意味がわかる | ・感情を込めてスピーチをすることができる<br>・50種類程度のクラスルームイングリッシュが使える | ・後置修飾を使うことができる<br>・時制を正しく使い分けることができる<br>・単純形，進行形，完了形の違いがわかり，使い分けることができる<br>・代名詞を正しく使い分けることができる<br>・助動詞を正しく使い分けることができる<br>・接続詞 if, when, after, before, until, while, as soon as を使い分けることができる<br>・付加疑問文が使える |
| | | ・Severn Suzuki のスピーチを読んで感想を言える（書ける）<br>・初めて読んだ物語の続きを書くことができる<br>・相手の言ったことに対して即座に反駁できる | | |

この表のうち,「コミュニケーション能力」を育てるための具体的目標となっているのは,
(1学期)
　　日本的な事物を即興で英語で説明できる。
　　修学旅行について報告できる。
　　2つの絵の違いを既習事項を駆使して説明できる。
　　初めて読んだ読み物に対して簡単な感想を述べることができる。
　　質問に対して正しく答えることができる。
　　主語が3人称の肯定文,否定文を疑問文にすることができる。
(2学期)
　　文脈から未習語句の意味を推測することができる。
　　初めて読んだ読み物に対して討論できる。
　　地図を使って電話で道案内ができる。
　　相手の言ったことに関連した質問を即座にできる。
　　主語が1人称の肯定文,否定文を疑問文にすることができる。
(3学期)
　　初めて見た英語の文章を英語らしく音読することができる。
　　感情を込めてスピーチすることができる。
　　スピーチに対して即座に感想を書くことができる。
　　相手の言ったことに対して即座に反駁できる。
　　初めて読んだ物語の続きを書くことができる。
　　Severn Suzukiのスピーチを聞いて内容に踏み込んだ感想を述べることができる。
　　文法問題に正しく答えることができる。
等でしょうか。
　表の中のWPM（words per minuteの頭文字。読み物の語数÷読みきるのにかかった秒数×60×正解率で計算する[3]）やGRAMMARの到達目標は,主に入試を意識した目標だと考えられます。2年生と1年生の表は次のページのようになっています。

## 中学 2 年の学年到達目標

| 年 | 学期 | INPUT | OUTPUT | GRAMMAR |
|---|---|---|---|---|
| 2 | 1 | ・WPM-45（150 words）<br>・20 Questions（接続詞 when, after, before を含む）を聞いて適切に答えることができる<br>・information gap でどこに何があるかを聞き取ることができる<br>・50 種類程度のクラスルームイングリッシュの意味がわかる | ・過去の出来事を英語で説明できる<br>・未来の予定や希望を英語で説明できる<br>・学校の施設を説明することができる<br>・25 種類程度のクラスルームイングリッシュが使える | ・下線部が答えの中心となる疑問文を作り，答えることができる<br>・英語の語順（3-A, 1-C）を知り，使うことができる<br>・過去形，過去進行形，未来形がわかり，使える<br>・時を表す接続詞 when, after, before がわかり，使える |
| | 2 | ・WPM-45（200 words）<br>・文脈の中で適切な表現を選ぶことができる<br>・60 種類程度のクラスルームイングリッシュの意味がわかる | ・学校紹介ができる<br>・接続詞を使って長めの文を言う／書くことができる<br>・理由を言う／書くことができる<br>・30 種類程度のクラスルームイングリッシュが使える<br>・感想を表す表現を 5 つ以上使える | ・不定詞の名詞的用法がわかり，使える<br>・不定詞の副詞的用法がわかり，使える<br>・will, won't, may, must, mustn't がわかり，使える<br>・going to, have to, don't have to, want to, don't want to がわかり，使える<br>・接続詞 if がわかり，使える<br>・接続詞 because, so を使い分けることができる<br>・あめ玉表現を理解できる |
| | | ・ホームステイの Do's and Don'ts が言える／書ける<br>・職場体験実習の報告をすることができる | | |
| | 3 | ・WPM-50（250 words）<br>・L. A. Hill の elementary anecdotes level 2 の punch line がわかる<br>・文脈の中で適切な表現を選ぶことができる<br>・70 種類程度のクラスルームイングリッシュの意味がわかる<br>・フォニックス例外編の知識を使って，初見の単語がある程度読める | ・質問に対して答えたあと，数文つけ加えることができる<br>・聞き手を意識した音読ができる<br>・35 種類程度のクラスルームイングリッシュが使える | ・英語の語順（2-C, 2-D）を知り，使うことができる<br>・How 形容詞／What 名詞の使い分けができる<br>・比較級，最上級，同等比較がわかり，使える<br>・shall, should がわかり，使える<br>・able to がわかり，使える<br>・動名詞がわかり，使える |
| | | ・道案内／乗り物案内を聞いて理解できるし，簡単な道案内／乗り物案内ができる<br>・ものごとを比較して討論できる | | |

# 中学1年の学年到達目標

| 年 | 学期 | INPUT | OUTPUT | GRAMMAR |
|---|---|---|---|---|
| 1 | 1 | ・アルファベットの名前と仕事がわかる<br>・音の足し算ができる<br>・単数／複数の概念を知る<br>・3桁までの数字に慣れる<br>・20種類程度のクラスルームイングリッシュの意味がわかる | ・be動詞を使って簡単に自己紹介ができる<br>・be動詞を使って簡単に他人紹介ができる<br>・10種類程度のクラスルームイングリッシュが使える | ・SVCの文を否定／疑問にしたり，答えたりできる<br>・am / is / are を使い分けることができる<br>・否定疑問文の答え方がわかる |
| 1 | 2 | ・30種類程度のクラスルームイングリッシュの意味がわかる<br>・音の足し算ができ，初見で4文字以下の簡単な単語が読める（magic "e"） | ・一般動詞を含む文を追加して，10文程度の自己紹介ができる<br>・一般動詞を含む文を使って，第三者を簡単に説明することができる<br>・15種類程度のクラスルームイングリッシュが使える | ・SVOの文を否定／疑問にしたり，答えたりできる<br>・do / does の意味がわかり，使い分けることができる<br>・I (　) English. の空欄で使える一般動詞を5つ程度書ける<br>・He (　) English. の空欄で使える一般動詞を5つ程度書ける<br>・指示代名詞 this / that / these / those を使い分けることができる |
| 1 |  | ・SVOの文で質問されて答えることができる<br>・ファストフード店で注文ができる |  |  |
| 1 | 3 | ・WPM-40（150 words）<br>・40種類程度のクラスルームイングリッシュの意味がわかる<br>・音の足し算ができ，初見で6文字前後の単語が読める | ・家族紹介をすることができる<br>・典型的な1日を英語で説明することができる<br>・20種類程度のクラスルームイングリッシュが使える | ・英語の語順（1-A, 1-B, 2-A, 2-B, 3-B）を知り，使うことができる<br>・代名詞の主格，所有格，目的格，所有代名詞がわかる<br>・現在進行形がわかり，使える<br>・can がわかり，使える<br>・疑問詞 who, what, how, where, when, why, which がわかり，使える<br>・接続詞 because が使える |
| 1 |  | ・英語の質問に対して，主語と動詞を伴って答えることができる<br>・曜日，日付，時刻，天気などの表現を聞いたり読んだりしてわかる<br>・ショッピングができる |  |  |

先ほど，「WPM や GRAMMAR の到達目標は，主に入試を意識した目標だと考えられる」と述べましたが，WPM で使われる読み物教材の中には，意見交換などのコミュニケーション活動へとつながる読み物も含まれていますし，GRAMMAR を意識した活動においても，特に 2 年生後半で比較級が導入されたあとは，自己表現へとつながる工夫が随所になされています。

　各学年の到達目標は，3 年生の 3 学期→3 年生の 2 学期→3 年生の 1 学期→2 年生の 3 学期→2 年生の 2 学期→2 年生の 1 学期→1 年生の 3 学期→1 年生の 2 学期→1 年生の 1 学期というような流れで作成されています。すなわち，「3 年間をとおして，ここまで身につけさせたい」という目標を掲げて，それを実現するために各学年・各学期で達成したいという到達目標を上から順に設定していくという，まさに backward design になっているのです。田尻氏自身もこう述べています。[4]

　　まず授業改善をするためには，目標を明らかにしないといけないと思います。子どもたちを卒業させるときにはどんな授業をしたいのか，あるいはもっと長い目で見て，どういう子どもを育てたいのか，逆算していくことから日々の授業作りができると思います。

　そして，目標にたどり着くまでの道すじが見えたときに，生徒たちのやる気が出てくることを強調します。[5]

　　一番大切なことは，まず子どもたちの気持ちを掘り起こす，動機づけをする，ということですよね。それから，たどり着けるための，目標にたどり着けるための small steps を組んであげること。こういうことができるために，こういう段階を経ていくよ，ということを子どもたちに分かってもらうこと。それで，子どもたちは「よし，じゃあ，やりたい」ってなったときに，子どもたちはすごい力持ってますから，いくらでもできるようになると思います。

　この backward design に合わせる形で，各学年の英語活動のタイプが決まっています。

［Types of Activities］
　3年生：fun, interesting, controversial, moving, and logical（thinking）
　2年生：fun, interesting, controversial and moving
　1年生：fun and interesting

　中学校3年間で生徒たちの知的レベルはぐんぐん向上します。それに合わせた活動が工夫されているのも，田尻実践の特徴の1つです。
　では，田尻氏はどのくらいのレベルの最終到達目標を，中学3年生の終わりに設定するのでしょうか。この点に関して，田尻氏は，「夢を持て！」と言います。「この子どもたちだから，これくらいしかできないだろう」と考えて低めの到達目標を設定するのではなくて，「この子どもたちがこんなことができたらいいなあ。こんな力をつけさせてあげたいなあ」という思いをもって高めの到達目標を設定し，その目標を達成できるように授業に全力投球すべきだと主張します。
　例えば，中学3年生3学期の到達目標となっている「Severn Suzukiのスピーチを聞いて内容に踏み込んだ感想を述べることができる」ですが，このスピーチは彼女が12歳のときにリオ・デ・ジャネイロの地球環境サミットで行った，環境問題・人権問題に言及した伝説の名スピーチです。このスピーチを聞いて感動でき，またそれについて踏み込んだ感想を言う，という英語のレベルは，現役の大学生でも到達できていない人が多いレベルだと思います。
　しかし田尻氏は，「コミュニケーション能力と社会性」育成の中学での最終到達地点として，あえてその達成を目標として掲げ，それを実際に実現していきます。「逆算して，各学年の到達目標が頭の中に常にインプットされている」ことが，このようなことが実現できる大きな一因となっています。三浦（2006）のいう，「①どこから出発し，②どこへ向かって，③どのようなルートをたどって旅するのか」を，田尻氏は常に意識できているわけです。
　しかしながら，このような学年到達目標を立てたとしても，田尻氏の授業は，それに縛られた窮屈なものにはなっていません。例えば，現在完了形を使って自己表現をしようとする2年生の生徒がいた場合に，「あ，それは3年生でカバーするから，それまで待っておきなさい」という対応ではなく，「お，そう言いたくなったか。それはな，こういう風に表現できるぞ。勉強してみる

か」という対応で，学習項目導入のタイミングや順序をも変更していくのです。こういった変更は，更なるさまざまな変更の必要性を生み出すことが多いのですが，「①どこから出発し，②どこへ向かって，③どのようなルートをたどって旅するのか」がしっかりと頭に入っている田尻氏にとっては，たいしたことではないようで，それよりも「言いたい・表現したい」という気持ちを生徒が持ったことを最大限に活用することのほうが大切だと考えています。そのことによって，生徒たちの自己表現欲求がどんどん高まっていくからです。

　既に述べたように，ニーズ分析と学習目標（学習項目）の設定はカリキュラム作りの始まりです。その次に来るのが，「その学習項目をマスターできたかどうかを決定するためのテストの作成」です。では，田尻氏が，どんなテストを作成し，それをどのように実施しているのかについて見ていきましょう。

## 第2節
# テストの決定

## 1　テストの内容と学習目標の一致

　テストが「立てた目標が達成されたかどうかを測るために存在すべきである」ことについては，既に述べました。田尻実践での最終到達目標は高く設定されていますので，それが達成されたかどうかを測るテストは，高いレベルのものになっていることが予想されます。例として，2006年度の中学1年の学年末テストを見てみましょう。

### (1) 中学1年の学年末テスト
1　＜クラスルームイングリッシュの理解度をみる問題＞
　今から聞く英文が表す意味を次の(ア)～(ヌ)の中から選び，それぞれの記号で答えなさい。(1点×5)

(ア)　patient はどういう意味ですか？
(イ)　patient は「患者さん」「辛抱強い」という意味です。
(ウ)　「患者さん」「辛抱強い」を英語でどう言いますか？
(エ)　「患者さん」「辛抱強い」はどういう綴りですか？
(オ)　私／僕はいくつ語句を言いましたか？
(カ)　私／僕はいくつ動詞を言いましたか？
(キ)　あなたは30個言いました。
(ク)　何にチャレンジしたいですか？
(ケ)　T&T Part 24にチャレンジしたいです。
(コ)　最初の文字は何ですか？

(サ) どうぞ，やってください。進んでください。召し上がってください。
(シ) 彼はどうしたんですか？
(ス) 彼は風邪を引いています。
(セ) 彼は熱があると聞いています。
(ソ) 彼は帰宅しました。
(タ) 彼は保健室に行きました。
(チ) 鼻水が出ます。
(ツ) 花粉症です。
(テ) それはお気の毒に。
(ト) おだいじに。
(ナ) パス。
(ニ) あきらめてパスしようよ。
(ヌ) そんなカードないよ。

2 ＜要点を聞き取る力をみる問題＞
　今からハンバーガーショップでの田尻先生と店員さんの会話を聞き，内容に合うものを次の(ア)〜(エ)の中から選び，記号で答えなさい。(2点×3)

（会話の内容）

　　　Goro： Two cheeseburgers and one cola and one orange juice, please.
　　　Clerk： Large, medium-sized or small?
　　　Goro： Small, please.
　　　Clerk： Anything else?
　　　Goro： No, thank you.
　　　Clerk： For here or to go?
　　　Goro： For here.
　　　Clerk： It's four dollars and fifty cents, please.
　　　Goro： Here's five dollars.
　　　Clerk： Here's your change.
　　　Goro： Thanks.
　　　Clerk： Thank you very much.

Questions：
1. What is Mr. Tajiri ordering?
2. Where is Mr. Tajiri eating?
3. How much is it?

(1) (ア) ハンバーガー2つとコーラ2つ，オレンジジュース1つ
　　(イ) ハンバーガー2つとコーラ1つ，オレンジジュース1つ
　　(ウ) チーズバーガー1つとコーラ1つ，オレンジジュース1つ
　　(エ) チーズバーガー2つとコーラ1つ，オレンジジュース1つ

(2) (ア) 店内で食べる
　　(イ) 持ち帰って食べる
　　(ウ) Sサイズ
　　(エ) Lサイズ

(3) (ア) 4ドル40セント
　　(イ) 4ドル50セント
　　(ウ) 5ドルちょうど
　　(エ) 5ドル40セント


3　＜英問英答：疑問文を作る力をみる問題＞
次の各文で，下線部が答の中心となる疑問文を完成させなさい。(2点×5)

(1) This is a picture of my family.
(2) This is my sister Lisa.
(3) She lives in Canada.
(4) She likes Japan very much.
(5) Her husband Koji teaches Japanese.

4  ＜英問英答：疑問文に答える力をみる問題＞

次の文章を読み，下の各質問に対して英語で答えなさい。ただし固有名詞を使わないといけないところ以外は，なるべく代名詞を使って答えること。

(2点×5)

Koji is cooking in the kitchen.
Lisa is helping him.
Mike and Shin are reading Christmas cards.
Emi, Judy and Bill are watching TV.
Koro is running around in the snow.

(1)　What is Koji doing in the kitchen?
(2)　Who is Lisa helping?
(3)　Who are reading Christmas cards?
(4)　What are Emi, Judy and Bill watching?
(5)　Where is Koro running around?

5  ＜読解力をみる問題＞

次の文章の内容に合うように，下の（　）内に日本語を書き入なさい。

(2点×3)

Taro has an Italian friend in Paris.
Taro doesn't speak Italian, and his friend Mario doesn't speak Japanese.
But they're good friends.
They both speak French.

マリオは（　1　）に住んでおり，太郎はその友達。太郎は日本人でマリオは（　2　）人なので，お互いの母国語では会話ができない。でも，2人とも（　3　）を話すので，仲のいい友人である。

6 ＜読解力と表現力をみる問題＞

次の対話文を読み，東出雲中学校と違うところを2か所見つけ，東出雲はどうであるかを英語で書きなさい。（3点×2）

  Shin： How many classes do you have each day?
  Bill： We have six each day from Monday to Friday.
  Shin： How long are the classes?
  Bill： They're fifty minutes long. We only have five minutes between classes. So we move quickly.
  Emi： What do you do after school?
  Bill： Many students play sports. I'm a member of the lacrosse team.

7 ＜英問英答＞

次の各質問に英語で答えなさい。（2点×8）

(1) When is your birthday?
(2) How do you come to school?
(3) When does your mother watch TV?
(4) Where do you buy notebooks?
(5) What musical instrument can you play?
(6) Where is Carole now?
(7) What are you doing now?
(8) What time is it now in New York?（日本の現在時刻から14時間ひく）

## 8 ＜語順＞

次のような場合，あなたは英語でどう言いますか。それぞれ適切なものを選んで英語の語順に並べ替え，記号で答えなさい。(6点×3)

(1) 大山先生が／今／職員室で／新しいコンピュータを使って／理科のテストを／作っていることを伝えたいとき

- (ア) making
- (イ) in the staff room
- (ウ) Oyama teacher
- (エ) Ms. Oyama
- (オ) is making
- (カ) now
- (キ) with her new computer
- (ク) a science test
- (ケ) a social studies test
- (コ) is makeing

( ) → ( ) → ( ) → ( ) → ( ) → ( )

(2) 自分たちが／毎日／学校で／田尻先生といっしょに／英語を／勉強していることを伝えたいとき

- (ア) We
- (イ) every day
- (ウ) at home
- (エ) studies
- (オ) English
- (カ) are studying
- (キ) with Mr. Tajiri
- (ク) at school
- (ケ) study

( ) → ( ) → ( ) → ( ) → ( ) → ( )

(3) 若狭先生は／日曜日になると／松江で／北島三郎のように／歌を／歌っていることを伝えたいとき

- (ア) is sing
- (イ) in Matsue
- (ウ) on Sundays
- (エ) sing
- (オ) songs
- (カ) like Kitajima Saburo
- (キ) sings
- (ク) likes Kitajima Saburo
- (ケ) Mr. Wakasa

( ) → ( ) → ( ) → ( ) → ( ) → ( )

このテストの各問題が，どの学習目標の達成を評価するためのものかについて，「2．ニーズ分析と学習目標（学習項目）の設定」で紹介した1年生3学期の到達目標の表（p.9）と照らし合わせてみると，こうなるでしょう。

1. ［クラスルームイングリッシュの理解度をみる問題］　今から聞く英文が表す意味を次の(ア)～(ヌ)の中から選び，それぞれの記号で答えなさい。
　　　　　　　　　　　　↓
　　「40種類程度のクラスルームイングリッシュの意味が分かる」
　　（Input）

2. ［要点を聞き取る力をみる問題］　今からハンバーガーショップでの田尻先生と店員さんの会話を聞き，内容に合うものを次の(ア)～(エ)の中から選び，記号で答えなさい。
　　　　　　　　　　　　↓
　　「ショッピングができる」（Input / Output：3学期の目標）

3. ［英問英答：疑問文を作る力をみる問題］　次の各文で，下線部が答の中心となる疑問文を完成させなさい。
　　　　　　　　　　　　↓
　　「疑問詞 who, what, how, where, when, why, which が分かり使える」
　　（Grammar）

4. ［英問英答：疑問文に答える力をみる問題］　次の文章を読み，下の各質問に対して英語で答えなさい。ただし固有名詞を使わないといけないところ以外はなるべく代名詞を使って答えること。
　　　　　　　　　　　　↓
　　「英語の質問に対して，主語と動詞を使って答えることができる」
　　（Input / Output：3学期の目標）

5. ［読解力をみる問題］　次の文章の内容に合うように，下の（　）内に日本語を書き入れなさい。

↓

「代名詞の主格，所有格，目的格，所有代名詞が分かる」(Grammar)
（副詞句・名詞句・前置詞句を見抜く）

6. ［読解力と表現力をみる問題］　次の対話文を読み，東出雲中学校と違うところを2か所見つけ，東出雲はどうであるかを英語で書きなさい。

↓

「英語の語順（1-A, 1-B, 2-A, 2-B, 3-B）を知り，使うことができる」(Grammar)

7. ［英問英答］　次の各質問に英語で答えなさい。

↓

「英語の質問に対して，主語と動詞を使って答えることができる」(Input / Output)

8. ［語順］　次のような場合，あなたは英語でどう言いますか。それぞれ適切なものを選んで英語の語順に並べ替え，記号で答えなさい。

↓

「英語の語順（1-A, 1-B, 2-A, 2-B, 3-B）を知り，使うことができる」(Grammar)

　このような形で，到達目標とテストが一致しています。よいカリキュラムを作成するうえで，到達目標とテストが一致していることは，非常に重要です。なぜなら，生徒たちはテストでよい成績を取るために勉強しようとするからです。
　勉強してよい成績を取ることが，その授業の目標に到達したことを保証するのでなければ，「自分たちの勉強は一体何のためだったのか」と生徒は感じてしまいます。また，教師も「自分の授業は一体何のためだったのか」と感じてしまいます。そういった事態を避けるためにも，到達目標とテストが一致して

いることは必要不可欠です。

　そして，到達目標とそのテストについての情報は，学習の当事者である生徒とそれを支える教師とであらかじめ共有されておくべきです。田尻実践では，「今学期は，こういう力をつけていく」「それがついたかどうかを測るテストはこんなテストだ」という情報開示が，学期が始まった直後に生徒に対してあらかじめなされます（テストの形式とレベルについての情報の開示で，実際に行われるテストの内容は，毎回変えられます）。この情報開示は，「今学期の授業をとおして自分はこんなことができるようになるんだ，その到達を目ざして努力しているんだ」という自覚を促すという形で，生徒のやる気を引き出すのに大きな役割を果たしています。

　その一方で，教師の側は，情報を開示した手前，その実現を目ざさざるを得ないという，いわば「引っ込みがつかない」状態へと自分を追い込むことになります。田尻氏は，この「引っ込みがつかない状態」を自ら作り続けているのです。

　3年生の学年末テストになると，前節で述べた「高校入試に合格するための知識・技能を身につける」という到達目標を達成するためのテスト，という色合いが濃くなります。例として，2004年度の中学3年の学年末テストを見てみましょう。

(2) **中学3年の学年末テスト**

1. [代名詞] 次の各（　）内の語を適切な形にしなさい。(1点×5)

    1. (This) are extra sheets.
    2. Ken's (brothers) names are Akira and Tadashi.
    3. Please listen to (we).
    4. Whose scissors are these?  I think they are (I).
    5. That's (they) new house.

2. [助動詞] 次の各（　）内に入るもっとも適切なものを下のア～クの中から選び，記号で答えなさい。(2点×4)

    1. You： Excuse me, Mr. Tajiri. I forgot my Talk and Talk.
       (　) ask my friend to show me his Talk and Talk?
       Tajiri： OK. But, don't forget to bring yours next time.

    2. You： Excuse me, Mr. Tajiri. I was absent last time and I don't have the handout. (　) give me one?
       Tajiri： OK. Here you are.

    3. You： Excuse me, Mr. Tajiri. Do we have to use English now?
       Tajiri： Of course. (　) use English because this is an English class !

    4. Your friend： Excuse me, Mr. Tajiri. I finished my dictation sheet.
       You：　　　(　) I.
       Mr. Tajiri： OK. I'll give you another sheet.

        ア．Will you　　イ．I can　　ウ．So did　　エ．Shall I
        オ．Shall we　　カ．Did you　　キ．You must　　ク．May

3. ［動詞の語形変化］　次の英文を読んで①〜⑩までの動詞を適切な形にしなさい。ただし、なかには1語加えないといけないものもあります。⁶

(1点×10)

　Bob was sixteen years old. He was very shy and didn't talk much to anyone. Albert Brown, a science teacher, knew that Bob (① be) different from other students. "I (② know) a lot of students since I became a teacher," Mr. Brown said to his friends, "but Bob is very different from other students."

　Bob liked science very much. He (③ study) it very hard. He read all the science books in the school library. He (④ understand) everything that he read.

　One day after school, Bob (⑤ draw) something on the blackboard when Mr. Brown (⑥ come) into the room. He said to Bob, "What are these pictures about?" Bob answered, "These (⑦ be) the pictures of my first invention." "And what is your invention?" asked Mr. Brown again. Bob said, "It may (⑧ be) difficult for you to believe my idea, but I (⑨ tell) you what it is from now." He told his teacher all about his invention.

　When radio was very new in America, a boy of sixteen was thinking about the invention now (⑩ call) "television."

　　※　shy　はずかしがりやの　　　invention　発明(品)

4. ［文脈］　次のア〜カを自然な流れになるよう並べ替えなさい。(2点×5)

ア．I opened the bag and I was surprised. I saw the key ring that I wanted to buy in Kyoto! "How nice! Did you buy this on the school trip?" I asked.

イ．It was very cute and I especially liked the picture on it. I wanted to buy it, but I didn't have enough money at that time, so I gave it up.

ウ．I put the key ring on my backpack and I'm taking good care of it. My treasure is a small thing but it's full of friendship.

エ．One day after the school trip, Mari came to me with a small bag in her hand.

She was in the same group as mine on the school trip. She said to me, "Happy birthday, Junko. This is a birthday present for you."

オ．Last year we went on a school trip in Kansai Area. On the second day, we had a field trip in Kyoto. When we took a rest after walking a lot, we went into a shop near Kiyomizu temple. There I saw a key ring.

カ．Then she said, "Yes, I did. You seemed to want this one, but you didn't buy it. Then I remembered your birthday was coming soon. So I bought this key ring for you." I was very glad to hear her words.

　　　※　key ring　キーホルダー　backpack　ナップザック　seem　思える

5. ［読解力］　次の文章を読んで下の(1)〜(4)に適切な言葉を入れなさい。
　　　　　　　　　　　　　　　　　　　　　　　　(2点×3 + 6点)

　The high school had a very good football team, and its best player was a student who always had trouble in school. His name was George.

　One day, when he was practicing football, his homeroom teacher Ms. Kerry came to the field and called him. She said to George, "You must leave school because you cheated on the exam."

　Then the football coach came to the teacher. He was surprised to hear that and he tried to persuade her to let George stay in school.

　Ms. Kerry showed the coach two answer papers. "This one is Susan's paper. She's the best student in the class," she said.

　"And this one is George's. They're just the same!" Then she turned to George and said, "You sat at the next desk, didn't you?"

　The football coach said, "But maybe Susan copied from George."

　"Look at this," Ms. Kerry said to the football coach. "Susan didn't know the answer to this question, so she wrote, 'I don't know.' And George, you wrote, 'Neither do I.'"

　　　※ cheat　いかさまをする，カンニングをする　　persuade　説得する

フットボール部の花形プレーヤーでありながら，問題をよく起こすジョージがテストでカンニングをしたようで，担任のケリー先生は「（ 1 ）」と言う。それに驚いたフットボール部のコーチは，ジョージが（ 2 ）よう彼女を説得している。担任のケリー先生は（ 3 ）であるスーザンの答案用紙とジョージの答案用紙を比べ，答えが全く一緒だと言う。コーチはスーザンが写した可能性もあると言うが，ケリー先生はジョージがスーザンの答案を写したに違いない証拠を挙げる。それがこのストーリーのオチである。そのオチとは，（ 4 ）である。

6. [Listening Test] 今からある場面を説明する英文を読みます。場面は全部で5つあります。それぞれの場面は，以下のことわざのいずれかを表しています。それぞれの場面を表すことわざを次のア〜コの中から1つずつ選び，記号で答えなさい。(2点×5)

［リスニング・スクリプト］

1. You are studying English in pairs and groups. It's sometimes hard to help your friends when they don't know the answer. You have to be kind, and you have to keep giving good hints until your friends understand you. So it's a good chance for you to think again.
2. I didn't like vegetables when I was small. One day, I got very hungry, but there was almost no food in the kitchen. I didn't have enough money to buy food, either. I was so hungry that I ate the salad that was on the kitchen table in my house. And the salad was very good! Since then, I have liked vegetables.
3. Mr. Konno came back from America after he worked for a big company for ten years. Though he was born and grew up in Japan, he had a big culture shock. He noticed there are so many differences between America and Japan. Now he realizes that he needs to understand Japanese ways and tries to do things like other people in his office.
4. You know that you have to study hard. You know you have to do your homework. But sometimes, you can't stop watching TV, listening to

music, or playing computer games, and give up doing your homework. Next day, your teacher is angry, and you also feel bad. Today you have a lot of things to do, and you have no time to do yesterday's homework. Oh, no!

5. February 14th was St. Valentine's Day. I was looking forward to getting a lot of chocolates from girls. One of my friends said, "Hanako likes you." O.K. One chocolate. Then another friend of mine said, "I think Shizuka loves you." Wow! Two chocolates. And my sister said she'd make special chocolate for me." Mmm. Three chocolates. However, on Fubruary 14th, no one gave me chocolate. Oh-oh.

ア．An apple a day keeps a doctor away.
イ．All work and no play makes Jack a dull boy.
ウ．Don't count your chickens before they are hatched.
エ．Out of sight, out of mind.
オ．Health is better than wealth.
カ．So many men, so many minds.
キ．When in Rome, do as the Romans do.
ク．Never put off till tomorrow what you can do today.
ケ．To teach is to learn twice.
コ．Hunger is the best sauce.

7. ［読解＆自己表現］　次のストーリーはオチの部分の直前で終わっています．下線部に注目し，この町には今後どんなことが起こるかを想像して，英語でこのストーリーの続きを書きなさい．(10点)

There was an old shrine at the foot of the hill near a town.

One summer day, a storm hit the town. Many trees fell down in the wind. It rained so hard that the shrine was washed away.

The next day, people found a big hole. "The old shrine used to stand there," someone said. A boy shouted into the hole, "Hello ? Can anyone hear me ?"

There wasn't even an echo.

The boy threw his red marble into the hole. People waited quietly, but no sound came back. "Boy！This hole must be really deep. It's the perfect place to throw things away," he thought.

The next day, the boy threw his test papers into the hole. Other people saw him and threw in things that they didn't want.

A few days later, a garbage truck dumped all its garbage into the hole.

Soon all the garbage trucks in the town were dumping garbage into the hole. It was easier than burning it in the town plant.

A few years passed, but the hole never filled up. People became less and less worried about garbage because there was a perfect place for it. Factories dumped industrial waste into the hole. Scientists even dumped nuclear waste there.

The town became clean and beautiful. More and more people came to live there.

One day a man was working on the roof of a new building. A voice above him shouted, "<u>Hello？Can anyone hear me？</u>" He looked up, but all he could see was the clear blue sky. He continued working.

<u>Suddenly, a red marble hit the roof beside him.</u> But he was too busy to notice it.

※ shrine　神社　　at the foot of □ ⇔ at the top of □
　used to ～　～したものだ　　echo　こだま　　marble　おはじき
　quietly ＝ without saying anything ＝ with their mouths closed
　garbage　生ゴミ　　dump ＝ throw away　　burn　燃やす
　town plant　町工場　　less and less ⇔ more and more
　industrial waste　産業廃棄物　　nuclear waste　核廃棄物
　roof　屋根　　continue　続ける　　suddenly　突然
　beside　□□の横の

前記のテストを，3年生の到達目標の表（p.6）と照らし合わせてみましょう。

1. ［代名詞］ 次の各（　）内の語を適切な形にしなさい。
   ↓
   「代名詞を正しく使い分けることができる」（Grammar）

2. ［助動詞］ 次の各（　）内に入るもっとも適切なものを下の枠内から選び，記号で答えなさい。
   ↓
   「助動詞を正しく使い分けることができる」（Grammar）

3. ［動詞の語形変化］ 次の英文を読んで①〜⑩までの動詞を適切な形にしなさい。ただし，なかには1語加えないといけないものもあります。
   ↓
   「時制を正しく使い分けることができる」（Grammar）
   「単純形，進行形，完了形の違いが分かり，使い分けることができる」（Grammar）

4. ［文脈］ 次のア〜カを自然な流れになるよう並べ替えなさい。
   ↓
   「ばらばらになった段落を正しく並べ替えることができる」（Input）

5. ［読解力］次の文章を読んで下の(1)〜(4)に適切な言葉を入れなさい。
   ↓
   「L. A. Hill の advanced anecdotes level 1 の punch line が分かる」（Input）

6. ［Listening Test］　今からある場面を説明する英文を読みます。場面は全部で5つあります。それぞれの場面は，以下のことわざのいずれかを表しています。それぞれの場面を表すことわざを下のア～コの中から1つずつ選び，記号で答えなさい。

↓

「（可能な限り文法事項を入れた）3年間の総復習」

7. ［読解＆自己表現］　次のストーリーはオチの部分の直前で終わっています。下線部に注目し，この町には今後どんなことが起こるかを想像して，英語でこのストーリーの続きを書きなさい。

↓

「初めて読んだ物語の続きを書くことができる」（Input / Output）

　田尻実践では，1年生から3年生を通じて，到達目標が Input, Output, Grammar の3つで構成され，それに合わせた形のテストが作成・実施されるのですが，前掲の3年生3学期の期末テストに限っては，到達目標の表に表れていない設問6が含まれていたり Grammar の占める割合が非常に高くなったりしています。これは，前節で述べた「高校入試に合格するための知識・技能を身につける」という到達目標を達成するためのテスト，という色合いが濃くなっているからです。すなわち，入試対策を意識したテストだからです。
　入試に合格することは生徒にとって重要なニーズ・目標であり，その達成を支援することを主目的として，3年生3学期の学年末テストは作成・実施されているのです。前掲の学年末テストを見て，「高いレベルだけど，なんだか，あんまり目新しいテストでもないなあ」という感想をもたれた読者の方も多いと思います。それは，その設問形式が，過去数年分の公立高校および私立高校の入試問題や解答形式の傾向を反映したものになっているからです。田尻氏が出題（問題）や解答形式の傾向をしっかりと把握し，それに基づく試験を作成しているので，生徒たちは，最近の入試出題傾向に沿った試験問題を，入試直前に（しかも実際の入試よりははるかに高いレベルで）受けることができるのです。入試対策自体は，とても「夢のある」作業とはいえないでしょう。しかしながら，「それが生徒にとって大切なことであるのなら，それを最高の形で

提供したい」という思いが，毎年の入試問題の分析，それに基づくテスト作成，という作業に田尻氏を向かわせる原動力となったのでしょう。

## 2　成績づけ

　ところで，中間試験や期末試験のような「到達度テスト（achievement test）」は，特定の学習内容をどれだけ習得したかを測るテストで，その結果は，いわゆる「成績づけ」に使用されます。では，田尻実践では，どのような「成績づけ」を行っているのでしょうか。例として，1年生2学期の成績づけの方法を見てみましょう。

```
　　中間テスト　　　　　　　　　成績に入れず
　　期末テスト　　　　　　　　　86点
　　Talk and Talk Part 14~27×2点 ＝ 28点
＋）教科書インタビューテスト　　　10点
　　―――――――――――――――――――――
　　　　　　　　　　　　　　　　124点
```

　この成績づけの方法でまず目を引くのが，「中間試験は，成績に入れない」という部分です。中間試験をあくまで学期の途中の「診断テスト（diagnostic test）」として位置づけています。「試験を受けた時点で，自分がどのような技能・知識を既に身につけていて，今後どのような内容の学習が必要とされているのか」が明らかになることで，学期の残りの学習の頑張りへとつなげようとしています。このことに関連して，田尻氏は次のように言っています。[7]

　　そこがね，今先生方に本当に考えていただきたいことなんです。やはり最終的にできることが目標であって，途中でできないことでCをつけることが評価じゃないんですよね。合唱コンクールの練習でも，本番に向けていきなり気持ちが100％盛り上がる子いますよね。だけど，徐々に盛り上がる子と，全然やる気がなくて，特に男子で早く帰っちゃうとか，歌わない，ふざけてるという子もいます。この子たちをどう引き上げて，最後に鳥肌が立つような合唱ができたかというのが指導の醍醐味であって，

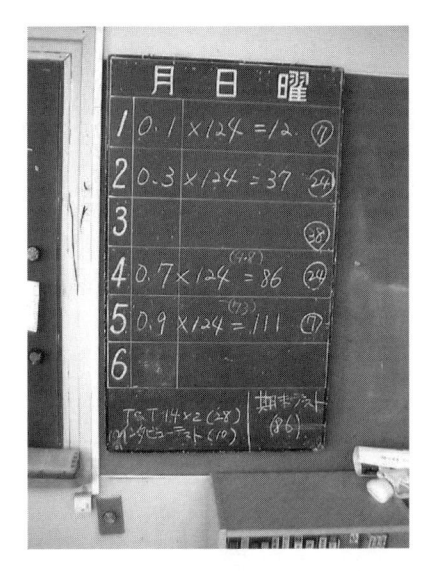

$124 \times 0.9 \fallingdotseq 111 \leqq$ → 「5」
$124 \times 0.7 \fallingdotseq 86 \leqq$ → 「4」
$85 \sim 38$ → 「3」
$124 \times 0.3 \fallingdotseq 37 \leqq$ → 「2」
$124 \times 0.1 \fallingdotseq 12 \leqq$ → 「1」

5段階評価の算出方法

途中で「おまえは駄目だ」と言うことが指導じゃないから，そういう子たちを上手に励まして，最終的には「やっぱり歌ってよかったな」「先生感動した」と思わせることこそ，いい合唱指導であり，正しい評価の仕方だと思います。

次に目を引くのが，期末テストの点数（素点）の合計が，100点ではなく，86点になっていることです。田尻氏はこのことについて，「1つのテストを無理に100点満点にしようとすると，配点や設問の数を無理して調整しようとする心が働くので，それよりも，レベルやねらいに応じて各問題の配点を決め，それを全て足して合計点を決定する。学年部に成績を報告するときに，100点換算して提出する」と述べています。そして期末テストの86点とその他のインタビューテストなどの総合点，124点の90％以上，すなわち，111点以上が「5」になるという計算です。

## 3 インタビューテスト

Talk and Talk についてですが，教材の紹介とそれをどう使うかの説明はあとで詳しく行うとして，それをどう成績づけに組み入れているかを説明しましょう。1年生2学期では，Talk and Talk Part 14~27 の各パートのインタビューテストに合格するたびに，2点がゲットできる仕組みになっています。全てのパートに合格すれば，28点満点が得られるのです。各パートのインタビューテストの受け方は，右の表の通りです。

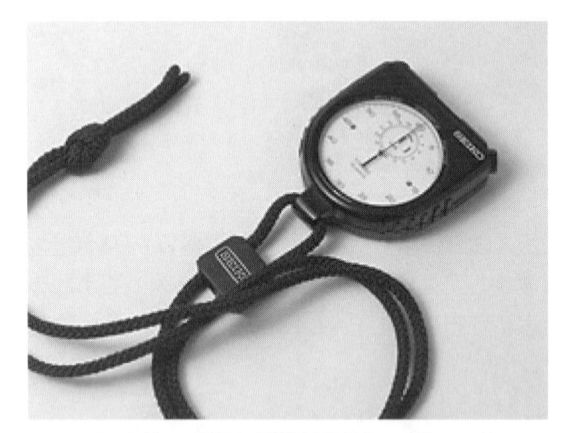

インタビューテストで活躍するストップウォッチ

インタビューを受ける生徒たち

# Talk and Talk インタビューテストの受け方

| Part | 制限時間や注意事項など |
|---|---|
| 14 | 2問40秒以内。Who is this woman? Where is he from? などの最後は下げて読む。1～6から1問、7～8から1問。 |
| 15 | 2問50秒以内。1行目のWhose book is this? は最後を下げて読む。1～6から1問、7～8から1問。 |
| 16 | 2問60秒以内。Iは弱く読み、その直後の動詞を強く読む。readのrを正しく発音する。 |
| 17 | 2問50秒以内。don'tを強く読む。everyのvとrを正しく発音する。4, 7から1問、5, 6, 8, 9から1問。 |
| 18 | 2問60秒以内。HeやSheは弱く読み、その直後の動詞を強く読む。readのrを正しく発音する。動詞の語尾のsをはっきり発音する。watchesは〔ウォチーズ〕と読む。 |
| 19 | 2問50秒以内。doesn'tを強く読む。everyのvとrを正しく発音する。 |
| 20 | 3問60秒以内。(1)～(3)の質問を先生にする。そのあと、先生があなたが暇なときにしていることを尋ねるので答える。さらに、あなたの家族の誰か（あなたが"Mother, please."とか、"Brother, please."などと指名してください）について先生が尋ねる、英語で答える。 |
| 21 | 2問30秒以内。 |
| 22 | 5問連続正しく反応する。Simon says, " ."と言われたときだけ動作をすること。 |
| 23 | 2問30秒以内。 |
| 24 | 2問50秒以内。ジェスチャーをつけてやること。4～8から2問。 |
| 25 | 30秒以内に先生を3回"Yes, I do."と言わせる。 |
| 26 | 2問50秒以内。doesn'tを強く読む。can youを〔キァンニュー〕と正しく発音する。 |
| 27 | 4問30秒以内。1～4の質問を先生にする。同じ質問を先生がするので答える。 |

Part 14 の対話は，こうなっています。

　　A：Who is **this woman**?
　　B：She's **Ms. Kim**.
　　A：Where is **she** from?
　　B：She's from **Korea**.

この太文字の部分の語彙を入れ替え，入れた語彙に合わせて代名詞も入れ替えることで正解文は完成します。例えば，「1」の語彙（単数形）と入れ替え

33

ると次のようになります。

　　A： Who is **this boy**?
　　B： He's **Paulo**.
　　A： Where is **he** from?
　　B： He's from **Brazil**.

「7」の語彙（複数形）と入れ替えると次のようになります。

　　A： Who are **these girls**?
　　B： They're **Sheila and Stacy**.
　　A： Where are **they** from?
　　B： They're from **Kenya**.

　生徒は授業でこのやり方を確認したら，家で全ての問題に対する答えを書いてきます。そして全て正しく書けるようになった時点で次のような認定票をもらいます。

> You have successfully written all the answers for Talk and Talk Part _____ .
>
> （ここに生徒の名前を教師が書いてやる）
> ↓
> _____

　それから音読練習をたっぷり行い，教師もしくはティーチャー（教師役の生徒）のところにインタビューテストを受けに来ます。ここで認定票は「インタビューテスト受験有資格者」の証明となります。

全ての入れ替えを正しく行うだけでなく，疑問詞で始まる文は語尾を下げて読まなければ「合格」にはなりません。また，Part14では，1～6のうち1問，7～8のうち1問がテストとして課されるのですが，どれが課されるのかは，テスト開始直前まで分かりません。しかも，英語の対話文を正しく言ったあとは，その日本語訳を正しく言うことが求められます。Part 14のテスト風景を，以下に再現してみます。

ティーチャー：Are you ready?
生徒：　　　Yes!
ティーチャー：OK! Number 2. Ready? Go!（ストップウォッチを押す）
生徒：　　　Who is this boy?
　　　　　　He's Miguel.
　　　　　　Where is he from?
　　　　　　He's from Mexico.
　　　　　　この男の子は誰ですか？
　　　　　　彼はミゲルです。
　　　　　　彼はどこの出身ですか。
　　　　　　彼はメキシコ出身です。
ティーチャー：OK. Then, number 8.
生徒：　　　Who are these people?
　　　　　　They're Mr. Palmer and Ms. Fries.
　　　　　　Where are they from?
　　　　　　They're from the U.K..
　　　　　　この人たちは誰ですか？
　　　　　　彼らはパーマーさんとフリーズさんです。
　　　　　　彼らはどこの出身ですか。
　　　　　　彼はイギリスの出身です。
ティーチャー：（ストップウォッチを止め，時間を生徒に見せる。時間内に終わっていれば，ハイタッチをする）

制限時間40秒でこれだけのことができれば「合格」となります。かなりしっかりとした準備をして，あらかじめ十分な練習をしておかないと，テスト本番で焦ってしまい，不合格となることも少なくありません。テストの制限時間に関しては，田尻氏は非常に厳格です。[8]

　僕の点数のつけ方はデジタル方式です。1かゼロ。できたら1，できなければゼロ。「だいたいできた」がないんですよ。「60秒以内にしないといけない」場合は，60秒以内に終わらなければ合格じゃないんです。だから，子どもたちも必死でやります。

生徒にテストの不合格を伝える田尻氏

「合格」と認められれば，学期の成績に影響を与える「2点」が得られます。最後に，教科書のインタビューテストの例も見てみましょう。1年2学期のインタビューテストは，次のような内容です。

### 1年2学期インタビューテスト
1〜3は1文で答え，4〜10は2文で答えてください。制限時間は80秒です。
1. How is the weather?
2. What day is today?
3. What's the date today?

4. Is English interesting?
5. Is math easy or difficult?
6. What's your favorite subject?
7. What do you have for breakfast?
8. Do you often listen to music?
9. How many DVDs do you have?
10. Does your「father / mother」speak English well?

全ての質問に，制限時間80秒のうちに，内容的にも形式的にも正しく答えられれば「合格」となります。

Talk and Talk のインタビューテストと教科書のインタビューテストに共通しているのが，「合格するまで何度でも受けられる」という点です。不合格となった生徒が，友達の力を借りて何度も何度も練習し，「リベ～ンジ！」と言いながら，再試験を受けに来る光景が，田尻氏の授業ではよく見られます。制限時間が「十分に練習しておかないと合格できないくらいの時間」に設定されていますので，生徒たちの練習は真剣そのものです。その頑張りが実り，1年分の Talk and Talk インタビューテスト全てに生徒が合格した場合，田尻氏はその努力を称え，次のような表彰状を手渡します。

# Certificate

*This is to certify that*

_____

*has voluntarily worked on Talk and Talk Book1 and successfully finished all the pages.*

March 8, 2004

Hida Junior High School
English Department
*Goro Tajiri*

## 4　評価方法の明示と Can-do Statements

　田尻実践のテストについて，もう1つの特徴は，成績のつけ方が初めから生徒たちに詳しく知らされているという点です。田尻実践が行われる「英語教室」の黒板の端のほうには，前掲の「成績づけの方法」についての情報が，常に書かれています。そのため，生徒たちは「自分が今，どのくらいの位置にいるのか（Where am I?）」をきっちりと把握できる環境下にあります。生徒たちが自分たちで自分の学習の進み具合を診断できるよう配慮されているのです。同様の配慮は，中学1年生の1学期に配布される「到達度チェック表」にも見られます（右ページを参照）。この表は，いわゆる「Can-do Statements」で，生徒が自分自身で「よし，これはできるようになった！」とチェックしていくのではなく，田尻氏の前で証明することになっています。

　ずいぶん長く，田尻実践でのテストについて見てきましたので，このあたりでまとめることにしましょう。テストには，「学力を判定する」という機能と，「その結果を指導・学習に活かす」という機能があります。後者の機能を，小林（1998：126）は次のように細分化しています。

◆教師にとって
　　1)到達目標の設定，修正
　　　　到達目標を設定したり，修正したりするときの資料となる。
　　2)教授活動の促進，改善
　　　　教師がそれまでの教え方を反省する材料になる。
◆学習者にとって
　　1)学習活動の促進，改善
　　　　学習者自身が，それまでの勉強方法を振り返り，自信を深めたり，やり方を変えたりするための手がかりとなる。
　　2)学習の動機づけ
　　　　「いい成績がとれるように頑張ろう」というように，学習の動機づけにつながる。

　この細分化された機能の全てが，田尻氏によるテストでは，積極的に実践さ

| | | |
|---|---|---|
| 1 | アルファベットの大文字が30秒で書ける。（言） | |
| 2 | アルファベットの小文字が40秒で書ける。（言） | |
| 3 | アルファベットの大文字が15秒で書ける。（言） | |
| 4 | アルファベットの小文字が20秒で書ける。（言） | |
| 5 | 母音の①番読みと②番読みを覚えた。（言） | |
| 6 | 子音の仕事を覚えた。（言） | |
| 7 | 音の足し算①番読みを覚えた。（言） | |
| 8 | フォニックス本の問4が読める。（理） | |
| 9 | フォニックス本の問5が読める。（理） | |
| 10 | フォニックス本の問6が読める。（理） | |
| 11 | フォニックス本の問7が読める。（理） | |
| 12 | フォニックス本の問8,9が読める。（理） | |
| 13 | フォニックス本の問10が読める。（理） | |
| 14 | フォニックス本の問11が書ける。（理） | |
| 15 | 音の足し算②番読みを覚えた。（理） | |
| 16 | フォニックス本の問12が読める。（理） | |
| 17 | フォニックス本の問13～問17が読める。（理） | |
| 18 | フォニックス本の問18が読める。（理） | |
| 19 | フォニックス本の問19が書ける。（理） | |
| 20 | アルファベットチャンツ（①または②）が言える。（表） | |
| 21 | Yes / No チャンツが言える。（表） | |
| 22 | WH チャンツが言える。（表） | |
| 23 | ワッタイム・チャンツが言える。（表） | |
| 24 | 5文程度の他人紹介ができる。（表） | |
| 25 | 3桁までの数字が言える。（言） | |

到達度チェック表

れています。田尻氏にとってのテストは，「生徒と自分を育ててくれるもの」のようです。田尻氏は次のように述べています。[9]

　評価するときに先生方に気をつけてもらいたいのは，何かができなかったときに「この子はできない」と評価してしまうのはやめてほしいんです。できなかったときは，なぜできなかったかを考えることによって授業改善の視点が見えてくる。生徒ができるようになるためには，自分と生徒がこの先どうすればいいのかを考えることが必要です。お互いの努力で生徒が何かを達成したときに初めて評価してあげて，「頑張ったなあ」と言ってあげると，励みになって子どもたちもまた頑張ります。

　田尻実践では，テストの内容も，形式も，評価方法も，そして成績のつけ方までが，生徒たちにはっきりと知らされています。設定されている目標が高いレベルのものなので，それを反映したテストで要求されるレベルも必然的に高いものになっています。その高いレベルのクリアを目ざして頑張る生徒を，田尻氏は励ましさまざまな形で支援し続けます。それでも，頑張りがもうひとつ足りない生徒が出てくることもあります。そんな生徒に対して，田尻氏が採点を甘くしたりすることは決してありません。このことに関して，田尻氏は，こう述べています。[10]

　僕は厳しいです。絶対妥協は許さへん。でも絶対最後までつきあう。

　授業終了のチャイムが鳴り休み時間になっても，インタビューテストを受けようとする生徒たちは列を作って，次の授業の開始チャイムが鳴るまで，自分の順番を待っています。「厳しいけど絶対に最後まで付き合ってくれる」ことが，生徒には分かっているからでしょう。生徒たちに嫌われることの多い「テスト」ですが，田尻実践では，生徒のやる気を引き出す1つの要因になっているようです。

合格した生徒とハイタッチをする田尻氏

## 第3節
# 教材の決定

## 1　教材選択／作成にあたっての心がけ

　生徒のニーズを満たすために，大きな学習目標を立て，その目標に基づいて学習する項目を決め，その学習項目をマスターできたかどうかを決定するためのテストを作成したあとに取りかかるのが，「そのテスト合格を達成するための，必要な教材を選択／作成すること」，すなわち「教材の決定」です。「教材」を広く定義すると，「教育の目的を達成するために使う全てのメディア（名柄他 1991：128）となります。全てのメディアですので，実に多様なものが教材として使用可能です。

　田尻実践では，さまざまな教材が非常に効果的に活用されています。田尻実践を目の当たりにすると，「そんなものをそんなふうに使うのか！」という驚きの連続です。では，どのようにして，田尻氏は教材のアイディアを得ているのでしょうか。この点について，田尻氏自身は，以下のように語っています。[11]

　　アイディアというのは，無から生まれることは滅多にありません。何かに接したときに刺激を受けて，「ああ，それなら」と思うことが多いんです。ということは，やはり，人や本やテレビ，ラジオなどと関わる中で（アイディアが）出てくる。人と話をしていると新しいアイディアが生まれますよね。「ああ，それは考えたことはないけど，自分だったらこうするな」というのが出てきますね。それは人と話をしたから初めて出てくる考えであって，その人と話をしなかったら恐らく出ていないだろうと考えることがあるんです。だから人と関わること。つまり本，新聞，ビデオ，テレビ，ラジオ，それと研修で，アイディアというものはわくようになる

と思います。自分だけでやっているときにアイディアはわかないと思います。

さまざまなリソースを積極的に活用することが，田尻氏のアイディアの源泉であるようです。それに加えて，おもちゃ屋や百円均一ショップやクイズ番組などが，さまざまなアイディアのリソースになっています。[12]

　いっぱいありますよ。僕が授業で使っているものに，おもちゃ屋さんとか百円均一ショップで買ったものがいっぱいあります。ハエタタキとかいっぱい買っています。ストップウォッチも全部で20個はあるけど，ほとんど百均で買いました。あと，おもちゃ屋さんでクイズ番組で使うようなブザーも見つけたし。それから○とか×とか書いてあるプラスチックのうちわみたいなもの。あれは疑問文・否定文の練習で使えるんです。パターン・プラクティスで，○を出したら疑問文，×を出したら否定文にしなさいというキューにしています。それから，クイズ番組は関係代名詞の宝庫ですね。関係代名詞は何かを定義するときによく使いますからね。クイズ番組のおもちゃって結構あるんですが，それに入っている問題集冊子を読んでいると，これは授業に使えるというものがいっぱいあります。

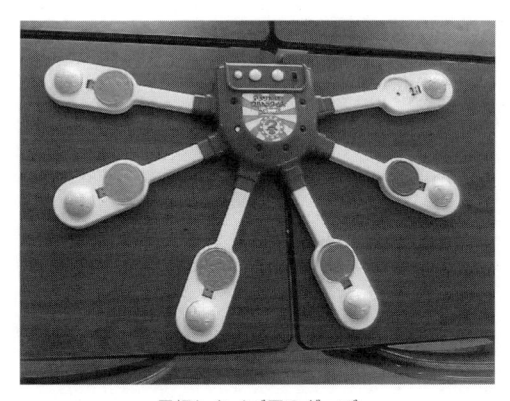

早押しクイズ用のグッズ

さらに田尻氏は「見つけようとする心がけ」を強調しています。[13]

　ぼーっと考えているときに結構いろいろなことが思い浮かぶでしょう。あのときにふと思ったことをメモしておいたら，それをつなげてみると結構いろいろなことが見えるんですよ。…じっと見ていたら「あっ！」と思うことがありますよ。これはいけるかもしれないとか。『プロジェクトX』である発見をされた方に，アナウンサーが「どうすればそういうことに気がつくようになるんですか」と聞かれたことがあるんですが，その方は「常に考えていなければ気がつきません」と言われました。その意味では，私は常に考えているのかもしれません。でも，それが苦痛ではなくて趣味に近いのかもしれません。

創造的な授業の発想や着眼点を得るために，「アンテナを高くしよう！」ということがよく言われます（清 1995）。田尻氏の場合，アンテナを高く維持しておくのは，苦痛ではなく趣味，そして「遊び心」の産物のようです。[14]

　アイディアがいつわくかといったら，遊び心があるときですよね。我々は，目の前にあるものでどう遊ぶかということを考えてきたからでしょう。今だったらお金を出せばピコピコと遊べるけれども，僕らの時代といったら，外へ出てこの木切れで何をしようか，あそこに柿の木があるけれど何をしようかという感じだから。あるものを見て，「さあ，これで何をして遊ぼうか」と常に思っていたから，それが今の授業作りにつながっているんじゃないかな。

「田尻氏がどのようにして教材のアイディアを得ているか」はこれくらいにして，どんな教材を実際にどのように使用しているのか，について話を進めましょう。まずは，読者の皆さんにとって一番身近な教材である「教科書」について見ていきましょう。

## 2 教科書

### a 教科書分析

　田尻実践が,「文部科学省が審査し,認可した教科書を1つなんとなく選んで,それに沿った授業を行って,授業でカバーした部分をテストしてみる」というものとは大きく異なっていることについては,既に述べました。では,田尻氏は,教科書の選択に関して,どのような考えを持っているのでしょうか。[15]

　　教科書は最初から最後まで,全て自分の頭の中にインプットしておかないと駄目なんです。教科書が何を伝えたいか。それからどんな語彙があって,どんな文型があるかを先生方がしっかり3年間分をつかんでおいて,それで初めて教材研究に入っていかなくてはいけないんだけれど,残念ながら4月になって教科書が届く。春休みは職員会議が連日あったりして,新しい教科書を開くこともなく,新学期になっていきなり授業が始まるから,とりあえず今は目の前のページを開いて授業をするという授業になっちゃう。そのシステムを変えないと。高校は各学校で先生方が教科書をみんなで検討してこれにしようという時間があるけれど,中学校は決まったものが届けられるだけで,見たことも読んだこともないものが突然届くんですよ。だから先生方はいきおい,1ページずつやる授業になっちゃうんですね。

　教科書の選択に各中学校の教師の意向が反映されるのではない現行の制度下で,よりよい授業を目ざすために,田尻氏は「文部科学省から認可を受けた教科書を徹底的に分析する」ことを勧めています。現在それに該当する中学校の英語教科書は,以下のとおりです。

| | | | |
|---|---|---|---|
| 東京書籍 | New Horizon | 開隆堂 | Sunshine |
| 三省堂 | New Crown | 学校図書 | Total English |
| 教育出版 | One World | 光村図書 | Columbus 21 |

　これらの各教科書について,田尻氏は,例えば「New Crown は,深いスト

ーリーを扱っている」「Columbus 21 は，生き生きした会話文が多い」「One World は，歯応えのある文が多い」などの内容面だけでなく，3年間で出てくる語彙数などについても詳しく分析をしています。そして，例えば，「教育出版の One World は，複雑な構造の文が多いので，いろんな活動をして，文法力を伸ばすのにいい教科書である[16]」というような形で，それぞれの教科書の傾向をつかめば，その活かし方も見えてくることを田尻氏は強調します。[17]

　　教科書の使い方はさまざまなバリエーションがあります。いかに教科書本文に命を吹き込むかは我々教師の腕の見せどころです。インターネットや書籍，テレビの録画，DVD，CD などを使って，教科書の内容を深めるための周辺情報を用意することを楽しんでください。

　このように，田尻氏にとっての教科書は，たくさん存在している教材の1つという位置づけのようです。
　田尻実践のカリキュラムが，上から下の方へプロセスを経ていく，いわゆる backward design になっていることについては，既に述べました。このことは，教科書に関する田尻氏の次の発言からも窺えます。[18]

　　・たとえその年に中1のみを担当していたとしても，3年間分の教科書を見ておかないといけない。
　　・中学の教師は高校の教科書も，小学校の教科書も見ておかないといけない。

　英語における生徒の成長は中学1年で始まり中学3年で終わるものではないので，生徒の成長に合わせた教育を行うためには，より大きな「つながり（articulation）」が必要だというわけです。[19]

　　英語教育だけでなく教育全体の問題だと思いますが，行き着く先が何かを考えずに日々の授業をしている，あるいは日々の指導をしているという点が一番目立ちますね。子どもたちが卒業したらもう終わりではなくて，卒業してどういう大人になってくれるか，何十年か経って会ったときにど

ういう大人になっているかということがすごく大事なことだと思います。

つながりの具体的な作り方について，こうも述べています。[20]

　　小・中・高・大と，精一杯育てて上に預け，預かった子どもたちを伸ばしていこうという発想が足りないですよね。最近の生徒は無言でものを受け渡しする子が増えてきて，その子たちに対して注意をしますが，小・中・高・大も同じことをしているんです。中・高・大で集まって話し合いをする。例えば神戸市は中・高・大で連携を図っている。全国的に見るとそういう連携が欠けている所が多いですね。まず先生方が集まって話をしていくことから始めないといけないと思います。

自分が使用する教科書の特徴をしっかりとつかむことができれば，あとは目標を実現するために，それをどう利用するかを考えることになります。[21]

　　教科書は食材に過ぎず，それをどんな調味料を使い，どのように調理するかは，それぞれの先生に委ねられているのです。一人ひとりが同じ食材を使って違う料理を作って競うテレビ番組は，面白いですよね。

### b　教科書をいつ使い始めるか，どの部分を使うか

　そろそろここで，田尻氏の教科書の具体的料理法を見てみましょう。まずは，「どの時期に使い始めるか」についてです。田尻氏はこう言っています。[22]

　　私は1年の前半は教科書を使いません。「これは学校ですか？　はい，そうです。あれも学校ですか？　いいえ，あれは図書館です」というような会話にはテーマがなく，文法指導を念頭に置き，意図的に作った対話が中心だからです。私はコミュニケーションはスキルの上に成り立つという考え方をしていますので，その意味で1年の教科書はドリルが不足していると思います。ですから，副教材を使ってたっぷり文型ドリルをしてから教科書に入ります。すると，教科書の前半は1週間もかからないうちに生徒は読み切ってしまいます。教科書の命は本文であり，それをしっか

りと理解し，咀嚼し，内容について発展的なアウトプット活動をするのは1年の後半からです。

　田尻実践では，中学1年生の10月頃までは，生徒が教科書を開くことはほとんどありません。その代わりに，アルファベットの読み書き・フォニックス・文型指導（いずれも後述します）などを徹底的に行っていれば，半年の遅れは，「あ，先生，これ全部，読めるよ，分かるよ」という形で，1週間程度でリカバーできると田尻氏は言います。1年生の教科書を分析した結果，3年間の生徒の到達目標を達成するためには，半年ほど教科書を使わないほうがいい，という決断を田尻氏は下し，それを実行に移しているわけです。「○学年の○学期には○を行う」という細部にわたるスケジュールが書いてある教科書付随の教師用マニュアルを，そのまま受け入れるという発想は，田尻氏には皆無のようです。それは，以下の発言からも窺えます。[23]

　　　将来的には，教科書も，1冊の本としてではなく，各単元をオンラインで買えるようにしておけば，選べるかなと思います。…同じ単元を扱っていても，非常におもしろい会社と，おもしろくない会社のものとがある。それを現場の先生方が読んで，選んで，単元ごとに買うことができれば，もっとおもしろいと思うんですよ。カフェテリアみたいに，肉類はAセットの中から1つ，スープはBセットの中から1つ，野菜はCセットの中から1つというふうにそれぞれの先生が選んで，オリジナルの教科書を作るんです。選んだ以上意欲も責任も出てきますからね。

　単元ごとに買うことは現状では不可能ですが，その代わりに田尻氏は，現行の各教科書の「おいしいとこ取り」を勧めています。現行の6冊の教科書の中で同じ単元を扱っているもの同士を比較して，一番よさそうなものを使うという発想です。さらに，田尻氏は，「現行の6冊だけではなくて，改訂以前のものでもいいものがあれば，それを積極的に活用する」ことも勧めていますし，実際に全社の教科書をそろえて英語教室に置いていました。あらゆる教科書に手を伸ばして，一番いい部分を活用しようという点に関して，田尻氏は非常に貪欲だとも言えるでしょう。

「どの時期に使い始めるか」「どの部分を使うか」について見てきました。次は「どう使うか」についてです。「教科書の命は本文」と考える田尻氏は，教科書本文をどのように料理しているのでしょうか。さまざまな料理法のうち，ここでは「音読」と「読解」と「聴解」の例を挙げましょう。

## c 音読用の教材としての教科書使用

音読を行う目的として，新里（1991）は，以下の3つを挙げています。

・音声を文字に結びつけるため
　　母語とは異なる音韻体系・表記体系を持つ目標言語の文を読むためには，音声と文字の融合練習に十分時間をかけるべき。
・理解のため
　　音読することによって，目標言語の音声を再現し，その音声と意味とを照らし合わせながら，理解に到達していく。
・表現のため
　　音読することによってスピーキング力をつける。

田尻実践での音読もこれらを意識しながら行われています。以下は，田尻氏が「教科書の音読をスピーキング力の向上に結びつける」ことを目的に行っている教室の場面です。[24] 教科書は New Horizon Book 1（東京書籍）の Unit 8 です。

　　　　マイク：　　Oh, no! I'm late!
　　　　　　　　　　Where's my ticket?
　　　　　　　　　　ああ，いやだ！　遅れている！
　　　　　　　　　　僕のチケットはどこ？
　　　　マイクの母：It's by the computer.
　　　　　　　　　　それはコンピュータのそばよ。
　　　　マイク：　　Where's my bag?
　　　　　　　　　　僕のかばんはどこ？
　　　　マイクの母：It's under the desk.
　　　　　　　　　　それは机の下よ。

49

| | | |
|---|---|---|
| マイク： | | Where's my cap? |
| | | 僕のぼうしはどこ？ |
| マイクの母： | | It's on your head. |
| | | それはあなたのあたまの上よ。 |

| | |
|---|---|
| 田尻： | おい，みんな！ Open your textbook, page 66. Page 66. はい，いくぞ！　はい，最初の文，読んでごらん？　はい，せえの！ |
| 生徒たち： | （とても小さな声で）Oh, no …． |
| 田尻： | そんな読み方ダメ！　そんな感じで，「オーノー」って言ったら… |
| 大野君： | はい。 |
| 他の生徒たち： | （笑い） |
| 田尻： | なあ。大野君が返事してしまうがな。そうじゃなくて，（感情を込め，頭を抱えながら）Oh, no! |
| 生徒たち： | （声が大きくなり）Oh, no! |
| 田尻： | 次は？ |
| 生徒たち： | （ガヤガヤするだけで声が出ない） |
| 田尻： | はい，いくぞ。せえの，（感情を込め，頭を抱えながら）Oh, no! |
| 生徒たち： | （さっきより大きな声で）Oh, no! |
| 田尻： | はい。Gesture, do gestures!（頭を抱えながら）Oh, no!（腕時計を指差しながら）I'm late! |
| 生徒たち： | I'm late! |
| 田尻： | （手でキップの形を作りながら）Where is my ticket? |
| 生徒たち： | Where is my ticket? |
| 田尻： | と言ったら，答えは？ |
| 生徒たち： | It's by the computer. |
| 田尻： | どこを指差す？ |
| 生徒たち： | （教師の後ろの方を見る） |
| 田尻： | （教師の後方に置いてあるコンピュータを指差しながら）It's by the … computer. せえの！ |
| 生徒たち： | Computer. |
| 田尻： | はい，次の文，読んでごらん？ |

| 生徒たち： | （あまり感情が込もらずに）Where is my bag? |
| --- | --- |
| 田尻： | そんな悠長な言い方，しとっていいんか？（まじめな顔をしながら両手のこぶしを横腹に当てて，ゆっくりと）かばん は，どこ？ |
| 生徒たち： | （笑い） |
| 田尻： | ダメ！　焦ってるんだろう？　遅刻しとるんやで。せえの！ |
| 生徒たち： | （さっきよりも大きな声で急ぎながら）Where is my bag? |
| 田尻： | Where is my bag?　で，次は？ |
| 生徒たち： | （あまり感情が込もらずに，ゆっくりと）It's under the desk. |
| 田尻： | おかあちゃん，それ，おちょくってない？（生徒の真似をして，あまり感情が込もらずに，ゆっくりと）It's under the desk. |
| 生徒たち： | （笑い） |
| 田尻： | （焦りながら）Where, where is my bag?（あまり感情が込もらずに，ゆっくりとうなずきながら）It's under the desk. |
| 生徒たち： | （笑い） |
| 田尻： | ケンカになるぞ，ダメ！「もっと早く言ってよ！」という気持ちになるだろ？（焦りながら）Where, where is my bag? |
| 生徒たち： | （さっきよりも急ぎながら）It's under the desk. |
| 田尻： | はい，次は？ |
| 生徒たち： | Where is my cap? |
| 田尻： | Do gestures!（帽子のつばを握るジェスチャーをして）Where is my cap?　で，次は？ |
| 生徒たち： | It's on your head. |
| 田尻： | そのときは，おかあちゃんは，どんな気持ち？ |
| 生徒A： | バーカ！ |
| 教室全体： | （大きな笑い） |
| 田尻： | （笑い顔から元の顔に戻り）どういう気持ち？ |
| 生徒B： | 早く答えないといけない。 |
| 田尻： | 早く答えないといけないとか，あるいは？　チケットどこ？　かばんどこ？　帽子どこ？　って，3つ言われたら，みんなだったらどんな気持ちになる？ |

| | |
|---|---|
| 生徒C： | 面倒くさい。 |
| 田尻： | 面倒くさいとか，腹たってくるよな。だったら，（感情込もらずに）It's on your head. じゃなくて，（感情を込めて，子どもの頭を指差すふりをして）It's on your head! って，ならない？ なあ。だから，みんな。はい，皆さん，ご一緒に！（頭を抱えて）Oh, no! |
| 生徒たち： | Oh, no! |
| 田尻： | （腕時計を指差しながら）I'm late! |
| 生徒たち： | I'm late! |
| 田尻： | （手でキップの形を作りながら）Where is my ticket? |
| 生徒たち： | Where is my ticket? |
| 田尻： | （教師の後方に置いてあるコンピュータを指差しながら）It's by the computer. |
| 生徒たち： | It's by the computer. |
| 田尻： | （かばんを持つジェスチャーをして，焦りながら）Where is my bag? |
| 生徒たち： | Where is my bag? |
| 田尻： | （机の下を指差しながら）It's under the desk. |
| 生徒たち： | It's under the desk. |
| 田尻： | （帽子のつばを握るジェスチャーをして）Where is my cap? |
| 生徒たち： | Where is my cap? |
| 田尻： | （感情を込めて，子どもの頭を指差すふりをして）It's on your head! |
| 生徒たち： | It's on your head! |
| 田尻： | YES. Put your soul in reading! 魂を入れろ！ |
| 生徒たち： | （感情を込めながら，各自音読練習を続ける） |

　この練習では，田尻氏は，話し手の気持ちになって発話をすることを生徒たちに要求しています。それを実現するために，①ジェスチャーを取り入れたり，田尻氏自身が大きな声で演技力たっぷりに会話の場面を浮かび上がらせたりしようとしていますし，②感情が込められていない発話がどのくらい場面に

そぐわないものか，英語と日本語で実演もしています。そして最後に，「Put your soul in reading! 魂を入れろ！」と指示を出しています。この音読の練習で，田尻氏は「感情を込めて発話するための教材」として，教科書本文を活用しているのです。

Oh, no!

I'm late.

Where is my ticket?

Where is my cap?

It's on your head!

### d 読解用の教材としての教科書使用

「読解」という作業は,「英語を日本語に翻訳すること」, そして「翻訳の仕方を教師が解説すること」とイコールに捉えられることも少なくありません。しかし, 田尻氏はこの捉え方では生徒の役には立たないと思っています。[25]

　前期に英語科教育法を取っている学生に教科書本文を使って模擬授業をさせると, ほとんどが和訳と構造分析をして終わりです。それくらい, 中高での訳読式の授業が体に染みついているのです。授業者にそのやり方が楽しいかと尋ねると, 「つまらないことはない」とか「やっていて熱が入った」という答えが多くを占めますが, 生徒役の学生に聞くと, 「楽しくない」と言います。つまり, 和訳や構造分析は「自分がやるからこそ楽しい」のであって, 教師の説明を聞くことは楽しくないうえ, 学びがありません。読解は, 生徒の活動であることをまず認識してください。

「教科書本文を和訳のための教材として使用するだけではもったいない」と

考えている田尻氏の授業は，どのようなものなのでしょうか．例を見てみましょう．[26]

**Part 2**　南半球のサンタクロース

オーストラリアから来たクリスマスカードを見て，慎が驚いています。マイクが説明します。

| | |
|---|---|
| *Mike*: | Look at this Christmas card! |
| *Shin*: | What's Santa doing? |
| | Is he swimming? |
| *Mike*: | Yes, he's swimming. |
| *Shin*: | In winter? |
| *Mike*: | In Australia, Christmas is in summer. |
| *Shin*: | Oh! |

New Horizon English Course Book 1, Unit 9

まずは，「"Look at this Christmas card!"って言ってるマイクの気持ちはどんなだろう？」という発問をし，「1. happy　2. angry　3. sad　4. others」という選択肢を示します。田尻氏の「せえの！」の声に合わせて，生徒は一斉に自分の答えを指で示します。その後，生徒たちはお互いの答えについて，「なんでそういう答えになると思ったのか」について周りの友達と相談し合います。会話が行われている場面を想像しながら，発話の一つひとつを解釈していこうという活動につなげているのです。そして，「この対話の最後の文，『Oh!』は，どのように読むべきか？」と田尻氏は問いかけます。「Oh!」は感情を込めて発話される表現ですので，発話時に話者である慎くんがどのような気持ちだったのかを知るために，教科書を何度も何度も読む必要が出てきます。繰り返し読んで，「ああじゃないか，こうじゃないか」と生徒同士話し合ったころを見計らって，田尻氏は以下のような解説を加えていきます。

　"Look at this Christmas card."と言っているときのマイクの気持ちは4です。「1. happy」うれしい，じゃない…。だって，オーストラリアから来たクリスマスカードを見て慎くんが驚いていて，マイクが説明してるっ

55

てことは，マイクはどこの国の人？　そう，オーストラリア人なんです。しかも，この前のページの文を見てください。マイクは，グリーン先生というALTの先生のふるさとであるカナダに，慎くんと遊びに行ってるんです。この前のページでは"Koro is running around in the snow."という文がありましたよね。雪の中を犬のコロが走り回っている…，グリーン先生のお姉さんの実家で犬がコロ…，ってどういうこと？　"Her husband, Koji teaches Japanese."ああそうか…，旦那さんが日本人で日本語の先生ということなんですね。"Look at this Christmas card!"が出てきたのは，オーストラリア人のマイクと日本人の慎くんがグリーン先生のカナダの実家へ行ってお姉さんと旦那のコウジさんというところでホームステイさせてもらっているときの会話の中。

となると，「わっ，これオーストラリアからのクリスマスカードだ。よおし，これは慎，知らんぞ」という気持ちで，まゆげピクピクさせながら，マイクは言うはずです。"Shin, look at this Christmas card!"絶対まゆげ動いているはずです。このまゆげが動いているのが想像できてはじめて，「読めた」って言えるんですよ。

"Look at this Christmas card!"と言われたあとの，慎くんの「"What's Santa doing? Is he swimming?"」，これは疑問文ですか。違いますよね。感嘆文です。そんなクリスマスカードを見たあとに，「サンタさん，何しているの？　泳いでいるの？」とかって言ったら，僕だったら「お前，アホちゃう？　見りゃ分かるやろ！」と言います。だから，これは絶対疑問文じゃない。で，「えっ，何してるの，サンタさん！　泳いでるん！」と，慎くんが驚きながら言うと，マイクは"Yes, he is swimming."「うん，泳いどるよ。もちろん」と，ちょっと笑いながら言ってるんです。今カナダにいるから，慎くんは相変わらず，"In winter?"「冬なのに？」って固定観念にとらわれちゃってます。そこですかさずマイクが「オーストラリアではクリスマスは夏にあるでしょ」と言ったんです。

となると，慎くんは"Oh！"をどう言うでしょうか。では，CDを聞いてみましょう。（CDを聞いたあとで）このCDは"Ahhhhh...!"って言ってますよね。ということは，慎くんはオーストラリアではクリスマスは夏にあるということを知っていたんです。で，忘れていたが「あー，そう

だった」という意味の "Oh！" になってるんです。もしその事実を知らなかったら "Oh！（really?）" という発音になるはずです。こんなふうに，言葉には命が入っているんですよ。

　場面文脈を思い描きながら読むこのような作業は，ただ単に「英語を日本語に翻訳すること」を超えた，非常に知的で創造的な作業です。しかも場面文脈を推測するために，生徒は何度も何度も英語の原文に接しなければなりません。
　このような授業を行うときのカギとなるのが，教師による指示と発問です。この点に関して，田尻氏は次のように述べています。[27]

　　どうやって生徒の活動にするか。それは，教師の適切な指示・発問がカギです。いい指示・発問があると，生徒は何度も黙読します。そして，そのときは「分かりたい」という意欲を持って，英文そのものを味わいます。さて，次の対話文で，「それはおかしいでしょ」と思う部分を見つけ，自分ならこう言うだろうという文を英語で書いてください。
〔例〕　A：Hey, Goro. What time is it now?
　　　　B：It's 12:15.
　　　　A：Then, what time is it in New York now?
　　　　B：Japan is 13 hours ahead, so it's 11:15 there.
　おそらく，「おかしいところを探せ」という発問でこの対話文を何度も読み返されたと思います。そのときは，和訳や構造分析をするのではなく，一つひとつの語の意味をかみしめられたのではないでしょうか。英語の文字から場面，状況，登場人物の姿形，性格，心情などを読み込むのが読書です。和訳を先にしてしまうと，英文を読書することがなくなってしまいます。さて正解はというと…，特にありません。上記の例文も対話文として立派に成り立ちます。ただし，もっと丁寧に答えるのなら，（最後の文の 11:15 のあとに）in the morning や曜日などをつけたほうがいいという考えもあると思います。でも私なら，まず最初に「なんでこの人はニューヨークの時刻を知りたいんだろう？」と思うでしょうから，"Do you want to talk with someone in New York?  It's 11:15 p.m., so it's too late to make a phone call there." ぐらいでしょうか。

この例では,「『それはおかしいでしょ』と思う部分はどこか」という教師の発問によって,生徒が「ああでもない,こうでもない」と頭を使っています。そして,「(おかしな部分を解決するために)自分ならこう言うだろうという文を英語で書け」という指示が出されています。この発問と指示によって,全体を深く読み込む作業に,生徒たちはいつのまにか従事していくのです。

読解授業の例を,もう1つだけ挙げてみましょう。

> Mom and Dad work at a factory from early morning till night.
> I look after my little brothers and sisters.
> I don't attend school. (a girl of 8, South Asia)
>
> Sunshine English Course Book 1, Review Reading, 1997

この短い文を見せて,「Suppose you have Doraemon's Dokodemo-door. 目に浮かぶ場面を想像してごらん?」と,田尻氏は生徒に問いかけます。3行しかない英文なのですが,生徒たちから出てくる回答は,実に奥深いものが多く見られるそうです。

- お父さんとお母さんは同じ会社に勤めている。
- この子には,少なくとも妹が2人以上,弟が2人以上いる。
- 弟・妹はまだ小さくて,あっちこっち歩き回ったりするから,この子はいろいろな所に目を配らないといけない。だから「世話をする」に「take care」じゃなくて「look after」を使っているんだろう。まるで,「後ろから見守る」という感じで。
- 両親とも遅くまで仕事をするんだけど,子どものことが心配だから,お母さんのほうが早く帰ってくるんじゃないか。いや,同じ工場(a factory)に勤めているから,一緒に帰ってくるだろう。
- そのときに,この子はお母さんの帰りを,寝ないで待っているだろう。だって,「今日こんなことがあった,こんなこともあった」ってきっとお母さんに話したいだろうから。
- この子はとっても意志の強い子だと思う。だって,「I look after my little brothers and sisters.」って言ってるもん。私だったら,must をつ

けると思う。それに I don't attend school は，自分なら I can't とか言ってしまいそうだ。

こういった生徒たちの自由で創造的な発想を，田尻氏は心から大事にしています。そして，発想に触れたときの「そうかあ！」という田尻氏の発言と，それに伴う満面の笑みによって，生徒たちにもそのことが伝わっています。短い文ではありますが，先ほどの例と同様，非常に知的で創造的な作業に生徒たちは従事しているのです。

### e　聴解用の教材としての教科書使用

教科書本文を聴解のための教材として使用する際にも，「場面文脈を思い描きながら聞く」ことを，田尻氏は重要視しています。例を見てみましょう。

（CD をかける）
店員：Next please.
お客：Hi. I'd like to send this package by airmail. How much will it cost?
店員：Let me see. Seven dollars and seventy-five cents.
お客：Here's ten dollars.
店員：Here's your change. Eight, nine and ten dollars. Thank you.
お客：Thank you.

［質問 1］
　「この会話の場所はどこですか？」
［質問 2］
　「"Let me see." と言っているときに郵便局員はどんな行動をしていますか？」
［質問 3］
　「この会話が行われている国はどこ？：1．アメリカ，2．カナダ，3．オーストラリア，4．イギリス」

読解のときと同様，何度も聞かせて，生徒同士がしばらく話し合ったあと

で，田尻氏は次のような解説を加えていきます。

［質問1］
　場所はどこですか。そうですね，郵便局です。キーワードは，air mail ですよね。

［質問2］
　"Let me see." って言っているときに郵便局員はどんな行動に出ていますか？「パッケージの重さを量っている」，そうですね。じゃあ，パッケージの重さを量っているときに何を見ていると思いますか。そうですね。値段表です。今は乗せれば瞬時に値段まで出てくる機械が出ているんですけど，この教材が出された平成9年度は，その機械はまだ登場していなかったんです。だから秤と値段一覧表，まず置いて「えーっと」ってやっているというわけです。

［質問3］
　国はどこですか？　まず，dollars って言ってるから，イギリスではないことは間違いありません。また，オーストラリアでもありません。オーストラリアの硬貨は，5セント，10セント，20セント，50セントで，25セント硬貨がないからです。となると，アメリカかカナダか，どちらかになります。「Eight, nine and ten dollars.」と言っているときに，コインの音が聞こえますよね。「"Here's your change. 8チャリン，9チャリン，10チャリン."」というふうに。ということは，全て硬貨で返した，ということです。つまり1ドル硬貨を使ったのです。カナダにはルーニーと呼ばれている1ドル硬貨があります。アメリカにも1ドル硬貨が一応あるにはあるんですが，あまり流通していませんので，可能性としてはカナダのほうが極めて高いと思われます。

　質問3を行うことにより，単なる聞き取りにとどまらず，国別の貨幣制度の違いにまで話が拡がっています。文化・社会の違いにさらに注目させるために，田尻氏は前掲の対話を，生徒にジェスチャーを交えながら演じさせてみます。それによって，こんなことが起きると田尻氏は語っています。[28]

「二人一組でジェスチャーをしなさい。さらに最後にお釣りを渡すところもやりなさい」と言って、実際にお金を持たしてやると面白いことが起きます。一人の生徒が「"Here's 10 dollars."（はい、じゃあ 10 ドル）」と言って、10 ドルをもう一人の生徒に渡します。それを受け取ったその生徒は、「"Here's your change. 8, 9, and 10 dollars."」と言いながら、8 ドルと、9 ドルと、10 ドルの合計 27 ドルを、お釣りとして返してしまったりします。その状況を見て、「いいんか！ いいんか！ 本当にいいんか！ "Thank you. Thank you."」などと言って、とけしかけると、「えっ？ えっ？」とあわてたりします。そのあとで、「向こうはたし算でお釣りを返す」という話をします。この教材は、文化の違いを教えるのに非常にいい教材だと思います。でも今はレジでお釣りがチーンですけど。

　以上、田尻実践で、教科書本文が「音読」「読解」「聴解」用の教材として、どのように活用されているのかを見てきました。本文という素材をそのままの形で生徒に提供するのではなく、生徒の興味関心が高まるように、さまざまな形でまさしく「料理」しています。「どのように教科書本文に命を吹き込むかは、我々教師の腕の見せ所」[29] ということばが語っているように、田尻氏の教科書本文料理法には、教科書活用の可能性の大きさが示されています。

生徒に発問を投げかける田尻氏

## 3 辞書

### a 辞書は生徒に使用させるべきか

　英語の授業で活用される辞書のうち，もっとも一般的なのは，英和辞書そして和英辞書であり，それぞれ「リーディングの指導」そして「ライティングの指導」で活用されているようです。リーディングの指導で英和辞書が使われる場合は，「次の文，○○さん，読んで日本語に訳してください」と，音読とセットで使用されることも多いと思います。このような生徒の母語，すなわち日本語への翻訳作業（訳読）に関しては，さまざまな批判がなされ，「訳読式で進める授業では，生徒が目標言語に触れる時間が非常に限られたものになるから，日本語訳を『先渡し』してしまおう」という「和訳先渡し」の授業についての提言もなされています（山田 2001, 2004，金谷他 2004）。中学生に英和辞書を引かせることについては，こんな強い反対意見も見られます。

　　私が問題にするのは，辞書を引かないのはほんとうにナマケモノなのだろうか，ということである。ほんとうは，よろこんで辞書を引くというのは異常なのではないかということである。我々英語教師は，辞書を引くことに無上のよろこびを感ずる種類の人間である。だからこそ英語教師になったとも言える。辞書を引くことは我々の趣味なのではないか。趣味だとすればこれは生徒たちに押しつけるべきではない。（若林 1983：92）

　　中学校教科書に出てくる新語の多さから考えると，文脈から考えて，ある程度品詞や意味を予測して辞書を引き，さらに記載事項の中から求めている情報を選び出すのは至難の技である。まして，辞書を引き慣れていないと，対象の語にたどり着くまでにかなりの時間・労力を要する。このように大変な時間・労力を費やして，適切な情報を得られないような辞書引きにどれほどの意義があるのだろうか。英語の達人の中には，辞書を何度も引いて単語を覚えた思い出をもっている人がいて，辞書を引く楽しさから英語を学ぶ楽しさを得たと言う。しかし，そのようなことができるのは，英語学習において，相当高度な技能を達成している人に限られる。今の中学生にはとうてい期待できないことである。（隈部 1996：186）

このように辞書の活用については，反対意見も少なくないのですが，田尻氏はどのように考えているのでしょうか。田尻氏の考えを理解するのには，以下の田尻氏によることばが役に立ちます。[30]

　　生徒は必然性・必要性を感じたとき，あるいは意見があるとき，読もう・聞こう・書こう・話そうとする。

田尻実践では，「読もう・聞こう・書こう・話そう」という状態に生徒たちがなったときに，補助教材として辞書が活躍します。田尻氏は自身の辞書の活用法について，以下のように述べています。[31]

　　私の場合，英単語の意味調べは意図的に選んだものをやらせています。全て調べさせるのは時間の無駄です。例文を読ませたい，用法解説を読ませたい，コロケーションについて考えさせたいという語は調べさせますが，日本語と英語の一対一対応の語などはリストアップして表にし，渡してしまいます。辞書を使うことはとてもいいことですが，それだけに時間を取られても力はつきません。
　　語学は，「理解→習熟→応用」という流れで進みますが，意味調べは「理解」前の段階に過ぎません。ですから，調べた単語が入った文章を何度も読んだり，ライティングの中で使ったりすることのほうが重要なのです。「習慣化しない宿題」というのは，生徒が伸びを実感できないことが原因の1つになっていることが多く，授業内の活動にしても，宿題にしても，それをやった結果こういう力がついたという感覚を持ってこそ，生徒は積極的に取り組みます。授業が語句の意味チェックや本文の読解だけに時間を割かれているのであれば，生徒は伸びを実感できません。そういう授業で，レッスンごとに新出語句の意味調べをやらされれば，楽しみより苦痛が多く，英語学習に対する熱意はどんどん失われていきます。生徒は，伸長感，達成感，満足感が持てる授業が大好きです。
　　我々は，生徒が「①初めて読んだものが理解できる」，「②初めて聞いたことが理解できる」，「③頭の中にある言葉を英語で言える」，「④頭の中にある言葉を英語で書ける」ようになるために授業をしています。その喜び

を味わうためには，教科書以外の読み物を用意したり，ALTに何かを語ってもらったり，感想文やエッセイなどを書かせたりしなければなりません。

　①と②を実現するためには，生徒は自然に英和辞典を使いますし，③と④を実現するためには和英辞典を使います。教師が教え込むだけの授業でなく，生徒がもっと知りたい，もっと知ってほしいと思う授業では，生徒にとって英和辞典も和英辞典も必須のアイテムなのです。

　それでは，田尻氏がどのようにして生徒を「もっと知りたい」という状況に追い込み，辞書を活用させているのかについて，見ていきましょう。

### b　辞書使用の例1：ハロウインについてのリーディングの授業

　10月31日直前の授業で，田尻氏はハロウインについての授業をよく行います。さまざまなハロウイン・グッズで教室を飾り，生徒の興味・関心を引くところから授業が始まります。授業が始まると，以下のような形で，生徒に語りかけます。

> What do you know about Halloween?
> Tell me anything you know about Halloween.

生徒からはこのような答えが出てきます。

> Pumpkin. Costumes. Sweets. Children. Festival. Witches. Bats. Spiders. Scary. Fear. Cats ….

そして，次のように続けます。

> Where does Halloween come from?
> When is Halloween?
> What is "trick or treat"?
> How old is Halloween?

Why do people wear ghosts' costumes?
What is the most popular game at Halloween?

このような形で「正解が知りたい」「もっと知りたい」という気持ちに生徒をさせて，以下のリーディング用の教材を配布します。(コンノマサキ先生作成)

### History

**Halloween** is celebrated every year on **October 31st**. The custom is **2000** years old. It was started by the **Celts** in France, Britain and Ireland. For the Celts, October 31st was the day that summer ended, and the next day winter began. They called November 1st '**All Hollows Day**.' The Celts believed that on this night, the Lord of the Dead sent spirits of dead people to Earth to find living people to possess and to cause mischief. To protect themselves from the bad spirits, the Celts lit big fires and dressed in costumes on October 31st. October 31st was **All Hollows Day** eve, just like Christmas eve, and **All Hollows Day eve** turned into **Halloween**.

### Halloween Traditions

Today, October 31st is called Halloween and people still dress up in costumes, usually as **witches**, **ghosts**, **skeletons** or **monsters**.

It is popular to have Halloween parties. People decorate their houses with **bats**, **spiders** and **Jack O' Lanterns**. Jack O' Lanterns are made from big **pumpkins**. The middle of the pumpkin is taken out and a scary face is carved into the side. Then a candle is placed inside and it glows bright orange.

It is traditional for groups of children to go '**trick or treating**.' They go to their neighbours' houses, knock on the door, and sing

"**Trick or treat, trick or treat, give us something good to eat!**"

They are given chocolate, sweets, fruit and sometimes money.

At Halloween parties the children play '**apple bobbing**.' Apples are placed in a bowl of water or hung from a string. You must get an apple with your teeth without using your hands.  It is quite difficult to eat an apple on the water!!!

この読み物には，単語リストと Q&A がついています。

**Vocabulary**

celebrate　祝う　　　custom　習慣　　Celt　ケルト人
Britain　（ブリテン島）イギリスの本州　　Ireland　アイルランド
end　終わり，終わる　　believe　信じる　　Lord of the Dead　死に神
spirit　霊魂　　dead　死んだ　　possess　（霊が）とりつく
cause mischief　いたずらをする　　protect　守る
lit　（火，明かりを）つけた　　costume　衣装　　eve　前夜
turn into □　□に変身する　　tradition　伝統　　witch　魔女
broom　ほうき　　ghost　幽霊　　skeleton　骸骨　　bone　骨
monster　お化け　　decorate　飾り付けをする　　bat　こうもり
spider　蜘蛛（くも）　　Jack O' Lantern　カボチャのおばけ
be made from □　□から作られている
in the middle of □　□の真ん中に　　scary　怖い　　carve　彫る
side　横　　candle　ろうそく　　place　置く　　glow　明るく光る
bright　明るい　　trick or treat　いたずらかもてなしか
neighbour　近所の人　　knock　ノックする　　sweets　甘いお菓子
apple bobbing　水に浮かぶリンゴ取り　　bowl　どんぶり，器
hung　ぶら下げられた　　string　ひも　　teeth　歯
without ~ ing　~することなしに　　quite　全く

**Questions**

1. What day is Halloween on?
2. How old is Halloween?
3. Where did Halloween begin?
4. What did the Celts call Halloween?
5. What do people wear at Halloween?

6. What is a Jack O' Lantern made from?
7. What is given to children who go trick or treating?
8. What traditional game is played at Halloween?

　単語リストは，それがないと理解するのが難しい生徒用に用意されているのですが，本文全ての文について与えるのではなく，例えば，「Jack O' Lantern　カボチャのおばけ」まで与えるような工夫をします。すると，「People decorate their houses with **bats**, **spiders** and **Jack O' Lanterns**.」より後の文は，生徒たちが自力で読む必要が出てきます。このような状況に置かれると，生徒たちは，「先生の質問にも答えたい」，「一番最後に書かれてある質問にも答えたい」，そして何よりも「そこに何が書かれているかを知りたい」という気持ちがどんどん高まってきます。生徒たちの口から，「Can I use a dictionary?」という声が自然に出てきます。田尻氏は「Sure.」と答え，辞書を引くように促します。

　これから読む教材の内容や使われている単語について予備知識を与え，それらを背景知識としてリーディング教材を理解しやすくする方法は，「内容スキーマの活性化」といわれ，さまざまな形での実践が多くの英語教師によってなされています。田尻氏もそれを行っているのですが，田尻実践で特徴的なのは，「生徒が『もっと読みたい』という気持ちになるように，与えられる背景知識が絶妙にコントロールされている」という点です。生徒を「もっと知りたい」という状態にするために，内容スキーマの量と質の調整を行っているのです。

　「辞書をどう活用するか」という話からは少し離れるかもしれませんが，リーディング活動が終わったあと，どんな活動をするのかについて少しご紹介します。田尻氏は「Talk and Talk Book 1」43ページを開けるように指示します。そこには，次のような絵が載っています。

⑨から⑱までの単語（roof, chimney, door, window, barbecue, porch, footpath, yard, mailbox, driveway）について説明と音読みをしたあと，田尻氏は英語で話し始めます。(1)家のまわりにある芝生は「敷地内」だから，入ってはいけないことになっている，(2)だから，新聞配達少年は，mailbox の中か近くに新聞を入れる，または新聞を家の中めがけて投げ入れる，といった話を英語でしたあとで，アメリカのルイジアナでハロウィンのときに撃たれて亡くなった日本人留学生の話へと進んでいきます。「どのような状況で彼は撃たれてしまったのか」，「どうして，その撃った人は無罪になったのか」などについて語る田尻氏の英語を，生徒たちは必死に理解しようと努めます。「もっと知りたい」という生徒の気持ちはここでも生じているのですが，それを知るための方法が「リーディング」から「リスニング」へといつのまにかシフトしています。授業の終わりのほうでは，「apple bobbing」をクラス全体で行ったりもします。授業全体が，文化の紹介にもなっているのです。

第1章 英語教科固有の特徴

生徒の意見を確認する田尻氏

c 辞書使用の例2：クラスルームイングリッシュ

　田尻実践の3年間の学年到達目標の中に，「○○種類以上のクラスルームイングリッシュが分かる／使える」という目標があります。「分かる」のほうはinput目標で，「使える」のほうはoutput目標なのですが，田尻実践では，output目標としてのクラスルームイングリッシュの導入で，辞書を活用させることがあります。1つ例を見てみましょう[32]。

［状況］
　中学2年生対象の授業で，単語を印刷したプリントを生徒に配布して，90秒の間に，その中に載っている単語やフレーズをどれだけ正確に速く言えるかをこれまで4回ペアで練習してきた。生徒たちが持っているプリントには，4回分のチェック欄しかなく，このプリントを使って同様の活動を行うことが困難であるという状況になった。

| | |
|---|---|
| 生徒A： | 新しいプリントがほしいです。 |
| 田尻： | ああ，もう4回やった？ So, you have done this four times. |
| 生徒たち： | Yes. |

69

| | |
|---|---|
| 田尻： | So, how do you say that in English? |
| 生徒たち： | （驚いて）ええ〜っ。 |
| 田尻： | このプリントを4回終わってしまった…。はい！You can talk in your group. さあ，どうやれば通じるか。（生徒同士での相談が始まる） |
| 生徒B： | （隣の生徒に対して）「できません」だから，「もうない」ってことでしょ？　私…，私？ |
| 生徒C： | （隣の生徒に対して）全部やった…。 |
| 生徒D： | 4回終わった？　4回終わったって，どう言うん？（しばらく経って） |
| 生徒たち： | （声をそろえて）Excuse me. |
| 田尻： | Yes. |
| 生徒たち： | （声をそろえて）Can we use a dictionary? |
| 田尻： | Sure, sure.（しばらく経って） |
| 生徒E： | Excuse me. |
| 田尻： | Yes. |
| 生徒Eのグループ： | （グループ全体で声を合わせ）We can't write this handout. |
| 田尻： | Oh, you can't write any more in this handout. Here you are.（プリントをそのグループに配布する） |
| 生徒Eのグループ： | （グループ全体で大きな声で嬉しそうに）Thank you!（拍手） |
| 田尻： | You are welcome. |

　このような形で，新しいプリントをもらうために，生徒たちは必死で辞書を引いて文を作ろうとします。プリントをもらうための表現は，「We can't draw checks anymore.」など，グループによってさまざまです。以下は，「We can't draw checks anymore.」と言ってプリントをもらうことに成功した4名のグループに対し，3枚のプリントしか渡さないことによって，更なる学習の機会が創出されている例です。[33]

生徒F： Excuse me.
田尻： 　Yes.
生徒F： I don't have a handout.
田尻： 　Okay. What handout? You don't have … .
生徒F： A handout.
田尻： 　一枚のハンドアウトを持ってない？ A handout means 一枚のハンドアウト。「一枚のハンドアウト持っていません！」, I don't understand. I don't have "a" じゃなくて？
生徒F： "The" handout.
田尻： 　The handout. Very good! Here you are.（プリントを生徒Fに配布する）
　　　　（その後，write と draw の違いについて説明する）

　このような田尻実践について，髙橋（2007：91-92）は，次のように述べています。

　　田尻先生の指導に特徴的なことは，これ（creative activities を行わせる中で生徒の表現ニーズを見極めること）に加えて，「生徒が使う教室英語」を学習段階に応じて，計画的に刷り込んでいく点にある。例えば，授業中に配布されたプリントが足りない場面が生じたときには，Mr. Tajiri, the handout, please.（1年）→ Please give me the handout.（2年1学期）→ Will you give us one more handout?（2年2学期）→ Would you give us two more handouts?（2年3学期）など，同じ場面で使える同じ機能（function）を果たす新しい表現を学年の学習段階に応じて与え，故意にプリントを適当な数配布して毎時間のように繰り返し使わせながら，より高度な構造や表現を自然に習得させていくのである。

　プリントの内容や配布方法のちょっとした工夫によって，田尻氏は，生徒にとっての「英語を話す必然性・必要性」を創出しています。

## 4 歌・音楽

　英語の授業の中で,「歌」を扱うメリットとして,中井（2000：219）は以下の点を挙げています。

- ・音楽や歌を歌うことでくつろいだ状況が生まれます。
- ・歌詞の内容が学習者の気持ちや感情に訴えるものがあります。
- ・名曲は心に残り,メッセージが伝わります。
- ・音楽や歌を歌うことで,学習者は授業が楽しいと感じます。

　これらは,「歌・音楽は情操教育に役立つ」という立場を強調するものです（川口・横溝 2005）。田尻氏が歌・音楽を「生徒のメンタル面への働きかけ」のためにどのように活用しているかを見ていきましょう。

### a　生徒のメンタル面への働きかけとしての歌・音楽の活用

　一年間授業を行っていれば,毎回毎回生徒が授業に同じように集中できるわけではないことは,多くの教師の共通認識だと思います。そんな生徒の学習意欲を引き出すために,田尻氏はよく歌・音楽を活用します。このことについて,田尻氏は次のように述べています。[34]

　　授業をどう組み立てるか,事前に計画を練るわけですが,当然のことながら,子どもたちはそのとおりには動いてくれません。その経験を何年も積み重ねていくと,「こう言ってきたら,こうやってやろう」というオプションを持てるようになるんですよ。子どもたちが騒いでも,それに対するオプションを用意していますし,授業を脱線させたがっているのなら,あえて脱線させてあげる。そのうえで,スーッと授業に戻すという方法をとるわけです。例えば授業が年間 105 時間あるとしたら,うまくいくのは 70 時間あればいいほうだと思うんです。残りの 35 時間は,うまくいかない。生徒たちの調子が悪いとか,やる気がないとか,何かトラブルがあったとか,いろいろな状況があるんですよね。「今日はダメだな」と思ったときは,「よし,今日は音楽を聞こう」とか「ビデオでも見ようか」

という形で，まず生徒を喜ばせるんです。でも，終わってみればそれが授業になっている。そんな方法をとることもありますね。

まずは，3年生の7月，期末試験終了後の歌の活用例を挙げましょう。[35]

　3年生は1学期末テストが終わると，のんびりと夏休みを待つだけの気持ちになる生徒と，最後の大会に向けて部活動に打ち込む生徒に分かれます。後者は大きなプレッシャーを感じながら毎日を過ごしていますので，私はよくこの時期，ゆったりと英語の歌を聞かせました。しかし，転んでもただでは起きないタイプの私は，リラックスタイムだと思っていた生徒がいつのまにか授業に夢中になっているという仕掛けをしました。その1つが，動物の写真を使った授業です。
　この写真を見てください。2頭の白熊が写っていて，一方は愛おしそうに相手を抱いているのですが，抱かれているほうは目がうつろで，何か考え事をしているように思えます。

Ⓒ Daniel J Cox／
ゲッティイメージズ

　授業では，まず Eric Clapton の "River of Tears" を聞かせてリラックスさせます。2回目に聞かせるときは，この写真をじっくりと見せます。そして3回目の直前に，次のような投げかけをします。
　"You know, these are polar bears and of course they can't speak. But somehow I feel like they are talking to each other. Can you hear their voices?"

すると，生徒はさらにじっとこの写真を見ます。そして，4回目以降は，頭に浮かんだ白熊たちのせりふを書いていきます。そこで発揮される生徒の想像力は，ぞくぞくするような喜びを与えてくれます。暑さを忘れるような，生徒の澄んだ心を見ることができる活動です。

この授業を行ったとき，女子生徒たちは授業時間終了のチャイムが鳴ったあとも教室を離れようとせず，「先生，明日もう一時間やってください」というリクエストをしてきたそうです。そんなクラスの中に，その当時，いろいろな問題を抱え悩んでいた男子がいました。彼は白熊の写真を使った授業でも，やる気はなさそうでした。しかし，翌日2回目の授業のときに，何かを書き出し始めました。

> Don't worry. It's alright. You have a hard time. You have a strong will.
> Don't worry. It's alright.

田尻氏はそれを見て，「いいねえ。いい文章だ。完成させろよ」とだけ伝えました。結局は，完成させることなく卒業していきました。でも，この男子生徒は5月の連休が明けた頃，ふらっと学校に来て「（白熊の気持ちになって書く宿題の）清書を持ってきました」と，ノートを田尻氏に渡します。「先生，先生は both bears とか言っちょったけど，自分には，右のほうの熊がどうしても自分に見えて書けんかったんですよ。だけん，左の熊しか書いちょらんけど，いいですか」と続けた彼のノートには，中学時代に書いた（上記の）文に続けて，こんなことが書いてありました。[36]

> Don't care whatever people say. I am your friend forever.
> I cry when you cry.

生徒の心を揺さぶったあとで，アウトプット活動をさせることの意味について，田尻氏はこう語っています。[37]

悩んでる子って，いっぱい心の中でつぶやいています。楽しい子は幸せ。でも，悩んでる子はいっぱい心の中で喋っています。彼らは言いました。「英語っていいよね。日本語で言えないことが言えるもんね」。ことばをとおして，彼らの内面を引き出してやりたい。英語だから言えることがあるから，引き出してやりたい。そして，私たちと「本当はこう思うてんねん」と伝え合うことができるような英語の授業がしたいなあと思ってます。

前述の例は，歌と写真の相乗効果で生徒の心に訴えかけた授業ですが，もう1つ，歌を活用した授業を見てみましょう。[38]

ビートルズの『The Long and Winding Road』という歌があります。その歌について，まずは，（背景知識として）以下の点の説明をします。

- 「なかなかうまくいかない」という内容の歌である。
- 真ん中のあたりの，「Many times I've been alone and many times I've cried. Anyway you'll never know the many ways I've tried.」という部分は，「僕は何度も何度も一人でいた。…でも，いずれにしてもきみは分からないだろう」という内容である。
- 「many times I've cried」の cried と，「the many ways I've tried」の tried は，韻を踏んでいる。
- この『The Long and Winding Road』は，ビートルズが解散した最終的なきっかけになった曲じゃないかと言われている。ポールは，オーケストラとコーラスを入れることに反対していたが，残りの3人と，フィル・スペクターというプロデューサーが強引に入れてしまい，ポールは訴訟を起こしている。
- この曲は，『LET IT BE … NAKED』という，ポールが34年ぶりにリメイクした新しいビートルズのアルバムにも入っている。
- 『LET IT BE … NAKED』では，オーケストラとコーラスが外されている。

そのうえで，次のように授業を展開します。

| | |
|---|---|
| 田尻： | 34年前のやつと一か所だけ，歌詞が違っている部分があるんで，それを聞き取ってみてごらん？ |
| 生徒たち： | (「Anyway you'll never know」が「Anyway you've always known」になっている部分で，「ん！？」という顔をする) Once more please! |
| 田尻： | Okay. |
| 生徒A： | You always know …. |
| 生徒B： | Anyways you've always know …. |
| 田尻： | もっとしっかり聞いてごらん。 |
| 生徒数名： | (何回か聞いたあとで) Anyway you've always known. |
| 田尻： | そう。Anyway you've always known. って言ってるよね。 |
| 生徒たち： | 分かった，分かった！ |
| 田尻： | でも，なんでポールはここの歌詞を変えたんだろうな？ |
| 生徒たち： | (いろいろ日本語で話し合う) |
| 田尻： | Okay. Paul McCartney quarreled with the other members and their producer, Phil Spector. "Anyway you'll never know." What impression do you have? |
| 生徒C： | He's pessimistic. |
| 生徒D： | He's angry. |
| 田尻： | Why did he change it to "Anyway you've always known"？ |
| 生徒E： | あ，分かった！　たぶんポールは現在完了でそろえたかったんだと思います。 |
| 田尻： | 確かにな（笑）。Many times I've been alone and many times I've cried. Anyway you've always known the many ways I've tried …. おお，本当だ。すばらしい！　他にないかな？ |
| 生徒F： | やっぱり34年経って，和解の気持ちが出たんじゃないか？　ポールが歩み寄っているんじゃないかな。 |
| 田尻： | これを聞いてみてごらん？　エルトン・ジョンの『Candle in the Wind』という曲だよ。(『Candle in the Wind』を聞かせる) この曲にも，『Candle in the Wind 1997』という新しいやつがあって，ダイアナ妃が亡くなったときにお葬式で歌ったほう。こっちも聞いてみよう。(『Candle in the Wind 1997』を聞かせる) どう？　同じ |

| | |
|---|---|
| | に聞こえる？ |
| 生徒たち： | 声の太さが違う。迫力も違う。 |
| 田尻： | じゃあ，『The Long and Winding Road』はどう？　よく似ていない？ |
| 生徒たち： | 似てる。 |
| 田尻： | 何十年も経ったっていう感じする？ |
| 生徒たち： | しない。 |
| 田尻： | So when did he record this song? Thirty-four years ago. Yes. So, he recorded the same song in the same recording session. What does this mean? What's the difference between the lyrics? And, when did Paul write these lyrics? |
| 生徒たち： | 同じとき！ |
| 田尻： | Yes, he wrote them at the same time. Which was the first? |
| 生徒G： | そうか，「Anyway you've always known」がオリジナルじゃないか。 |
| 生徒H： | 腹が立ったから「Anyway you'll never know」に変えたんじゃないか。 |
| 生徒I： | 先生，歌詞って，ジョン・レノンって書いてあるよ。 |
| 田尻： | そう，ジョンが作詞，ポールが作曲だったけど，毎回そうじゃない。片一方が作った曲も多い。これはどちらかな，ジョンかなポールかな。 |
| 生徒たち： | （いろいろなことを話し合い始める） |
| 田尻： | I don't want to bother you. Write your impression. |
| 生徒たち： | （いっせいに英語で書き始める） |

　有名な一曲の歌詞の解説が，ただの解説にとどまらず，リスニングの教材となり，曲が書かれた背景について考えさせ，それがいつのまにかアウトプット活動へとつながっています。このように，田尻氏の実践では，インプットとしての歌・音楽が，曲の選定と使用タイミングを工夫することによって，学習者の自己表現活動というアウトプットにまでつながっているのです。

### b　英語能力の向上のための歌・音楽の活用
　英語の歌を授業で活用することが英語能力の向上に直接的に役立つ，という立場の根拠としては，次の点が挙げられています（樋口1996：25）。

・繰り返し英語の歌を歌ううちに，歌詞に含まれる単語や文型・文法事項が自然に身につく。
・リズムの習得に役立つ。

　もともとミュージシャンを目ざしていた田尻氏（本人談）ですので，英語能力の向上を目ざす教室活動にも，教材として歌・音楽は積極的に活用されています。「繰り返し英語の歌を歌ううちに，歌詞に含まれる単語や文型・文法事項が自然に身につく」という目的を達成するために，例えば，現在完了形を学習中の生徒たちには，ビートルズの "A Hard Day's Night" や，Creedence Clearwater Revival の "Have You Ever Seen the Rain" や Carpenters の "We've Only Just Begun" などの曲が使用されています[39]。ミュージシャンである田尻氏の本領が発揮されるのは，どちらかといえば「リズムの習得」に歌・音楽を使うとき，特にチャンツを使うときです。髙橋一幸氏との共著で出版された『チャンツで楽習！決定版』（NHK 出版）の「おわりに」で，田尻氏は次のように述べています。

>　　私が本格的にチャンツを授業に取り入れたのは，『チャンツでノリノリ英語楽習！』（髙橋一幸，NHK 出版）ですてきなチャンツに出会ったのがきっかけで，それ以来，チャンツの効用を強く感じてきました。安藤禎央さんの作るポップで明るい音楽がなんといっても魅力で，生徒たちは音楽に合わせて体を動かし，楽しくチャンツを繰り返すうちに口が英文を覚えてしまったのです。そして，それらの英文が生徒たちの英語力の基礎を作っていきました。…何度も繰り返すうちに上達し，みごと音楽に合わせて言い切れたときの喜びは大きく，その英文は末永く記憶されます。そして，それらの英文をもとに新しい文を作ったり，英語で書かれた文章を読んだりできるようになります。みなさんも，この本でチャンツの魔法の力を感じてくださいね！

　次の引用は，『チャンツで楽習！ 決定版』の 40-41 ページです。

第1章　英語教科固有の特徴

A: If I go to New York,
　　I will watch a baseball game.
B: If you watch a baseball game,
　　you will eat some hot dogs.
A: If I eat some hot dogs,
　　I'll be very sleepy.
B: If you are very sleepy, you can't
　　watch the baseball game!

チャンツは，1曲につき4回流れることになっています。生徒たちは，

　1回目：AとBのモデルをよく聞く。
　2回目：Bのパートを言う。
　3回目：Aのパートを言う。
　4回目：AとB両方のパートを言う。

という形で，チャンツに合わせて英文を言うことになっています。教材には，「英語らしく言うコツ」として，以下のポイントが挙げられています。

　・太字の部分は強く，はっきりと発音する。
　・×印のついた文字は，口の構えを作るだけで，実際には発音しない。
　・⌣のところでは，2つの単語をつなげて発音する。

　チャンツ自体は，多くの英語教師が活用していますが，田尻実践で特徴的なのは，上掲の2回目から4回目までのモデルを，田尻氏自身が抜群の発音とリズム感で実際にやって見せる点です。それを目の当たりにした生徒たちは，「すごい！」という感想と，「あんなふうにやってみたい！」という気持ちを強く持ちます。モデルとしての田尻氏の英語が，生徒たちのやる気を引き出しているのです。やって見せることに関して，田尻氏はこう述べています。[40]

子どもたちは,「川の向こう岸におもしろそうなものがあるらしい。あっちへ行ってみたいな」と思ったら,川を舟で渡らないといけないので,しっかり舟をこぐ練習をします。それが英語という教科だと思います。だから,行き着く先にはこんなすばらしいものがあるんだよということを見せることが,授業のまず第一歩だと思うんです。それを見せずに,船の乗り方ばかり一生懸命教え,しかも川で舟をこがしてみるのではなくて,陸の上で「はい,まずこうやって引っ張って,次こうやって」という形で理論だけ教えていると,授業がつまらなくなってしまうんですよ。

　「あんなことができるようになってみたい」という,生徒たちの「あこがれ」の境地にい続けるためには,たくさんの努力が必要です。それは田尻氏についても同様です。この点については,第3章で詳しく見ることにします。

## 5　映画

　映画を含むビデオ教材を使うメリットとして,Harmer（2003：124）は,以下の4点を挙げています。

　　・言語が使われている様子を見ることができる。
　　・異文化への認識を深めることができる。
　　・創造力を高めることができる。
　　・学習への動機づけを高めることができる。

　田尻実践での映画の活用にも,これらのメリットが活かされています。そして,歌・音楽の場合と同様に,インプット活動からアウトプット活動へのつながりが見られます。映画の活用について,田尻氏は次のように述べています。[41]

　　映画は,日本語のサブタイトルのついたやつを見せます。聞き取りとか,全部見せてやって,感想を書くとか。…それから,映画の台詞を書き起こして,一部をカッコにしておいて,そこに入る単語を考えさせたりします。例えば『E.T.』を見せたあとの授業は,こんなふうに展開します。

| | |
|---|---|
| 田尻： | (「E.T. is a cute little (　).」を見せて）What did you write? |
| 生徒A： | Alien. |
| 生徒B： | Creature. |
| 生徒C： | Animal. |
| 生徒D： | Monster. |
| 生徒E： | Boy. |
| 田尻： | なんでboyなの？ |
| 生徒E： | 「E.T. is a cute little (　). He came from another (　).」って書いてあります。次の文の最初がHeです。 |
| 田尻： | おお，そうか！ |
| 他の生徒たち： | すげえ！ |
| 田尻： | He came from another (　).のほうはどう？ |
| 生徒F： | Planet. |
| 生徒G： | Star. |
| 生徒H： | Place. |
| 生徒I： | World. |
| 田尻： | そうだね。全部正解だ。 |

　『E.T.』は本当に良い教材で，最後の7分に全てが凝縮されているんですよ。そこに気がついたときに自分で感動して，鼻血出そうなくらい感動してしまって。早く授業がしたくて，全部うっちゃって，その週は『E.T.』の授業をしました。以下が，最後のお別れの場面です。

| | |
|---|---|
| 田尻： | （登場人物のマイクに向かって，E.T.がThank you! というシーンを見せて）What does E.T. thank Mike for? Thank you for what? Write your ideas. |
| 生徒J： | Thank you for taking care of me. |
| 生徒K： | Being with me. |
| 生徒L： | Sharing time with me. |
| 生徒M： | May I use a dictionary? |
| 田尻： | Sure! |

　　　　　　　（生徒たちが，それぞれの答えをメモし合ったりする）
田尻： Okay. Because E.T. doesn't know many English words, he only said "Come." If E.T. could speak better, what would he say? Make it longer.
生徒N： Come with me.
生徒O： Come to my planet.
生徒P： Please come to my star.
田尻： OK. E.T. can't speak English much. So Elliott used the word "stay." What actually did he want to say? Write your ideas, your sentences.
生徒R： Stay with me.
生徒S： You stay here.
生徒T： I stay here.
田尻： とすると，「stay」はいろんな意味があるよね。「No, you stay with me.」，「Sorry, I must stay here because I have my family.」というのと。つまり，この stay は主語が２つ考えられるね。
生徒たち：おお，深い！
田尻： 翻訳の人はどう訳したのかな？　字幕を見てみよう。…「ダメだよ。行けないよ」ってなってるよね。となると，翻訳の人は，「I」が主語だととったんだ。
生徒たち：そうかあ。
田尻： Ouch!　はどう？ Ouch!　って，どういう意味？　What does ouch mean?
生徒U： My pain.
田尻： What kind of pain?
生徒V： It's painful to say good bye.
生徒たち：おお，深い！

　『E.T.』のメイキング・ビデオも使います。映画の中で使われている音楽の作曲者であり指揮者のジョン・ウィリアムズは，『セブン・イヤーズ・イン・チベット』，『スター・ウォーズ』，『インディ・ジョーンズ』，『シン

ドラーのリスト』,『ホーム・アローン』,『ジュラシック・パーク』,『ハリー・ポッター』シリーズなども手がけた有名な方です。それらの音楽は,映画を映しながら,オーケストラが演奏を合わせる形で収録されました。でも,『E.T.』のときは,何回やってもうまくいきませんでした。そこで,スピルバーグが言いました。「ジョン,もういいから。スクリーンを消すから,好きにやってくれ」って。「最後は編集をして,ジョンの曲に合わせるから」っていうことで,音楽を主にして,映像のはめ込みを直して,音楽に映像がぴたっと合うようにしたんです。

田尻: Usually, music is subordinated to the movie. But Spielberg thought the music was great, so he put his priority on music rather than on his films. And he re-edited his films to suit the music. What do you think?
生徒たち: That's great !
田尻: (音楽と映像とのマッチを意識させながら,映画の最後の場面をもう一度見せて)How did Elliott feel when he had to say "Bye?"
生徒たち: (短い E.T. のセリフに込められた心を汲み取ろうとする)
田尻: Write your ideas.
生徒たち: (自分の答えをガリガリガリガリと書き続ける)

　このように,田尻実践では,ただの鑑賞用やリスニング用として使われることが少なくない映画も,生徒の心を揺さぶりアウトプット活動へとつなげる効果的な教材となっています。以下は,田尻氏のことばです。[42]

　　映画を見たから,楽しんだから,その余韻で「ああそれだ!」ってくるし,そこにコンテクストを考え始めるし,そこにオプションがある。それだけで「なんか今日の授業はすごくよかった」とか。本当は(内容を)読んだだけなんだけど「なんだかすごくよかった,先生いいわ」って言ってくれたりするんですよ。…だから読むことに抵抗がなくなってくる。読みたいと思う動機づけになる。映画って結構リスニングだけに使う先生は多いけれど,そうじゃなくて,こういう使い方もあるんじゃないかって。

田尻実践で使用される教材のうち，「教科書」，「辞書」，「歌・音楽」，「映画」について見てきました。田尻実践では，その他にもアイディア豊富なオリジナル教材がたくさん使用されるのですが，それらは田尻氏のユニークな教え方と密接に関わり合って使用されているものが多いので，次の節で，田尻氏の「教え方」を詳しく見ていきながら，挙げていくこととします。

## 第4節
# 教え方の決定

## 1 ユニークな教え方を支えているもの

　田尻実践の中で,「教え方の工夫」は,一番注目され脚光を浴びてきた部分だと言えるでしょう。授業見学やビデオ／DVD等で田尻実践を体験すると,さまざまなユニークな教え方が,アイディア豊富なオリジナル教材とともに,目の中にどんどん飛び込んできます。いわゆる「目からウロコ」状態が継続します。そんな田尻氏は,「英語のマジシャン」や「カリスマ教師」と評されることもあります。しかしながら,その授業は,実は「しっかりした計算」と「小さな工夫の積み重ね」によって成立しています。[43]

[茂木健一郎の視点]
　　田尻さんの授業には,おそらく開始から終了に至るまで計算された流れがあるのではないかと思う。どの程度まで細かく,その流れを組み立てているのだろうか。そして,計算どおりに進まない場合はどうやって対処しているのだろうか。
[田尻]
　　計算はしていますね。ある先生からは「健全な腹黒さ」だと言われました。授業にしても何にしても,しっかり計算しているという意味なのだそうです。あれにはちょっとグサッときましたが,なるほどとも思いました。授業をどう組み立てるか,事前に計画を練るわけですが,当然のことながら,子どもたちはそのとおりには動いてくれません。その経験を何年も積み重ねていくと,「こう言ってきたら,こうやってやろう」というオプションを持てるようになるんですよ。…授業というのは,そんな小さな

工夫の積み重ねなんですよ。それは常に心がけていて、気づいたことはすぐに手帳に書くようにしています。運転中でも、何かひらめいたら、車を停めてメモをとったりしています。

　素晴らしい授業を行うために田尻氏がどのような努力を続けているかについては、第3章の第2節「自己研修の継続」で詳しく見ていきたいと思います。それでは、田尻氏の教え方の工夫を1つずつ見ていきましょう。

英語教室

## 2　アルファベットの指導とフォニックス

### a　段階的指導の必要性

　中学生になって、大きな期待を胸に英語の勉強を始めた生徒たちが、1学期も終わらないうちに英語嫌いになってしまうという悲劇が、全国各地で繰り返されています。田尻氏は、この現象について、こう述べています。[44]

毎年，入学式の「新入生誓いの言葉」には，必ずと言っていいほど新しく始まる英語学習に対する期待や希望が盛り込まれる。中学1年の1学期は，生徒が一番英語学習に興味を抱いている時期であり，どの子も目を輝かせて授業を受けている。ところが，学期が終盤になると，学力や意欲において生徒間の差が少しずつ見え始める。その頃になると，教科書も1ページの語数が30を超えるものもあり，語句や文に対する教師の質問に答えられなかったり，誤答が出る確率が高くなる。

　このような生徒の英語学習開始時期の意欲減少について，村端他（2005：54）は，次のように説明しています。

　　これまでのわが国の英語教育，とりわけ中学校段階から始める英語教育においては，英語音声の基礎作りと文字の導入が入門期において一度に行われることが多かった。そのため，生徒たちの学習負荷が大きくなり，それが英語嫌いを生む大きな要因の1つとなることもあった。

　いきなり新しいことが一気に出てくるので，生徒たちが消化不良を起こすというわけです。この点に関して，田尻氏はこう考えています。[45]

　　低学年から英語活動を実施しており，中高学年より文字を導入している小学校出身の生徒は，ある程度英語の文字に親しんでいます。また，小学校ではローマ字の学習を数時間行っています。しかし，中学校入学時に英語を読み書きできるというのは期待できませんし，それは中学校でできるようにすべき項目です。では，中学校ではどのように文字指導がなされているかというと，これが「きわめて乱暴である」と言わざるを得ません。Hello. Nice to meet you. Good morning. などは，中1の最初に学習する表現ですが，これらはローマ字読みの知識では読めません。ですから生徒は，例えば morning は全体で「モーニング」と読むのだと認識してしまい，この語が m＋or＋n＋i＋ng を足し算で読んだ結果，[mɔːrniŋ] と読むことを知らないまま綴りを丸暗記し始めるのです。これが，英語学習の苦痛となります。さらに中1の1学期の早いうちから単語テストをさ

れると，生徒は英語が嫌いになり始めます。我々が1週間にハングル語やアラビア語の単語を5つずつ覚えなければならない状況を想像してみてください。それが，生徒の気持ちなのです。ですから，安易に単語テストをするのは考えものです。

この問題に対する田尻氏の解決法は，以下のような段階的指導法です。

> 1. 英語らしい発音を知る。
> 2. 大文字と小文字の形を認識する。
> 3. 大文字を書く練習をする。
> 4. 小文字の高さを認識させる。（小文字ダンス）
> 5. 小文字を書く練習をする。
> 6. アルファベットの名字と仕事を教える。
> 7. 子音＋短い母音の読み方を教える。（①番読み）
> 8. 短い母音を含む3～4文字の語を読んでみる。
> 9. 5文字以上の語を読んでみる。
> 10. 子音＋長い母音の読み方を教える。（②番読み）
> 11. 長い母音を含む4～5文字の語を読んでみる。
> 12. 母音のその他の読み方を教える。（③番～⑥番読み）
> 13. 綴りのルールを教える。
> 14. 特殊な読み方を教える。

では，これらの段階的指導法を一つひとつ詳しく見ていきましょう。

## b 第1ステップ：英語らしい発音を知る

英語らしい発音を知るための第一歩は，「外来語として日本語の語彙に入っている英単語の発音」[46]です。例えば，Talk and Talk Book 1 では，右のような外来語が紹介されています。[47]

田尻氏は，これらの外来語が英語ではどう発音されるのかを，自らの発音で生徒たちに実体験させます。この体験によって，生徒たちの英語の発音に対する興味がわき，学習に向けての心の準備，すなわち「レディネス」が生じます。英語の発音に対する興味をわかせるために，例えば次のような，英単語の発音とよく似た日本語の単語を紹介することもあります。

onion　兄やん　　chocolate　着火率

第1章　英語教科固有の特徴

```
Word & Word (1) ── いくつ知っているかな？
```

| | | | | | | | | |
|---|---|---|---|---|---|---|---|---|
| 1 melon | 2 pineapple | 3 grapefruit | 4 grapes | 5 peach | 6 pear | 25 milk | 26 water | 27 tea | 28 coffee | 29 juice |
| 7 apple | 8 lemon | 9 orange | 10 banana | 11 strawberry | 12 cherry | 30 chocolate | 31 candy | 32 potato chips | 33 popcorn | 34 cake |
| 13 broccoli | 14 lettuce | 15 cabbage | 16 pumpkin | 17 radish | 18 potato | 35 fish | 36 pizza | 37 steak | 38 sandwich | 39 bread | 40 salad | 41 spaghetti | 42 toast |
| 19 tomato | 20 eggplant | 21 cucumber | 22 carrot | 23 corn | 24 onion | 43 ham | 44 hamburger | 45 hot dog | 46 ice cream | 47 soup | 48 rice |

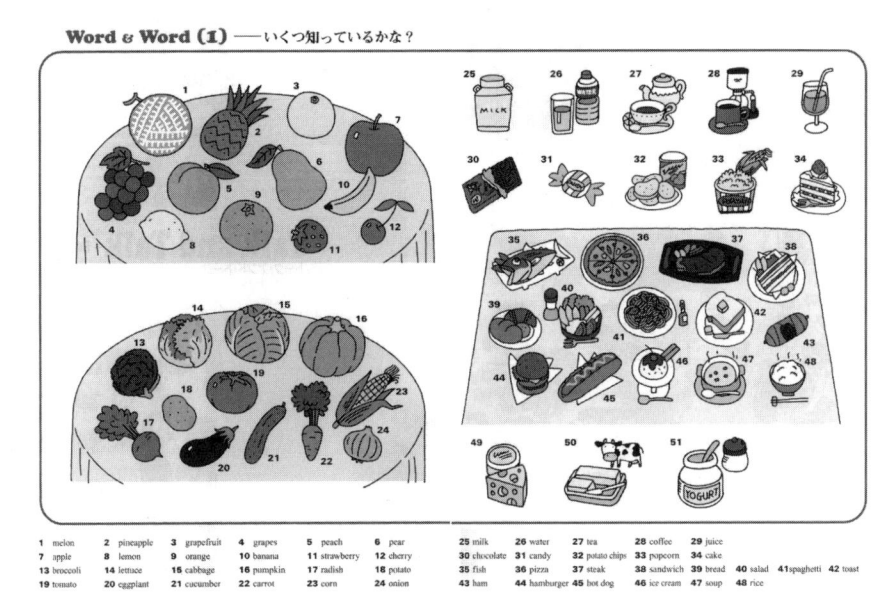

Talk and Talk Book 1（正進社）

　こういった形でレディネスを生じさせたうえで，英語の音の導入へと移るのですが，この時点で田尻氏を含む英語教師は皆，「英語らしい発音をどのような形で表記すべきか」という難題に直面することになります。もちろん英語らしい音を一番<u>正しく</u>表すことができるのは，「発音記号」でしょう。しかし，田尻氏は，「アルファベットと格闘している1年生に発音記号を教えるなど，もってのほか」と考えています。また，その代わりに単語の読み仮名としてカタカナを使用する「カナ文字」も，日本語英語なる発音が横行している原因だと，田尻氏は考えています。[48] その解決策として登場するのが，「田尻式カナ発音記号」です。田尻式カナ発音記号について，田尻氏はこう説明しています。[49]

　　英語と日本語は発音にかなりの違いがあります。英語には日本語にない音がたくさんあり，同様に日本語にも英語にはない音があります。この本では，単語の読み方はカタカナで [　] に入れて示し，英語独特の発音は，特別ルールで表しています。

89

この説明から，田尻氏は「カナ文字」そのものを否定しているのではなく，それだけでは補えない音に対する記号を自分で創意工夫して，英語らしい発音の表記を実現しようとしていることが分かります。このことについて，田尻氏はこう述べています。[50]

　文字で読めるようにしてあげる。それができるだけでも，かなり違います。それについては，先生方なりのやり方を開発なされればいいと思います。これを発音記号で教える先生もいらっしゃいますが，それは非常に負担が大きい。アルファベットと同時に覚えないといけないから。僕のは，アルファベットと全然違いますし，さらに日本語が入ってます。日本語が入っているから，子どもたちは「何じゃ，それ？」と言いながらも読もうとする。これを発音記号で書かれたら，「ええ，もう，無理！」とか「分かんない！」となってしまう。カタカナとかひらがなとか漢字が出てくるから，「何じゃ，そりゃ？」というふうに，身を乗り出すんです。田尻式カナ発音記号は，子どもたちの負担を軽くするために作り始めました。

創意工夫の産物としての田尻式カナ発音記号 2010 年版は，次ページのとおりです。

このカナ発音記号ですが，田尻氏は「生徒たちがそれを手がかりに発音できるかどうか」を常にモニターして，改善を図ってきています。例として，母音［æ］［i］［ɔ］［u］の変遷を見てみましょう。
　2003 年次には，以下の記号がそれぞれ使われていました。

［æ］ ＝ ［チ］

［i］ ＝ ［エ］

［ɔ］ ＝ ［オ］

［u］ ＝ ［ウ］

それぞれの母音が日本語の母音 2 つの中間的な音であることに注目し，カタカナを組み合わせることにより，これらの記号は作成されました。ところが，この発音記号だと，［i］や［ɔ］を発音しようとして「イエ」「オア」と音をつなげてそのまま短くすばやく発音しようとする生徒が出てきたそうで

[母音]

| | | |
|---|---|---|
| [ヱ] | 「ア」と「エ」の中間音。「エア」を早口で言うとこの音になる。（〔æ〕） | |
| [ｲ] | 「イ」と言うときに，口の構えはそのままで，口の中で舌をなるべく下の方におろして「イ」と言う。（〔i〕） | |
| [才] | 口を大きく開けて「オ」と言う。（〔ɔ〕）「オ」と「大」の合体文字。 | |
| [ウ] | 唇をあまり丸めたりとがらせたりせず，下あごを少しおろして楽に「ウ」と言う。（〔u〕） | |
| [ア] | 日本語の「ア」とほぼ同じ。（辞書では up の u のように口を小さめに開けたのが〔ʌ〕で，what の a のように大きく口を開けるときは〔a〕と表してあります。） | |
| [あ] | 口をあまり開かず，いいかげんに「ア」と言う。（〔ə〕） | |
| [アー] | 日本語の「アー」とほぼ同じ。（〔ɑ:〕） | |
| [イー] | 日本語の「イー」とほぼ同じ。（〔i:〕） | |
| [ウー] | 日本語の「ウー」とほぼ同じ。（〔u:〕） | |
| [エ] | 日本語の「エ」とほぼ同じ。（〔e〕） | |
| [オウ] | 日本語の「オウ」とほぼ同じ。（〔ou〕） | |
| [丸] | 舌を上に丸めて（または奥に引いて）声を出す。（〔ər〕） | |
| [丸] | 舌を上に丸めて（または奥に引いて）「アー」と言う。その場合 [丸] と同じ音になる。（〔ər〕）<br>「丸」という漢字の中に小さな「ア」が見えるのは，舌を丸めるのが苦手な人は，舌を丸めずに口を小さく開いて「アー」と言ってもよいという意味。（〔ə:〕） | |
| [ア丸] | 「ア」と言ってから舌を丸める・奥へ引く・小さな口で「ア」と言う。（〔ɑər〕） | |
| [オ丸] | 「オ」と言ってから舌を丸める・奥へ引く・小さな口で「ア」と言う。（〔ɔər〕） | |
| [イ丸] | 「イ」と言ってから舌を丸める・奥へ引く・小さな口で「ア」と言う。（〔iər〕） | |
| [ウ丸] | 「ウ」と言ってから舌を丸める・奥へ引く・小さな口で「ア」と言う。（〔uər〕） | |
| [エ丸] | 「エ」と言ってから舌を丸める・奥へ引く・小さな口で「ア」と言う。（〔ɛər〕） | |
| [アイ丸] | 「アイ」と言ってから舌を丸める・奥へ引く・小さな口で「ア」と言う。（〔aiər〕） | |
| [アウ丸] | 「アウ」と言ってから舌を丸める・奥へ引く・小さな口で「ア」と言う。（〔auər〕） | |

[子音]

- [歯]　舌を上の歯と下の歯の間から少し出し、上の歯と舌の間から声を出さずに息を抜く。([θ])
- [舌]　舌を上の歯と下の歯の間から少し出し、上の歯と舌の間から声を出して息を抜く。([ð])
- [皿]　上の歯を軽く下くちびるに当て、声を出さずに息を抜く。「皿」という字は、上の歯が下くちびるにふれている様子を表しています。([f])
- [皿]　上の歯を軽く下くちびるに当て、声を出して息を抜く。この文字も、上の歯が下くちびるにふれている様子を表しています。([v])
- [伸]　舌の先を伸ばして、上の歯の裏につけて声を出す、または「ル」と言う。にんべんが「ル」の形にしてあります。([l])
- [ろ]　息が抜けないぐらいくちびるを思いきりとがらせ声を出す。このカナ文字は、「う」とそれを発音するときのくちびるの形を合体させた文字です。([w])
- [ん]　舌の先を下におろし、舌の中央部分を口の中の上の部分に当て、鼻から声を出して「ン」と言う。この文字は、発音するときの顔の断面図です。左側が上の歯と下の歯、右側が舌の位置です。舌先を下におろし、舌のまん中あたりを上につけて発音します。([ŋ])
- [ン]　舌先が上の歯の裏（のすぐうしろ）につくことを確認する「ン」
- [ム]　くちびるを閉じ、鼻から声を出して「ン (ム)」と言う。「シャンプー」と言うときの「ン」。([m])
- [ハ]　口を大きく開け、声を出さずに息を抜く。([h])
- [ス]　声を出さずに「ス」と言う。([s])
- [ズ]　息を抜きながら「ズ」。([z])
- [ヅ]　いったん息を止め、一気に爆発させて「ヅ」と言う。「ッズ」とほぼ同じ。([dz])
- [シュ]　声を出さずに「シュ」と言う。([ʃ])
- [ジュ]　息を抜きながら「ジュ」。([ʒ])
- [チュ]　声を出さずに「チュ」と言う。([tʃ])
- [ヂュ]　いったん息を止め、一気に爆発させて「ヂュ」と言う。「ッジュ」とほぼ同じ。([dʒ])
- [ユ]　舌を上のほうに上げて発音する。「ユィ」に近い。([j])
- [キュー]　日本語の「キュー」とほぼ同じ。([kjuː])

す。この問題を克服するために，2006年版では，次のようなカナ発音記号に改良されました。

[æ] = [ア]
[i] = [イ]
[ɔ] = [オ]
[u] = [ウ]

[u]の音の場合は，2003年版では「ォ」が目立ちすぎるので，少し右に移動させて「ォ」を目立ちにくくしたそうです。

この原稿の執筆時点での最新版では，[i]は[イ]と同じ口の構えをして，その状態で舌を下におろすという意味の[イ]，[u]は，唇をあまり丸めず，リラックスしてあごを少し下におろすという意味で[ウ]というふうに，下に流れる線の上に，矢印を書いています。

[æ] = [ア]
[i] = [イ]
[ɔ] = [オ]
[u] = [ウ]

進化してきたのは，上記の母音だけではありません。2003年版では，[ə][f][w][ŋ]などに[ぁ][ふ][う][ん]という形でひらがながそのまま当てられていますが，2006年版では[ə]だけに限定され，他は[m][ろ][ん]のように変化しています。日本人にとって発音が難しいとされている[l][r]についても，大きな変化が見られます。2003年には，田尻氏はこう述べています。[51]

　ほとんど全てと言っていいほど，中学生向けの辞書にはジョーンズ式の発音記号やIPAのすぐそばにカタカナで発音を表しているが，なぜか l はひらがなで，r はカタカナで表してある。例えば light は［らイト］，right は［ライト］という具合である。私はその逆で，l をカタカナで，r をひらがなで表している。l は直線文字であり，舌を上の歯茎に向けて直線的にのばして発音するので，同じ直線文字であるカタカナと結びつき，曲線文字である r は舌を丸くして発音するので，主に曲線で構成されるひらがなを連想しやすいからである。

このように述べていた田尻氏ですが，2006年版では，イメージのしやすさを考慮してか，ひらがな／カタカナの形よりも，発音するときの舌や唇や顔の断面図などを使用するように［l］は［伸］に，［r］は［丸］になりました。

［伸］　　　舌の先を伸ばして，上の歯の裏につけて声を出す。
［丸］　　　舌を上に丸めて（または奥に引いて）「アー」と言う。（〔ər〕）
［ア丸］　　「ア」と言ってから舌を丸める・奥へ引く。「アー」に近い。（〔aər〕）
［オ丸］　　「オ」と言ってから舌を丸める・奥へ引く。「オア」に近い。（〔ɔər〕）
［イ丸］　　「イ」と言ってから舌を丸める・奥へ引く。「イア」に近い。（〔iər〕）
［ウ丸］　　「ウ」と言ってから舌を丸める・奥へ引く。「ウア」に近い。（〔uər〕）
［エ丸］　　「エ」と言ってから舌を丸める・奥へ引く。「エア」に近い。（〔ɛər〕）
［アイ丸］　「アイ」と言ってから舌を丸める・奥へ引く。「アイア」に近い。（〔aiər〕）
［アウ丸］　「アウ」と言ってから舌を丸める・奥へ引く。「アワー」に近い。（〔auər〕）

　最新版では，［l］は［伸］になり，［r］は［r］と［ər］を次のように区別するようになりました。

［丸］　舌を上に丸めて（またはのどの奥に引いて）声を出す。（〔r〕）

［丸］　舌を上に丸めて（またはのどの奥に引いて）［アー］と言う。（〔ɚr〕）

　カナ発音記号の変遷例は，l と r 以外でも見られます。例えば，［f］にはもともと［ふ］が当てられていたものの，ひらがなだと日本語の［Φ］の音で発音してしまう生徒が観察されたため，唇と歯の形に注目して［皿］を使用してみたところ，うまくいったそうです。それに伴い，［ヴ］と表示していた［v］も，［皿］へと変更がなされました。このような形で変遷を遂げていく田尻式カナ発音記号について，田尻氏はこのように述べています。[52]

結局は，簡単に言うと，例えば，これとこれ（bus と bath），両方とも日本語で書くと，バスですよね。バストイレ付きってすごいな。家にバス（bus）が付いてるんだと。いや，本当に最初はそう思ったんですよ。小さいときって何かそういう誤解ってありませんか。「うさぎ追いし」って，ああ，うまいんだと思っていました。だから，小さい頃というのは，そういうとんでもない間違いをします。でも，両方ともカタカナで表記すると「バス」になっちゃうので，これはどうやればいいんだろう。CD が買えない子もいたので。bath の th は［θ］。これを舌という漢字を使って中抜き文字にして，声を出すなという意味にしよう。で，できたのが［舌］。授業ではいちいち中抜き文字で書いていたら大変なので，丸で囲んだら（㊛）声を出すなよというふうにしてます。…というふうに，ここからスタートしたんですよ。bus と bath の違いをどう表すかで。他には，例えば，最初は［ふ］と書いていたのかな，fun なんかの［f］を。…けれども，子どもたちはやっぱり日本語の「フ」になってしまうんですよ。そこで，何とかしないといけないなと思って考えついたのが，［皿］です。皿という形をつくりなさい。上の歯と下唇で皿という字をつくる。そうしたら，いい発音になったので，結局これが一番新しい文字です。まだいっぱいありますね。こういうので，発音を鍛えていく。…やっぱりあるものを使うことと，ある程度あみ出していくという 2 つが必要だと思います。

［皿］の発音

　このような形で，田尻式カナ発音記号は進化を続けています。本書では，原稿執筆時点での最新版の記号で統一使用することとします。
　一つひとつの記号の導入後は，英語らしい発音に対する興味をさらに深めるために，「田尻式カナ発音記号にしたがって，外来語を発音してみようという活動」がなされます。[53]

［問］次は，何を表すでしょう。いずれも外来語として使っています。

1. ［カ伸ヂュ丸］　2. ［ホオキイ］　3. ［丸イ舌ム］　4. ［香イン丸］
5. ［ョウ伸］　6. ［ョウドゥ］　7. ［ョウ伸皿］　8. ［ョ丸伸ドゥ］
9. ［皿ぁニイ伸ぁ］　10. ［メイぁネイズ］　11. ［イクサイティん］
12. ［キテ伸ェンドゥ丸］　13. ［ドオヂュボオー伸］　14. ［キんコオん］
15. ［スープ丸マァ丸キイトゥ］　16. ［ヂュ丸アイ皿香丸ゥー］

［正解］
1. 文化，2. ホッケー，3. リズム，4. シンナー，5. 羊毛，6. 森，7. オオカミ，
8. 世界，9. バニラ，10. マヨネーズ，11. わくわくする，12. カレンダー，
13. ドッヂボール，14. キングコング，15. スーパーマーケット，16. ドライブスルー

## c　第2ステップ：大文字と小文字の認識／書く練習

　英語らしい発音に触れたあとは（または触れると同時期に），アルファベットの文字学習へと入ります。この学習は，他の多くの英語教員の実践と同じように，田尻実践でも，大文字の認識→大文字を書く練習→小文字の認識→小文字を書く練習，という順で進められます。中学1年生の1学期にアルファベットを学習する生徒の心理について，田尻氏はこう述べています。[54]

　　連休が明けると，いよいよ1年生は本格的な授業が始まります。昨年度私が担当した中学1年生が5月に入って盛んに口にしていたのが，「英語はいやだ」，「英語は大変だ」で，その理由は，「文字が書けない，写せない」ことでした。
　　生徒は小学校4年時にローマ字の学習をするので，そのときに大文字を中心にアルファベットに触れています。とはいえ，計3～4時間の学習では，特に小文字はほとんど定着していません。ですから，小文字が溢れる板書を写す作業がとても辛いのです。私の生徒は，2文字写すごとに黒板を見なければならなかったと言っていました。
　　このストレスの溜まる作業を粘り強くさせ，ノートが30ページを超え

た頃から「最近，文字を書くのが速くなって嬉しい」とか，「英文を書くことが辛くなくなってきた」という声が聞こえるようになりました。この，「耐える」という体験をさせることが最近の教育では少し軽んじられているような気がします。

「面白い授業」を，「特に 1 年生では『fun』のある授業」をモットーにしている田尻氏が，アルファベットの学習に関しては「粘り強く耐えること」を強調している点が興味深いです。「アルファベットをまずは覚えないと」という気持ちを，他の英語教員同様，田尻氏も持っていて，そのための頑張りを生徒に求めています。しかしながら，「粘り強く耐えること」を強調する一方で，学習自体を楽しくする工夫が教師には必要だとも，田尻氏は考えています。[55]

> 英語というのは，覚えることがたくさんあって，膨大な時間と努力が必要な教科です。それを正面から，苦しい思いをして学びなさいと言うこともできますが，僕はできれば楽しさで味付けをしてあげたい。体に効くけれど苦い薬に，糖衣をまぶして飲みやすくしてあげるのと同じことで，少しでも楽しい要素があったほうが，生徒たちも積極的に動くはずです。

小学校でひらがな・カタカナを学ぶときは，「書写」が主な活動となっていることが多いと思います。その影響からか，アルファベット学習においても，大文字・小文字を何度も何度も書いて形を頭に叩き込んでいく，という作業が生徒たちに課されます。アルファベットの書写作業は，生徒にとって決して楽しいものではない「体に効くけれど苦い薬」のようなものなのかもしれません。このことに関して，築道和明氏は，次のように述べています。[56]

> 中学校の英語学習のつまずきや日頃指導している大学生に対して実施した英語学習の回想調査などから言えることは，英語の文字学習は「何度も書いて覚えなさい」というように，指示はあるものの指導や援助はないというのが実状でしょう。

そんな辛い作業に糖衣をまぶす教室活動の1つとして，田尻氏は「小文字ダンス」を開発しました。生徒たちにとって，小文字は大文字よりも厄介な存在です。小学校のときのローマ字学習が大文字中心だということも，その理由の1つですが，それよりも「大文字はサイズや高さが一定なのに，小文字は上のほうに行ったり下のほうに行ったりするし，サイズもバラバラだし」というのが，生徒たちが小文字を苦手とする大きな理由です。この問題の解決のために編み出されたのが「小文字ダンス」です。まずは，文字の高さを表すための4本線を思い出させます。その線上での小文字の上下を，手の動きで表します。BGMとして，音楽CD「Sound Media 〜ラ・ミューズ・セレクション〜」の中の14曲目の「サイレント・ムービー」を流します。
　その音楽に合わせて，「a, b, c …」と言いながら，以下のような形で「小文字ダンス」を生徒たちに見せます。

**小文字ダンス**

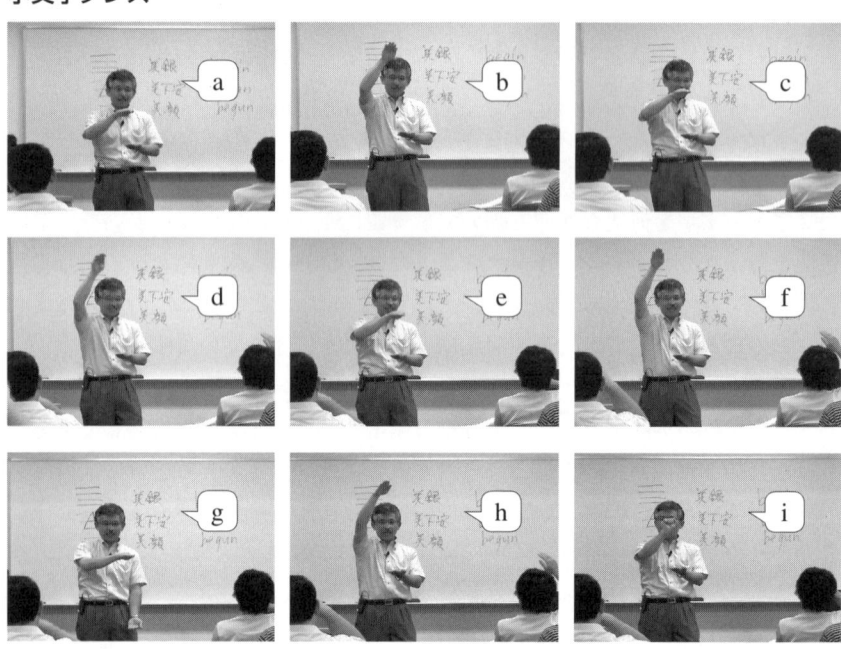

第1章　英語教科固有の特徴

田尻氏の手の動きに合わせて，生徒たちは小文字ダンスをマスターしようと必死になります。2ビートのリズムでしばらく何度か続けて，生徒たちが「よし，何とかできる」という気持ちになった頃を見計らって，「ようし，倍速いくぞ！」という掛け声とともに，田尻氏は倍速の4ビートでの小文字ダンスを生徒たちに軽やかに披露します。生徒たちはそれを真似しようとするのですが，倍速になったことで，2ビートのときと比べてはるかに難しくなったため，上手くできない生徒たちが続出します。そんな生徒たちを尻目に，「あれ，君たち，できないの？　僕はできるよ」と言わんばかりの勝ち誇った笑顔を見せながら，田尻氏は軽やかな小文字ダンスを再び披露します。この状況に置かれると，生徒は「やればできそうだ。でも，できそうで，なかなかできない。悔しい。でも，できたらカッコよさそうだ」というような心理状態になり，小文字ダンスのマスターにさらに必死になります。しばらくすると，あちらこちらから「できた！」という声が聞こえ始めます。

　小文字の形を覚えるのに，小文字ダンスは大きな力を発揮します。小文字の上下が分からなくなったときに，「a, b, c…」と歌いながら小文字ダンスを踊ることにより，小文字の正しい形と位置を思い出す生徒が少なくないそうです。

　アルファベットの形を覚えることができたあとは，「文字と音が連動し，文字が読める，発音できる語が文字化できる喜びを与えてあげる必要がある」と田尻氏は考えています。[57] その実現のための対策が「フォニックス」です。

　田尻氏によるフォニックスの指導は，中学1年生の早い段階から開始され，その指導は3年間かけてじっくり行われます。その指導は，大きく3つの段階に分けられ，第2段階と第3段階は，さらに細かく分けられます。[58]

第1段階：アルファベットの名字と仕事
第2段階：音の足し算
　a. 子音＋短い母音の読み方を教える。（①番読み）
　b. 短い母音を含む3〜4文字の語を読んでみる。
　c. 5文字以上の語を読んでみる。
　d. 子音＋長い母音の読み方を教える。（②番読み）
　e. 長い母音を含む4〜5文字の語を読んでみる。

第3段階：例外編
　　a. 母音のその他の読み方を教える。（③番～⑥番読み）
　　b. 綴りのルールを教える。
　　c. 特殊な読み方を教える。

では，各段階について，それぞれ詳しく見ていきましょう。

## d　第3ステップ：フォニックス
### (1) 第1段階：アルファベットの名字と仕事

　日本語のひらがなやカタカナは，文字とその発音の間に，一対一の対応関係があります。つまり，「あ」または「ア」という文字は，[a]という発音と一対一で結びつけて覚えておけば，問題ありません。しかし，英語の場合は，そうはいきません。「こうした文字と発音の対応関係は，英語という言語がそもそも26個の文字で40以上の音を表現する言語であるということに伴う必然的な問題」[59]とも言えるでしょう。しかしながら，日本人である生徒たちにとって，その事実を「必然的な問題」と認識するのはたやすいことではありません。そこで田尻氏は，少しずつ段階的にその問題を解決しようとします。まず一番初めに行うのが，「英語では，文字とその発音の間の対応関係が，日本語とは違う」ということを認識させることで，そのために「名字」「仕事」という用語を使い，次のように説明します。[60]

　　　名字とはb［ビー］，c［スィー］など，各アルファベットの呼び名であり，仕事とはそれらが語の中で果たしている役割，つまりbは［ブ］と読み，cは［ク］や［ス］と読むということを意味している。

アルファベットの名字の一覧は次のとおりです。[61]

大文字／小文字

| | | |
|---|---|---|
| A/a | ［エイ］ | 「エー」にならないように。 |
| B/b | ［ビー］ | |
| C/c | ［スィー］ | 「シー」にならないように。 |
| D/d | ［ディー］ | |
| E/e | ［イー］ | |
| F/f | ［エfu］ | 上の歯を下くちびるに軽く当て，息を抜きながら「フ」。「fu」の部分は声を出さない。 |
| G/g | ［ヂー］ | |
| H/h | ［エイチュ］ | 「チュ」の部分は声を出さない。 |
| I/i | ［アイ］ | |
| J/j | ［ヂェイ］ | |
| K/k | ［ケイ］ | 「ケー」にならないように。 |
| L/l | ［エru］ | 「エ」と言ってから，舌先を伸ばし，上の歯の裏につけて声を出す。 |
| M/m | ［エンム］ | 「エ」と言ってから，くちびるを閉じて「ン(ム)」と言う。 |
| N/n | ［エン(ヌ)］ | 「エ」と言ってからくちびるを開けたまま，舌を口の中の上の部分につけて「ン(ヌ)」と言う。 |
| O/o | ［オウ］ | 「オー」にならないように。 |
| P/p | ［ピー］ | |
| Q/q | ［キュー］ | |
| R/r | ［アー，ア丸］ | 「アー」と言ってから舌をのどのほうに丸めるか，舌の中心部を上のほうにあげて声を出す。または口を大きく開けて「ア」と言い，次第に口の開きを小さくしていく。 |
| S/s | ［エス］ | 「ス」の部分は声を出さない。 |
| T/t | ［ティー］ | |
| U/u | ［ユー］ | |
| V/v | ［fuィー］ | 上の歯を下くちびるに軽く当て，息を抜きながら「ヴィー」と発音する。 |
| W/w | ［ダブruュー］ | 「ブ」は軽く，「ru」は舌先を上の歯の裏につけて発音する。uu（ダブルユー）がひっついて w になった。 |
| X/x | ［エックス］ | 「クス」は声を出さずに。 |
| Y/y | ［ヲアイ＝ワイ］ | |
| Z/z | ［ズィー］ | 「ゼット」にならないように。「ゼッドゥ」と言うこともできます。 |

アルファベットの「名字」については，生徒たちはアルファベットを覚えるときに練習をしますが，特に小文字の名字はマスターさせておかないと，教師が単語の綴りを教える際に，ついていけなくなります。続いて，アルファベットの「仕事」の導入に入るのですが，導入は母音と子音に分けて行われます。

(a) 母音の「仕事」
田尻氏は，「母音」という用語と，それが表す音について以下のように説明しています。[62]

> 次の6つの文字が表す音を「母音」と言います。I/i と Y/y は同じ音を表します。それぞれ短い音には①，長い音には②と番号を打ってあります。長い読み方にはある共通点がありますが，気がつきますか？

| 大文字／小文字 | | |
| --- | --- | --- |
| A/a | ①[ヲ] | ②[エイ] |
| E/e | ①[エ] | ②[イー] |
| I/i | ①[イ] | ②[アイ] |
| Y/y | ①[イ] | ②[アイ] |
| O/o | ①[オ] | ②[オウ] |
| U/u | ①[ア] | ②[ユー] |

> もう分かりましたね。実は②番の長い音は，その母音の名字と同じ読み方なのです（yを除く）。

このように，一対一の対応になっていない5つの母音について，「代表的な」読み方を2種類ずつ，まずは教えます。①番の読み方は「①番読み」，②番の読み方は「②番読み」と，田尻実践では呼ばれています。[63]

(b) 子音の「仕事」
母音の読み方を2種類ずつ教えたあとは，子音の仕事に入ります。子音の仕事（つまり発音）はそれぞれ，1つまたは2つずつです。[64]

大文字／小文字

| | | |
|---|---|---|
| B/b | ［ブ］ | |
| C/c | ［ク］［ス］ | |
| D/d | ［ドゥ］ | |
| F/f | ［皿］ | 上の歯と下くちびるの間から息を抜いて発音しよう。 |
| G/g | ［グ］［ヂュ］ | 印刷物では g ですが，g としてもかまいません。 |
| H/h | ［ハ］ | |
| J/j | ［ヂュ］ | |
| K/k | ［ク］ | |
| L/l | ［伸］ | 舌を伸ばして，上の歯の裏につけよう。 |
| M/m | ［ンム］ | |
| N/n | ［ン（ヌ）］ | |
| P/p | ［プ］ | |
| Q/q | ［ク］ | |
| R/r | ［丸］ | 舌を丸め，奥に引っ込めて発音しよう。 |
| S/s | ［ス］［ズ］ | |
| T/t | ［トゥ］ | |
| V/v | ［皿］ | 上の歯と下くちびるの間から息を抜いて発音しよう。 |
| W/w | ［ゔ］ | くちびるを思い切り丸めて発音しよう。 |
| X/x | ［クス］［グズ］ | |
| Y/y | ［ユ］ | 「ユィ」をすばやく読んだ音を考えてください。 |
| Z/z | ［ズ］ | |

　これらの仕事を全て導入したあと，アルファベットのフラッシュカードを使い，1か月ほど徹底的に，名字と仕事を一致させる活動を行います（1回3分程度）。

　　田尻：　　（小文字のフラッシュカード"b"を見せながら）My name is b, and job is …。

　　生徒たち：［ブ］。

田尻：　　（小文字のフラッシュカード"c"を見せて，ブイサインを見せながら——つまり，仕事が2つあるというヒントを与えながら）My name is c, and jobs are …。
生徒たち：［ク］［ス］。

## (2) 第2段階：音の足し算

　田尻式のフォニックス指導で1つ特徴的なのは，母音及び子音の「仕事」を覚えたうえで，その組み合わせで少しずつ，長めの単語の発音ができるように生徒の力を伸ばしていく点です。この組み合わせが「音の足し算」です。音の足し算の有効性について，田尻氏はこう述べています。[65]

> 　フォニックスとは，綴りの読み方の勉強です。deskは［ディー・イー・エス・ケイ］と読むのではなく，［デスク］と読みます。これには，次のような理由があります。
> 　　d　という文字は単語の中では［ドゥ］と読まれる。
> 　　e　という文字は単語の中では［エ］と読まれる。
> 　　s　という文字は単語の中では［ス］と読まれる。
> 　　k　という文字は単語の中では［ク］と読まれる。
> 　つまり，d［ドゥ］+ e［エ］+ s［ス］+ k［ク］= desk［ドゥエスク］となり，それを早くつなげたものが［デスク］となるのです。…もちろん，例外はたくさんありますが，英語の原則的な読み方を知っておけば役に立ちますし，長い単語でもおそれることはありません。単語は1つのかたまりとして覚えるのではなく，一つひとつの文字を読んでいくと覚えやすくなります。また，そうすることで発音も英語らしくなりますし，自分の発音を手がかりに綴りを思い出して正確に書く力もつきます。ぜひ，フォニックスの勉強を楽しんでください。

(a)　子音＋短い母音（①番読み）
　音の足し算の一番の基本形として導入されるのが，子音＋短い母音（①番読み）です。表にすると，次のようになります。[66]

| a [ァ] | e [エ] | i, y [イ] | o [オ] | u [ア] |
|---|---|---|---|---|
| ba [バァ] | be [ベ] | bi, by [ビィ] | bo [ボォ] | bu [バ] |
| ca [カァ] | ce [セ] | ci, cy [スィ] | co [コォ] | cu [カ] |
| da [ダァ] | de [デ] | di, dy [ディ] | do [ドォ] | du [ダ] |
| fa [Ⅲァ] | fe [Ⅲエ] | fi, fy [Ⅲィ] | fo [Ⅲォ] | fu [Ⅲァ] |
| ga [ガァ] | ge [ゲ] | gi, gy [ギィ] | go [ゴォ] | gu [ガ] |
|  | [ヂェ] | [ヂィ] |  |  |
| ha [ハァ] | he [ヘ] | hi, hy [ヒィ] | ho [ホォ] | hu [ハ] |
| ja [ヂァ] | je [ヂェ] | ji [ヂィ] | jo [ヂォ] | ju [ヂァ] |
| ka [カァ] | ke [ケ] | ki, ky [キィ] | ko [コォ] | ku [カ] |
| la [ㇽァ] | le [ㇽエ] | li, ly [ㇽィ] | lo [ㇽォ] | lu [ㇽァ] |
| ma [マァ] | me [メ] | mi, my [ミィ] | mo [モォ] | mu [マ] |
| na [ナァ] | ne [ネ] | ni, ny [ニィ] | no [ノォ] | nu [ナ] |
| pa [パァ] | pe [ペ] | pi, py [ピィ] | po [ポォ] | pu [パ] |
| qua [クヲァ] | que [クヲエ] | qui [クヲィ] | quo [クヲォ] |  |
| ra [ㇽァ] | re [ㇽエ] | ri, ry [ㇽィ] | ro [ㇽォ] | ru [ㇽァ] |
| sa [サァ] | se [セ] | si, sy [スィ] | so [ソォ] | su [サ] |
| [ザァ] | [ゼ] | [ズィ] | [ゾォ] | [ザ] |
| ta [タァ] | te [テ] | ti, ty [ティ] | to [トォ] | tu [タ] |
| va [Ⅲァ] | ve [Ⅲエ] | vi, vy [Ⅲィ] | vo [Ⅲォ] | vu [Ⅲァ] |
| wa [ヲァ] | we [ヲエ] | wi, wy [ヲィ] | wo [ヲォ] | wu [ヲァ] |
| xa [クサァ] | xe [クセ] | xi,xy [クスィ] | xo [クソォ] |  |
| [グザァ] | [グゼ] | [グズィ] | [グゾォ] |  |
| ya [ヤァ] | ye [イエ] | yi [ユィ] | yo [ヨォ] | yu [ヤ] |
| za [ザァ] | ze [ゼ] | zi, zy [ズィ] | zo [ゾォ] | zu [ザ] |

　導入後は，子音＋短い母音の①番読み（例えば，ba）を見て，即座に正しく発音できるようになるまで，フラッシュカードなどを利用して，徹底的に練習が行われます。かなり機械的な練習ですので，フラッシュカードをリズミカルに活用したり，読ませる順番をランダムにしたりするなどの工夫がなされ，その後，個人レッスンも行われます。

(b)　短い母音を含む3〜4文字の語を読んでみる

　その後，子音＋短い母音の①番読みが含まれた英単語について，綴りとその

意味を表すイラストを見ながらの発音練習が行われます。

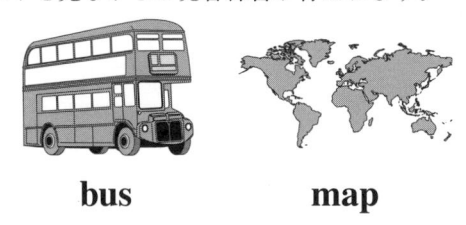

bus　　　　map

　この練習もかなり機械的ですので，絵カードをリズミカルに活用したり，かわいいイラストを見せたりしたとしても，生徒の集中力をずっと保ち続けるのには自ずから限界があります。そこで登場するのが，「フォニックス・カルタ」です。
　4人一組のグループを作り，以下のような絵カードを各グループに1セットずつ配布し，カルタのように一枚ずつばらばらに全部のカードを机の上に広げます。

bug　bag
bus　bat

単語を読み上げる田尻氏

　ルールは，いわゆるカルタと同じです。ただし，単語の読み上げ方に工夫がなされています。田尻氏は，「子音＋短い母音の①番読み」の部分だけを2回読み上げてから，単語全体を読み上げます。その工夫によって，こんな活動になります。

　　田尻：　　ようし，いくぞ。bu, bu, …（発音は［バ］,［バ］)
　　生徒たち：（頭の中で，「えっと，この発音は，［バヲ］じゃなくて，［バ］
　　　　　　　だよな。となると，綴りは ba じゃなくて，bu だな。それが入

**107**

　　　　　ってる単語は，bug と bus だな」)
田尻：　　bus!
生徒たち：(bus のカルタを早い者勝ちで取り合う)

　正しいカルタを見つけるために，生徒たちは頭の中で「発音と綴りの結びつけ」を，楽しみながら何度も何度も行うことになります。また，このカルタ取りという活動が持つゲーム性によって，生徒たちの集中力は高いレベルで維持されます。この点について，田尻氏はこう述べています。[67]

　　生徒は先生の発音をただ repeat するだけの活動のときは音を聞き流すことがありますが，「カルタ」というゲームになった瞬間いきいきとし，注意して音を聞き分けようとします。また，活動がヒートアップしすぎて手を怪我してしまう生徒もいるため，はえたたきを使用することもあります。

　生徒たちの集中力のレベルを高いままで維持するために，田尻氏は，時々，机の上にない単語を読み上げたりもします。机の上にない単語を取った場合は，「お手つき」として，自分がそれまでに取っていたカードを一枚，机の上に返さなければなりません。また，公平を期するために，頭の後ろに手を置いて，単語の読み上げを聞くような指導もしています。
　カルタ取りが1ラウンド終了すると，田尻氏は生徒たちに「How many cards do you have?」と問いかけます。各生徒が，「I have one / two / three …」と答えます。それぞれのグループの1位，2位，3位，4位を生徒に確認させたあと，各グループの同順位だけが4人集まって(つまり，1位は1位，4位は4位の生徒だけが集まって)，新たなグループを作ります(全部で8グループのクラス編成の場合)。新たなグループが編成されたら，第2ラウンドの始まりです。この工夫により，第2ラウンドでは，同程度の力を持った生徒同士がグループを作ることになります。
　最近の国内の英語教育実践で，カルタ取りは広く普及してきているようです。しかしながら，田尻実践におけるカルタとは異なる点が1つあります。それは，田尻実践以外の場合は，単語の部分の最初の2回の読み上げが，子音

1つまたは母音1つの発音に限定されていることが多いという点です。以下に，そのやり取りを再現してみます。

 教師：  ようし，いくぞ。b, b, …（発音は［ブ］,［ブ］）
 生徒たち：（頭の中で，「えっと，この発音は,［ブ］だな。だとすると，綴りはbか。それが入ってる単語は，box, bed, bag, bat, bug, bus …。たくさんあるなあ。どれだろう？）
 教師：  bat!
 生徒たち：（batのカルタを早い者勝ちで取り合う）

 このやり取りだと,［ブ］という音を頼りに，アルファベットのbを探す作業に生徒は従事することになります。その結果，生徒が探し求める単語の部分は，bというアルファベット一文字になってしまいます。音の足し算の重要性を強調する田尻実践では，読み上げられる単語の一部は，「子音＋母音」の組み合わせとなっています。頭の中で［バ $\overline{ア}$ ］と［バ］の音を確認させる作業を繰り返すことにより，「子音＋母音」の組み合わせの発音の確認回数が増加します。その状況を効果的に作り出すために，田尻氏は，配布するカルタの種類と読み上げる順番にも，細心の配慮をしています。
 「子音＋母音」で音の足し算を行うことの大切さについて，田尻氏はこう説明しています。[68]

  西洋のフォニックスは，catだったら，catのatで，つまり，ライム（rhyme）で来るんです。ライム，つまり韻で来るので，「at, at, cat」「at, at, mat」「at, at, bat」という形です。西洋のフォニックスでは，『母音＋子音』その前に子音を持ってくる，「子音＋『母音＋子音』」なんです。これは，日本人には難しいです。「子音＋母音」のほうがやさしい。なぜか。日本語の表記がそうだからです。そんな日本人には，「子音＋母音」から，音の足し算をしていくほうが向いています。

(c) 5文字以上の語を読んでみる
 子音＋短い母音（①番読み）の3〜4文字の語に慣れたあとは，5文字以上

の長めの単語を読む活動へと移ります。5文字以上とはいっても，母音は①番読みで読めるものに限定されています。この段階で使われる単語は，次のようなものです。[69]

drink, stamp, dustpan, taxi, copy, lily, camel, drama, rugby, study, skunk, family, hungry, galaxy, salary, onion, sit-up, canyon, cymbal, laptop, magnet, planet, symbol, zigzag, pelican, pendant, trumpet, mystery, pyramid, clarinet, lollipop, print, dentist

(d) 子音＋長い母音の読み方（②番読み）を教える

子音＋短い母音（①番読み）が定着したら，次は子音＋長い母音（②番読み）へと入ります。表にすると，次のようになります。[70]

| a [エイ] | e [イー] | i, y [アイ] | o [オウ] | u [ユー] |
|---|---|---|---|---|
| ba [ベイ] | be [ビー] | bi, by [バイ] | bo [ボウ] | bu [ビュー] |
| ca [ケイ] | ce [スィー] | ci, cy [サイ] | co [コウ] | cu [キュー] |
| da [デイ] | de [デー] | di, dy [ダイ] | do [ドウ] | du [デュー] |
| fa [𝕗ェイ] | fe [𝕗ィー] | fi, fy [𝕗アイ] | fo [𝕗ォウ] | fu [𝕗ューー] |
| ga [ゲイ] | ge [ヂー] | gi, gy [ヂャイ] | go [ゴウ] | gu [ギュー] |
| ha [ヘイ] | he [ヒー] | hi, hy [ハイ] | ho [ホウ] | hu [ヒュー] |
| ja [ヂェイ] | je [ヂー] | ji [ヂァイ] | jo [ヂォウ] | ju [ヂュー] |
| ka [ケイ] | ke [キー] | ki, ky [カイ] | ko [コウ] | ku [キュー] |
| la [𝕝ェイ] | le [𝕝ィー] | li, ly [𝕝アイ] | lo [𝕝ォウ] | lu [𝕝ューー] |
| ma [メイ] | me [ミー] | mi, my [マイ] | mo [モウ] | mu [ミュー] |
| na [ネイ] | ne [ニー] | ni, ny [ナイ] | no [ノウ] | nu [ニュー] |
| pa [ペイ] | pe [ピー] | pi, py [パイ] | po [ポウ] | pu [ピュー] |
| qua [クゥエイ] | que [クゥィー] | qui [クゥアイ] | quo [クゥォウ] | |
| ra [ｒエイ] | re [ｒィー] | ri, ry [ｒアイ] | ro [ｒォウ] | ru [ｒューー] |
| sa [セイ] | se [スィー] | si, sy [サイ] | so [ソウ] | su [シュー] |
| [ゼイ] | [ズィー] | [ザイ] | [ゾウ] | [ジュー] |
| ta [テイ] | te [ティー] | ti, ty [タイ] | to [トウ] | tu [テュー] |
| va [𝕧ェイ] | ve [𝕧ィー] | vi [𝕧アイ] | vo [𝕧ォウ] | vu [𝕧ューー] |
| wa [ゥエイ] | we [ゥィー] | wi, wy [ゥアイ] | wo [ゥォウ] | |
| xa [クセイ] | xe [クスィー] | xi [クサイ] | xo [クソウ] | |
| [グゼイ] | [グズィー] | [グザイ] | [グゾウ] | |
| ya [ユエイ] | ye [ユィー] | yi [ヤイ] | yo [ヨウ] | yu [ユー] |
| za [ゼイ] | ze [ズィー] | zi, zy [ザイ] | zo [ゾウ] | |

(e) 長い母音を含む4～5文字の語を読んでみる

　導入後は、子音＋短い母音の①番読みのときと同様、即座に正しく発音できるようになるまで、フラッシュカードなどを利用した反復練習や、綴りとその意味を表すイラストを見ながらの発音練習が徹底的に行われます。

**puma　soda**

　子音＋長い母音の②番読みでも、カルタは行われます。ルールおよび進め方は、子音＋短い母音の①番読みのときと同じです。

**tuna　baby**
**cake　gate**

カルタ取りに夢中になる生徒たち

　子音＋長い母音（②番読み）の4～5文字の語に慣れたあとは、①番読みと②番読みの組み合わせを読んでみる練習をします。ただ、まだこの段階では、「どの母音を①番読みで読んで、どの母音を②番読みで読むのかを見極めること」は、生徒にとって難しいことですので、正しく読むための手助けが必要になります。『田尻式楽しいフォニックス』では、「(ア) 青字部分を②番読みで読む、(イ) それ以外の母音は①番読みで読む、(ウ) 下線部分は強く読む」という手助けをして、次の単語を読むことに挑戦させています。[71]

1. b**o**ne   2. d**o**me   3. n**o**se   4. sk**a**te   5. v**a**se   6. w**a**ve   7. m**i**me
8. c**o**ld   9. g**e**ne   10. g**o**ld   11. l**i**on   12. m**e**mo   13. p**o**lo   14. s**o**da
15. s**o**fa   16. m**u**le   17. n**u**ke   18. t**a**co   19. t**u**ba   20. t**u**be   21. t**u**na
22. y**o**ga   23. y**o**-yo   24. j**u**kebox   25. g**i**ant   26. l**i**lac   27. m**a**ngo
28. m**u**sic   29. p**u**pil   30. r**a**dio   31. v**i**rus   32. z**e**bra   33. style
34. f**e**male   35. m**a**keup   36. M**e**xico   37. m**e**dium   38. p**i**rate   39. p**o**tato
40. tom**a**to   41. t**u**xedo   42. v**i**olin   43. v**i**olet   44. v**o**lume   45. c**o**stume
46. d**i**amond   47. s**e**parate   48. s**u**nrise   49. st**u**dent   50. t**a**dpole
51. v**i**tamin   52. h**o**mepage   53. l**e**monade   54. compl**e**te   55. d**o**cument
56. m**o**nument   57. m**i**crowave

(※色のうすい文字が,フォニックスでの青字部分です。)

## (3) 第3段階：例外編

以上の「アルファベットの名字と仕事」と「音の足し算」が,フォニックスの基本編です。第3段階は,例外編で,「(a) 母音のその他の読み方（③番〜⑥番読み）を教える」「(b) 綴りのルールを教える」「(c) 特殊な読み方を教える」の3つに分けられます。では,それぞれについて,詳しく見ていきましょう。

### (a) 母音のその他の読み方（③番〜⑥番読み）を教える

母音の特殊読みは,次のような表にまとめられています。[72]

| 大／小 | ③番読み | ④番読み | ⑤番読み | ⑥番読み |
|---|---|---|---|---|
| A／a | [オ] | [アー] | [あ] | |
| E／e | [イ] | [あ] | | |
| I／i | [イー] | [あ] | | |
| O／o | [ア] | [ウー] | [ウ] | [あ] |
| U／u | [ウ] | [ウー] | [イ] | [あ] |

各母音の読み方が当てはまる単語の例を表にすると,次のとおりです。

| 大／小 | ③番読み | ④番読み | ⑤番読み | ⑥番読み |
|---|---|---|---|---|
| A／a | walnut | father | across | |
| E／e | exam | hello | | |
| I／i | ski | America | | |
| O／o | love | move | today | bacon |
| U／u | bull | super | minute | datum |

　A/a の⑤番読み，E/e と I/i の④番読み，O/o と U/u の⑥番読みは，[ぁ] つまり [ə] の音です。この音に関しては，「『あまり聞こえない音』であり，『口をあまり開かず，いいかげんに「ア」と言う』ことで発音できる音だよ」という指導がなされます。

(b) 綴りのルールを教える

　例外編の第2段階は，「さまざまな読み方のルール」について学ぶ段階です。紹介されるルールは17項目ありますが，そのうちのいくつかを見ていきましょう。

**綴りのルールその1：連続する同じ子音（同じ音）は1回だけ読めばよい**
　bb, dd, ff, gg, ll, mm, nn, pp, rr, ss, tt, zz などの連続する子音は，2回読む必要はなく，1回読めばよい。
　　例　happy, egg, toss

**綴りのルールその2：連続する同じ子音の直前の母音は①番読み**
　同じ子音が連続しているとき，その直前の母音は，短いほうの①番読みになる。
　　例　bell, carrot, mitt, tennis, address

**綴りのルールその3：語尾の e は原則として読まない**
　-ble, -cle, -dle, -fle, -gle, -kle, -ple, -tle, -zle など，最後の e は，発音されない。
　　例　apple, bottle, bubble, kettle, cattle, fiddle, juggle, little

### 綴りのルールその4：語尾のeは，直前の母音を②番読みに読ませる働きがある（マジック"e"）

hat → hate, fin → fine のように，語尾にeがあると，直前の母音は②番読みになる。ただし，(handle, jungle のように) 語尾のeとその直前の母音との間に子音が3つ以上あるときには，マジック"e"の働きをしない。

    例  fate, tape, pine, time, pope, hope, tube, use, huge, table, maple, rifle, noble, idle

また，②番読みになるべき母音にアクセントが来ない場合も，マジック"e"の働きをしない。

    例  orange, medicine, practice, service

綴りのルールは17種類もあります。これをまとめて一度に導入して生徒に「さあ，覚えろ！」と言っても，覚えるのはたやすいことではないでしょう。覚えるべきルールがどんどん増えてくるフォニックスの指導には，「コツコツ，少しずつ，何度も繰り返して」というスパイラル学習が必要不可欠で，田尻氏は毎回の授業の数分間をその時間にあてるようにしています。綴りのルールを含む「例外編」の指導について，田尻氏は次のように述べています。[73]

> この部分は前もって一覧表を渡しておき，タイムリーに指導するとよい。何度も見るうちに，卒業する頃には覚えたものが増えたという程度でとどめておきたい。

(c)　特殊な読み方を教える

フォニックス指導の最終段階は，2つ以上のアルファベットの組み合わせの読み方です。この「特殊編」は，76の項目で構成されています。

    (1) ch  (2) ci  (3) ck  (4) dge ……(73) mb  (74) stle  (75) wh  (76) wr

フォニックスの最終段階で，覚えるべきルールが76項目も出てきます。このルールについても，「コツコツ，少しずつ，何度も繰り返して」というスパイラル学習が基本です。ただ，ルールの数が76項目とあまりにも多いので，

そのまま提示すると，生徒の学習意欲が低下してしまいます。そこで登場するのが，「語呂合わせで覚えよう」作戦です。76項目それぞれについて，それを覚えるための俳句または短歌が用意されています。例えば，ch の読み方には，［チュ］［ク］［シュ］の3種類があり，それを覚えるための語呂合わせ（この場合は短歌）は，以下のとおりです。[74]

| 昼食後 | 市営地下鉄利用して | 学校行って | 機械を直す |
|---|---|---|---|
| lunch | ch | school | machine |

　ch の3つの発音を表す代表的な単語として，lunch, school, machine が短歌の中に読み込まれています。「ch」と「市営地（シエーチ）」の結びつけは，強引な荒業に思えますが，要は覚える助けになればよい，という田尻氏の考えが反映されているのでしょう。「onion」の発音を「兄やん」，「chocolate」を「着火率」と結びつけた発想にも似ています。他にもいくつか，例を見てみましょう。

ds［ヅ］
| 子どもたち | ベッドで遊んじゃ | 危ないでーす |
|---|---|---|
| kids | | ds |

th［舌］［舌］
| ありがとう | これをくれたの | チエちゃんが |
|---|---|---|
| thank | this | th |

ea［イー］［エ］［エイ］［イぁ］
| アイディアは | パンとステーキ | 食べたなら | 湧き出てくるぞ | イエイ，イエイ |
|---|---|---|---|---|
| idea | bread | steak | eat | ea |

　このような形で楽しませながら，特殊な読み方を少しずつカバーしていきます。特殊な読み方の練習を楽しいものにするために，カルタも活用されます。[75]
　カルタは3cm×6cm程度の堅い紙を使い，ch　ck　ciなどと文字を書きます。これらを机の上に広げ，じゃんけんで読み手になった人が，それぞれの語呂合わせを読み上げます。例えば，読み手が，「昼食後　市営地下鉄利用して

学校行って　機械を直す」と言えば，プレーヤーは ch のカードを探し，見つけたら［チュ，チュ，神ァンチュ］［ク，ク，スクー神］［シュ，シュ，マシーン］と叫んでカードをたたきます。一番初めに言い切って，たたいた人がそのカードをゲットです。

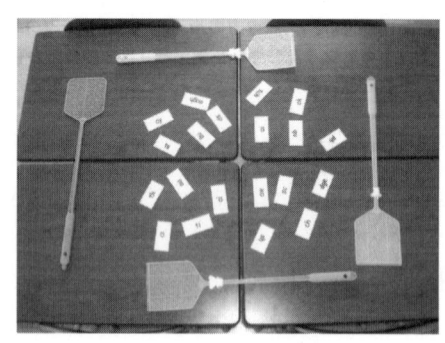

カルタ取りで使われるハエタタキ

特殊な読み方のカルタは，「音と綴りを結びつける」というオーソドックスな形でも行われます。[76]

（ eu　ew　eau　ui　ew　oe 　のように特殊な読み方の項目が書かれたカードが机の上に並べられている）
田尻：　　ユー，ユー
生徒たち：（頭の中で，「えっと，この発音は，［ウー］じゃなくて［ユー］だな。［ユー］を表す綴りは，この中では，eu, ew, eau ってとこか。それが入っている単語が読まれるだろうな。どれだろう？）
教師：　　Europe!
生徒たち：（eu と書かれてあるカードを早い者勝ちで取り合う）

生徒たちの頭の中で行われているプロセスが示すとおり，生徒たちは非常に高度な知的作業に従事しています。しかも，集中して楽しみながら，です。
　これまで，たくさんの紙面を費やしてアルファベットとフォニックスについ

て解説してきました。田尻実践では，アルファベットに関しては，早い時期で全員の生徒にマスターを求めます。それができないと，そこから先には進めないからです。その一方で，フォニックスに関しては，早い時期のマスターを全生徒には求めていません。この点について，田尻氏はこう語っています。[77]

> フォニックスは，基本的なものや点数を取らせるものを除いて，テストに出題するのは避け，「覚えないといけない余分な負担」ではなく，「知っていると得する知識」というポジティブなイメージを持たせたい。中には，「最初に教わったときはよく分からなかったけど，2年の終わり頃になったらフォニックスが分かってきた」という生徒もいるからである。

また，田尻式フォニックスに，全ての読み方のルールが当てはまるわけではありません。このことは，田尻氏自身も認め，こう述べています。[78]

> この『楽しいフォニックス』では，英単語の綴りに見られる一定のルールを示してきました。でも，もちろんたくさんの例外はあります。身近なところでは，one や question，women など。また，読まない文字（黙字）をふくむ two, sign, build, answer, Wednesday, foreign, muscle, psychology などもあります。しかし，多くの語は読み方のルール（フォニックス）が当てはまり，「文字を見て正しい発音をする→カギとなる部分だけを覚える→自分の発音から正しい文字を復活する」という流れでいけば，かなり長い語でも読めて，さらに綴りを覚えることができます。…みなさんもぜひフォニックスの学習を楽しんでください。街へ出かけるたびにアルファベットで書かれている文字が気になり，そしていつか読めるようになりますよ！

これまで述べてきたフォニックスのさまざまなルールについて田尻氏が考え始めたのは，驚くべきことに，高校時代だそうです。[79]

> 私（田尻）は学生時代，いつも怠けていて最後にあわてるという生活をしていました。英語もそのせいで苦手教科になり，テストのたびに平均点

に届くための近道を探していました。そしてその結果，思いついたのが，語順とフォニックスでした。つまり，私は高校時代から綴りのルールはないかと思案していたのです。

　田尻氏自身は，語順やフォニックスが「自分の怠けグセの産物」だと考えているようですが，「自ら覚え方を探す」というのは「learn how to learn」に他ならず，田尻氏には高校時代から自律学習が成立していたとも捉えられるでしょう。しかもその学習の仕方が「面白おかしく」という点が特徴的です。『田尻悟郎の楽しいフォニックス』という書名が示すとおり，「フォニックスの学習は楽しくあるべきだ」と田尻氏は考えています。発音と綴りのルールをできるだけ分かりやすく整理し，それをユーモアたっぷりに伝え，カルタなどの楽しい活動を取り入れ，コツコツ，少しずつ，何度も繰り返して行うことで，「文字が読めないことによる英語嫌い」が出ないように全力を傾けています。「怠けグセの産物」と自身のフォニックス指導を自嘲気味に語る田尻氏ですが，その指導にかける思いは，私たちの想像以上に大きなものだと思います。

## 3　語順指導

### a　5文型の知識は必要か

　「英語の語順」と聞いて，私たちの多くは，いわゆる5文型を想像するのではないでしょうか。

　　　第1文型　　S V　　　　　第2文型　　S V C
　　　第3文型　　S V O　　　　第4文型　　S V O O
　　　第5文型　　S V O C　　　（S=主語，V=動詞，C=補語，O=目的語）

　このような形で「英語の文型が5つに分類されること」に関して，私たち日本人は中学または高校の英語授業をとおして，ある程度の知識を持っています。しかし，「文型を5つに分類することにどんな意味があるの？」という問いに対して，明快な回答を提示できる人はあまり多くないように思います。この問いに対する回答として，田上（1999：5）の以下の説明を挙げましょう。

見て分かるとおり，どれも，SV までは共通ですから，文型は V の後ろの部分で決まることになります。そして，V の後に O や C がどのように続くのかを決めているのは V 自身ですから，結局，「文型が 5 つある」というのは「動詞が，その後にどんな形が続くのかによって，5 種類に分類できる」と言っているのと同じことなのです。このように，「文型」は，「文全体の形」ではなく「動詞の後に続く形」によって分類するものだと考えてください。このように考えたほうが，動詞の用法を文法的に説明するうえで都合がいいのです。

　文型を 5 つに分類する目的が「動詞用法の文法的説明」であるとすれば，それを知識として持っていることによって英語学習者はどんな恩恵を受けるのか，英語教師は熟考する必要があります。日本で英語を教えるのであれば，英語文型を 5 つに分類することが，日本人生徒の英語力向上にどのように役立てられるのか，明確にしておく必要があるでしょう。

　田尻実践での文型の分類（田尻氏は「文型」ではなく，「語順」という用語を使っています）は，「書く力」を育てるために主に活用されます。「従来の 5 文型の発想から田尻先生はいったん離れて，『英語を書きたい』と思っている生徒の発想に着目（柳瀬 2004：109）」するところから，独自の文型分類法を提唱しています。「英語を書きたいと思っている生徒の発想」に関して，田尻氏は以下のように述べています。[80]

　　書くことに関する間違いで何と言っても多いのが，語順のミスである。
　　転勤した年に 2 年や 3 年を持つと，必ずこの問題に直面する。

　　　　　　　　　　The April tenth-sixth
　　English class today for the first time. at the happy class very good. I am poor not good at English. Mt. Tajeli is a teach to very good teacher. Mr. Tajeli, may I ask you a question?  It's too late now?  Me can English?  If can what doing now?  Please teach.  I today think.  again from the beginning Try.（原文のまま）

これは転勤直後に担当した3年生が書いた日記である。これを読んだとき，この生徒の切実な思いを感じるとともに，卒業までの1年間でどこまで力を伸ばしてやれるのかと考えると，身が引き締まる思いがした。

それでは，田尻実践での語順指導を詳しく見ていきましょう。

#### b 語順の段階的指導

田尻氏による語順指導は，ひと言で言えば「日本語で考えた書きたいことを，正しい英語にするためのステップ別指導」のようなものです。その第1ステップは，日本語で作文をすることです。例えば，次のような文を生徒が書きたい，または書いたとします。[81]

　　私はおじさんに会いに電車で京都に行きました。

第2ステップは，その日本語の文に「ね」を入れて，文をチャンク（意味のかたまり）に分ける作業です。上記の文は，次のように分けられます。

　　私は（ね）／おじさんに（ね）／会いに（ね）／電車で（ね）／京都に（ね）／行きました。

幼児や幼い児童の発話では，「それでね，ボクはね，急いでね，行ったの」のように，「ね」が多用されます。そのため，中学生にとって「『ね』を入れて文を区切る」という第2ステップの作業は，さほど難しいものではありません。「ね」を入れて，文をチャンクごとに区切ったあとは，文の一番最後のチャンクに注目する第3ステップへと入ります。一番最後のチャンクに注目するのは，そこにいわゆる「述部」が来ることが日本語の場合多いからです（「日本語は英語などに比べて語順が比較的自由（大津2004：145）」なのは事実ですが，述部が一番最後に来ることが多いのも事実でしょう）。先ほどの例文の場合，「行きました」が文の一番最後のチャンクということになります。

ところで，一番最後に来る述部ですが，日本語教育の現場では4つに分類されています。

動詞　　　　　　　　例　私は博多に住んでいます。
イ形容詞（＋です）　例　この本は高いです。
ナ形容詞（＋です）　例　この町は静かです。
名詞（＋です）　　　例　私は先生です。
　　　　　　　　　＊ナ形容詞は国文法での「形容動詞」に当たるもの

　田尻氏による述部の分け方は，英語での作文／発話へと結びつけるための工夫ですので，この方法とは異なっています。

一番最後のチャンクが，
　①動詞（五感動詞や「なる」「ままでいる」を除く）がある
　　　→パターン１
　②動詞がない，または五感動詞や「なる」「ままでいる」で終わっている
　　　→パターン２
　③「いる／ある／入っている／おいてある」で終わっている
　　　→パターン３

という形で，３つの大きなパターンに分けます。そのうえで，さらに各パターンを細分化して，合計12の文型に分類しています。３つのパターンと12の文型は，次の語順一覧表のとおりです。[82]

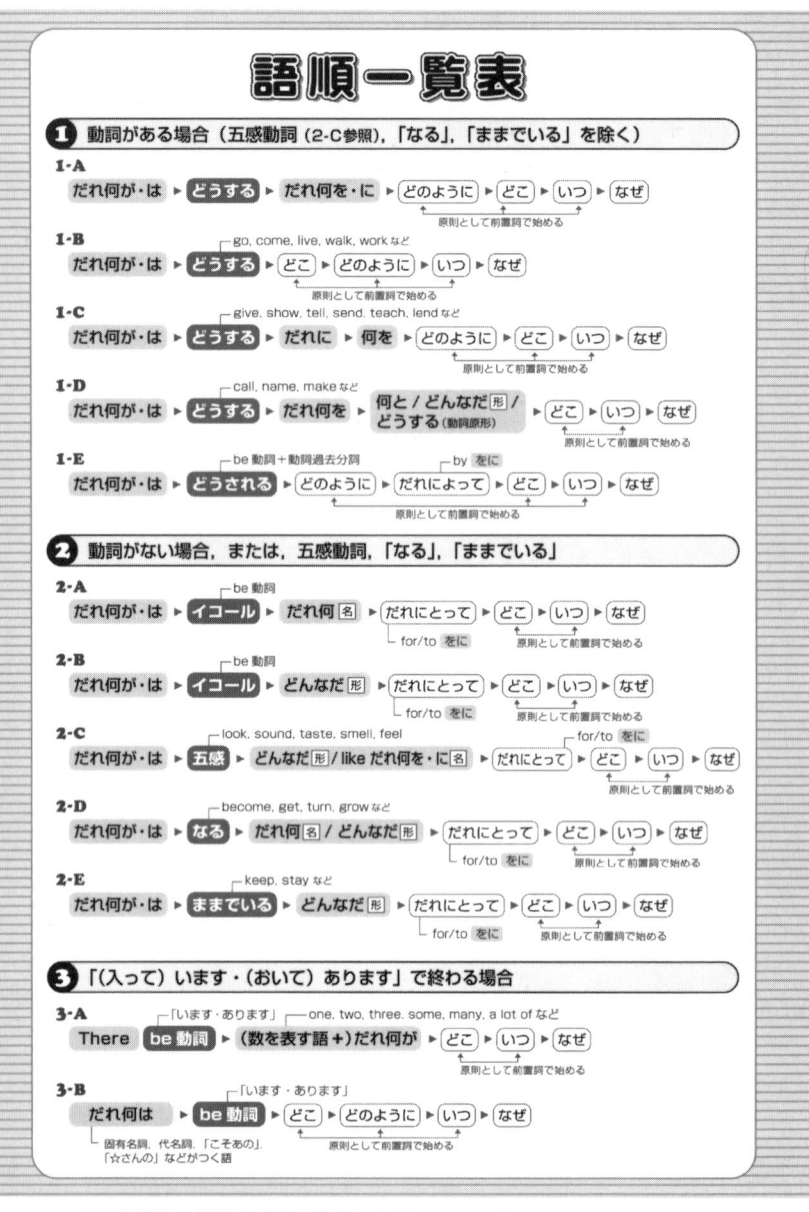

# 語順一覧表

**① 動詞がある場合（五感動詞（2-C参照），「なる」，「ままでいる」を除く）**

**1-A**
だれ何が・は → **どうする** → だれ何を・に → どのように → どこ → いつ → なぜ
　　　　　　　　　　　　　　　　　　　　　　　　└─ 原則として前置詞で始める ─┘

**1-B**　　　　　　　go, come, live, walk, work など
だれ何が・は → **どうする** → どこ → どのように → いつ → なぜ
　　　　　　　　　　　　└─ 原則として前置詞で始める ─┘

**1-C**　　　　　　　give, show, tell, send, teach, lend など
だれ何が・は → **どうする** → だれに → 何を → どのように → どこ → いつ → なぜ
　　　　　　　　　　　　　　　　　　　　　　　　└─ 原則として前置詞で始める ─┘

**1-D**　　　　　　　call, name, make など
だれ何が・は → **どうする** → だれ何を → 何と／どんなだ形／どうする(動詞原形) → どこ → いつ → なぜ
　　　　　　　　　　　　　　　　　　　　　　　　　　　　　　　　　　└─ 原則として前置詞で始める ─┘

**1-E**　　　　　　　be 動詞＋動詞過去分詞　　　　　　by をに
だれ何が・は → **どうされる** → どのように → だれによって → どこ → いつ → なぜ
　　　　　　　　　　　　　　　　　　　　　　　　└─ 原則として前置詞で始める ─┘

**② 動詞がない場合，または，五感動詞，「なる」，「ままでいる」**

**2-A**　　　　　be 動詞
だれ何が・は → **イコール** → だれ何名 → だれにとって → どこ → いつ → なぜ
　　　　　　　　　　　　　　　　　└ for/to をに　　└─ 原則として前置詞で始める ─┘

**2-B**　　　　　be 動詞
だれ何が・は → **イコール** → どんなだ形 → だれにとって → どこ → いつ → なぜ
　　　　　　　　　　　　　　　　　└ for/to をに　　└─ 原則として前置詞で始める ─┘

**2-C**　　　　　look, sound, taste, smell, feel　　　　　for/to をに
だれ何が・は → **五感** → どんなだ形／like だれ何を・に名 → だれにとって → どこ → いつ → なぜ
　　　　　　　　　　　　　　　　　　　　　　　　　　　　　　　└─ 原則として前置詞で始める ─┘

**2-D**　　　　　become, get, turn, grow など
だれ何が・は → **なる** → だれ何名／どんなだ形 → だれにとって → どこ → いつ → なぜ
　　　　　　　　　　　　　　　　　　　└ for/to をに　└─ 原則として前置詞で始める ─┘

**2-E**　　　　　keep, stay など
だれ何が・は → **ままでいる** → どんなだ形 → だれにとって → どこ → いつ → なぜ
　　　　　　　　　　　　　　　　　　　└ for/to をに　└─ 原則として前置詞で始める ─┘

**③ 「(入って)います・(おいて)あります」で終わる場合**

**3-A**　　　　　「います・あります」　　one, two, three, some, many, a lot of など
**There** **be動詞** → （数を表す語＋）だれ何が → どこ → いつ → なぜ
　　　　　　　　　　　　　　　　　　　　　　└─ 原則として前置詞で始める ─┘

**3-B**　　　　　　　　「います・あります」
だれ何は → **be動詞** → どこ → どのように → いつ → なぜ
└ 固有名詞，代名詞，「こそあの」，　　　　　└─ 原則として前置詞で始める ─┘
　「☆さんの」などがつく語

田尻悟郎著，「語順一覧表下敷き」（ベネッセコーポレーション，2008年）

第4ステップは，12の文型のどれに，自分の日本語の一番最後のチャンクが当てはまるのかを選択する作業です。上記の例の場合は，「行きました」なので，語順一覧表の「1-B」に当てはまることになります。
 次の第5ステップは，「日本語をかたまりごとに英語の語順に並べ替える」作業です。上記の例の場合ですと，次のようになります。

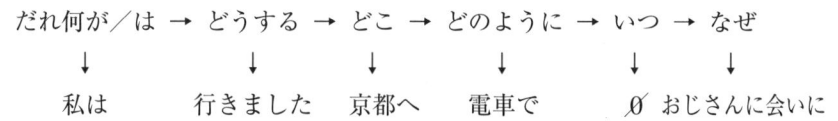

［1-B］
だれ何が／は → どうする → どこ → どのように → いつ → なぜ
　↓　　　　　　↓　　　　　↓　　　　↓　　　　　↓　　　↓
　私は　　　　行きました　京都へ　　電車で　　　∅　おじさんに会いに

そして，第6ステップ「各チャンクごとに英語に直す」作業を行います。

　　私は　　　行きました　　京都へ　　　電車で　　　おじさんに会いに
　　 I 　　　　 went 　　　 to Kyoto 　 by train 　 to see my uncle

 以上の6つのステップで，正しい語順で英語の作文ができるように指導するのが，田尻式の語順指導です。もう1つの例文で，各ステップを見てみましょう。[83]

　［ステップ1］：日本語で作文をする。
　　　私はテストがあるので毎日家で一生懸命英語を勉強しています。

　［ステップ2］：「ね」を入れて，文をチャンクごとに分ける。
　　　私は（ね）／テストが（ね）／あるので（ね）／毎日（ね）／家で（ね）／一生懸命（ね）／英語を（ね）／勉強しています。

　［ステップ3］：文の一番最後のチャンクに注目する。
　　　私は（ね）／テストが（ね）／あるので（ね）／毎日（ね）／家で（ね）／一生懸命（ね）／英語を（ね）／勉強しています。

[ステップ4]：12の文型のどれに，一番最後のチャンクが当てはまるのかを選択する。
 1-A！

[ステップ5-1]：日本語をかたまりごとに英語の語順に並べ替える。
 私は→勉強しています→英語を→一生懸命→家で→毎日→テストがあるので

[ステップ5-2]：『いつ』『なぜ』の部分に節が来ることがあるので注目する。
 「テストがあるので」は「その理由は：私たちは→持つ→テストを」という日本語に変える。「ので」「から」はbecauseで始め，その後は，1-A～3-Bのいずれかの語順になる。

[ステップ6]：各チャンクごとに英語に直す。
 I / study / English / hard / at home / every day / because we have a test.

　田尻氏による語順指導は，このようなステップ別になっています。「そこまで丁寧にやらなくても…」という英語教師の声が聞こえてきそうですが，田尻氏は，長年の英語教師としての指導経験から，「生徒にはこの『英語の語順』というものがそう簡単には身につかない（金谷2008：125）」ことを実感しています。前掲（p.119）の日記を書いた3年生たちの語順との格闘を，田尻氏はこう回想しています。[84]

　この学年（1993年の3年）は自分の思いを英語で表そうとする女子が多かったが，何しろ思いつきで書くので頭痛がするほどひどい英文を毎日見ることになり，いらいらがつのって「語順！」と怒鳴ったことが何度かある。しかし，彼女たちはへこたれることなく，語順一覧表をぼろぼろになるまで使い，よく英文を書いた。その結果，卒業時には，かなりのレベルの英文が書けるようになっていた。

田尻実践の多くは長年の実践の積み重ねから生み出されたものですし，田尻式語順指導法についても，それはもちろん当てはまります。その独自性に関して，柳瀬（2004：110）は，以下のように述べています。

　　5文型からSVCを除いて受身構文を入れたパターン1，SVCをさらに5つの文型に分けるパターン2，「存在の構文」として類型化したパターン3。こういった整理は従来にはあまり見られなかったものと私は理解する。

　田尻式語順指導法が，生徒が自分で英作文できるようにステップ・バイ・ステップで導くものであったとしても，ステップ6の「各チャンクごとに英語に直す作業」ができなければ，正しい英文を完成することはできません。ここで求められるのが，各チャンクに当てはめる英語の単語／フレーズについての知識です。この知識を生徒が獲得する方法として，「それらを一つひとつ辞書で調べて自分のものにしていく」という方法を田尻氏は採りません。本章の第3節「教材の決定」の「3. 辞書」で述べたように，田尻氏は，「英単語の意味を全て調べさせるのは時間の無駄」で，「日本語と英語の一対一対応の語などは，リストアップして表にし，渡してしまうのがいい」と考えているからです。第6ステップで必要となる，各チャンクに当てはめる英語の単語／フレーズにも，それは言えます。具体的には，語順一覧表の中に出てくる「どのように」「どこ」「いつ」をリストアップし，頭文字を取って「どどい表現集」という一覧表を，田尻氏は作成しています。「どどい表現集」には，「副詞（句）編」と「前置詞（句）編」があり，それぞれの項目数は，66と84です。例として，「副詞（句）編」を見てみましょう。[85]

125

# どどい表現集 その1

どのように　どこ　いつ

**副詞（句）編**

## どのように の場所で使うことば（その1）

1. ☐☐☐☐ hard　　　　　☐☐☐☐ 一生懸命
2. ☐☐☐☐ fast　　　　　☐☐☐☐ 速く（スピード）
3. ☐☐☐☐ slow　　　　　☐☐☐☐ 遅く（スピード）
4. ☐☐☐☐ quickly　　　　☐☐☐☐ すばやく（動作）
5. ☐☐☐☐ slowly　　　　☐☐☐☐ ゆっくりと（動作）
6. ☐☐☐☐ very much　　　☐☐☐☐ とても，とても大量に，大いに（vで始まる）
7. ☐☐☐☐ so much　　　　☐☐☐☐ とても，とても大量に（sで始まる）
8. ☐☐☐☐ too much　　　☐☐☐☐ あまりにも大量に
9. ☐☐☐☐ a lot　　　　　☐☐☐☐ たくさん，大いに
10. ☐☐☐☐ well　　　　　☐☐☐☐ よく，うまく，上手に
11. ☐☐☐☐ together　　　☐☐☐☐ いっしょに
12. ☐☐☐☐ alone　　　　　☐☐☐☐ ひとりで

## どこ の場所で使うことば（その1）

13. ☐☐☐☐ here　　　　　☐☐☐☐ ここへ，ここで，ここに
14. ☐☐☐☐ there　　　　　☐☐☐☐ そこへ，そこで，そこに
15. ☐☐☐☐ over there　　☐☐☐☐ あそこへ，あそこで，あそこに
16. ☐☐☐☐ home　　　　　☐☐☐☐ 家へ，家に
17. ☐☐☐☐ abroad　　　　☐☐☐☐ 海外で，海外へ
18. ☐☐☐☐ outdoors　　　☐☐☐☐ 屋外で

## いつ の場所で使うことば（その1）

19. ☐☐☐☐ early　　　　　☐☐☐☐ 早く（時期，時刻が）
20. ☐☐☐☐ late　　　　　☐☐☐☐ 遅く（時期，時刻が）
21. ☐☐☐☐ soon　　　　　☐☐☐☐ やがて，もうじき
22. ☐☐☐☐ right away　　☐☐☐☐ すぐに
23. ☐☐☐☐ yesterday　　　☐☐☐☐ 昨日
24. ☐☐☐☐ today　　　　　☐☐☐☐ 今日
25. ☐☐☐☐ tomorrow　　　☐☐☐☐ 明日
26. ☐☐☐☐ last week　　　☐☐☐☐ 先週
27. ☐☐☐☐ this week　　　☐☐☐☐ 今週

|  | |  | |  |
|---|---|---|---|---|
| 28. | ☐☐☐☐ | next week | ☐☐☐☐ | 来週 |
| 29. | ☐☐☐☐ | last month | ☐☐☐☐ | 先月 |
| 30. | ☐☐☐☐ | this month | ☐☐☐☐ | 今月 |
| 31. | ☐☐☐☐ | next month | ☐☐☐☐ | 来月 |
| 32. | ☐☐☐☐ | last year | ☐☐☐☐ | 昨年 |
| 33. | ☐☐☐☐ | this year | ☐☐☐☐ | 今年 |
| 34. | ☐☐☐☐ | next year | ☐☐☐☐ | 来年 |
| 35. | ☐☐☐☐ | yesterday morning | ☐☐☐☐ | 昨日の朝, 午前中 |
| 36. | ☐☐☐☐ | this morning | ☐☐☐☐ | 今朝, 今日の午前中 |
| 37. | ☐☐☐☐ | tomorrow morning | ☐☐☐☐ | 明日の朝, 午前中 |
| 38. | ☐☐☐☐ | yesterday afternoon | ☐☐☐☐ | 昨日の午後 |
| 39. | ☐☐☐☐ | this afternoon | ☐☐☐☐ | 今日の午後 |
| 40. | ☐☐☐☐ | tomorrow afternoon | ☐☐☐☐ | 明日の午後 |
| 41. | ☐☐☐☐ | yesterday evening | ☐☐☐☐ | 昨日の夕方, 晩 |
| 42. | ☐☐☐☐ | this evening | ☐☐☐☐ | 今日の夕方, 晩 |
| 43. | ☐☐☐☐ | tomorrow evening | ☐☐☐☐ | 明日の夕方, 晩 |
| 44. | ☐☐☐☐ | last night | ☐☐☐☐ | 昨夜 |
| 45. | ☐☐☐☐ | tonight | ☐☐☐☐ | 今夜 |
| 46. | ☐☐☐☐ | tomorrow night | ☐☐☐☐ | 明日の夜 |
| 47. | ☐☐☐☐ | every day | ☐☐☐☐ | 毎日 |
| 48. | ☐☐☐☐ | every week | ☐☐☐☐ | 毎週 |
| 49. | ☐☐☐☐ | every month | ☐☐☐☐ | 毎月 |
| 50. | ☐☐☐☐ | every year | ☐☐☐☐ | 毎年 |
| 51. | ☐☐☐☐ | every morning | ☐☐☐☐ | 毎朝 |
| 52. | ☐☐☐☐ | every afternoon | ☐☐☐☐ | 毎日午後 |
| 53. | ☐☐☐☐ | every evening | ☐☐☐☐ | 毎日夕方, 毎晩 |
| 54. | ☐☐☐☐ | every night | ☐☐☐☐ | 毎夜, 毎晩 |
| 55. | ☐☐☐☐ | every Sunday | ☐☐☐☐ | 毎週日曜日 |
| 56. | ☐☐☐☐ | the day before yesterday | ☐☐☐☐ | 一昨日 (おととい) |
| 57. | ☐☐☐☐ | the day after tomorrow | ☐☐☐☐ | 明後日 (あさって) |
| 58. | ☐☐☐☐ | later | ☐☐☐☐ | あとで |
| 59. | ☐☐☐☐ | three days ago | ☐☐☐☐ | 3日前 |
| 60. | ☐☐☐☐ | three days before | ☐☐☐☐ | その3日前 (過去のある時点の) |
| 61. | ☐☐☐☐ | three days later | ☐☐☐☐ | その3日後 (過去のある時点の) |
| 62. | ☐☐☐☐ | three days from now | ☐☐☐☐ | 今から3日後 |
| 63. | ☐☐☐☐ | the week after next | ☐☐☐☐ | 再来週 |
| 64. | ☐☐☐☐ | the week before last | ☐☐☐☐ | 先々週 |
| 65. | ☐☐☐☐ | the night before | ☐☐☐☐ | その前の夜 |
| 66. | ☐☐☐☐ | the next day | ☐☐☐☐ | その翌日 |

『自己表現お助けブック』(教育出版, p.22-23)

　英単語／フレーズや日本語訳の横にある4つの四角は，本書の69ページの「クラスルームイングリッシュ」で既に紹介したように，「一定時間内に，その中に載っている単語やフレーズをどれだけ正確に速く言えるか」をチェックするための欄です。

　リストアップして表にして渡してしまうのは，動詞についても同じです。「基本動詞一覧表」という形でまとめられた動詞の数は，220にも上ります。

パターン1とパターン2で使用される文型別に,「使える動詞」がきちんとまとめられ提示されています。[86]

## 基本動詞一覧表

＜1-A で使える動詞＞

「だれ何が／は⇒どうする⇒だれ何を／に→どのように→どこ→いつ→なぜ」p.4参照

1. □□□□ answer　　　□□□□ 答える,（電話に）出る
2. □□□□ ask　　　　□□□□ 頼む, 尋ねる, 質問する
3. □□□□ begin　　　□□□□ 始める
4. □□□□ borrow　　　□□□□ 借りる
5. □□□□ break　　　□□□□ 折る, 割る, 壊す
6. □□□□ bring　　　□□□□ 持ってくる, 連れてくる
7. □□□□ build　　　□□□□ 建てる
8. □□□□ buy　　　　□□□□ 買う
9. □□□□ call　　　　□□□□ 電話する,（大きな声で）呼ぶ
10. □□□□ carry　　　□□□□ 運ぶ, 輸送する, 持って行く, 携行する
11. □□□□ catch　　　□□□□ 捕まえる, 捕る,（魚を）釣り上げる
12. □□□□ change　　　□□□□ 変える,（乗り物を）乗り換える
13. □□□□ cheer　　　□□□□ 元気づける（+up）
14. □□□□ choose　　　□□□□ 選ぶ, 選択する
15. □□□□ clean　　　□□□□ 掃除する
16. □□□□ close　　　□□□□ 閉じる, 閉める
17. □□□□ collect　　　□□□□ 集める, 収集する
18. □□□□ compare　　　□□□□ 比較する, 比べる
19. □□□□ cook　　　□□□□ 料理する
20. □□□□ correct　　　□□□□ 訂正する, 正しくする
21. □□□□ cost　　　□□□□ （費用が）かかる
22. □□□□ cross　　　□□□□ 横切る, 渡る
23. □□□□ cut　　　　□□□□ 切る
24. □□□□ decide　　　□□□□ 決める
25. □□□□ defeat　　　□□□□ 打ち負かす（J-17参照）
26. □□□□ dig　　　　□□□□ 掘る
27. □□□□ do　　　　□□□□ する
28. □□□□ draw　　　□□□□ （線を）描く, 引っ張る
29. □□□□ drink　　　□□□□ 飲む
30. □□□□ drive　　　□□□□ （車を）運転する
31. □□□□ eat　　　　□□□□ 食べる
32. □□□□ enjoy　　　□□□□ 楽しむ
33. □□□□ exchange　　□□□□ 交換する, やり取りする
34. □□□□ excuse　　　□□□□ 許す
35. □□□□ explain　　　□□□□ 説明する
　　　　　⋮　　　　　　　　⋮

『自己表現お助けブック』(教育出版, p.14)

まさに「至れり尽くせり」という情報提供です。では, 田尻氏は, なぜこれ

までの情報提供を，さまざまな教材（語順一覧表，どどい表現集，基本動詞一覧表）を通じて，生徒に対して行っているのでしょうか。それについてはおそらく，2つの理由が考えられます。1つは，「自己表現をしようという生徒たちの願い／気持ちを大切にしたい」という思いを，田尻氏が強く持っているからでしょう。そしてもう1つの理由は，田尻氏が，長年の経験から「英作文が苦手な生徒が多い」と感じているからでしょう。この点について，田尻氏はこう語っています。[87]

　　生徒は頭に浮かんだ日本語をそのまま英語にしようとする傾向がある。14〜15年間毎日使ってきた日本語で考えた文を，2〜3年間，しかも週3時間しか学習していない英語に直すことはきわめて難しい。

　これら2つの理由が，語順指導に関する教材開発の大きなエネルギーになったと考えられます。
　語順指導に関するたくさんの教材が与えられたとしても，全ての生徒が同じようにうまく活用できるわけではありません。当然のことながら，英作文に苦戦する生徒も出てきます。そのような生徒には，田尻氏は積極的に近寄っていき個人指導を開始します。[88]
　［状況］
　　数人の生徒が故郷について作文をしている。各生徒は，枝分かれ図（マインド・マップ）によって，英語で書きたい内容が明らかになってきている。そのうちの一人の生徒が，書きたいことを日本語から英語にできなくて苦戦している。田尻氏は，その生徒のところに近寄り，腰を落として，椅子に座っている生徒と同じ視線の高さで個人指導を開始する。

田尻氏：動詞があるか，ないか，「います／あります」か，3つのパターンで行こうか。じゃあ，これは？「そのまま飲める」っていうのは，最後，動詞があるでしょ。「そのまま（ね），飲める（ね）」。動詞が…。
生徒C：（うなずきながら）ある。
田尻氏：あるでしょ。「飲める」っていう動詞があるでしょ。ってことは，

　　　　　1 でしょ。
生徒 C：（うなずく）
田尻氏：（『自己表現お助けブック』の「英語文法・重要表現カルタ」を指さしながら）誰でも飲めるときは you だよ。「そのまま水が飲める」っていうのは，自分個人のこと？　自分を入れた友達のこと？　誰でもいいこと？　「水飲めるよ」って。
生徒 C：（『自己表現お助けブック』の C-7 を指さす）
田尻氏：でしょう？　っていうことは，you で始める。
生徒 C：（声に出しながら）You can drink ….
田尻氏：drink …，いいねえ，発音から字が書けるようになったなあ。You can drink …，何を？
生徒 C：（it と書く）
田尻氏：そう。おお！　よっしゃあ。

　周到に開発された教材を使っても，寄り添った個人指導を行っても，生徒たちの作文には誤りがたくさん出てきます。外国語の習得過程を考えれば，それは自然な現象です。この自然な現象に対して田尻氏がどのように対処しているかについては，次節で見ていきましょう。

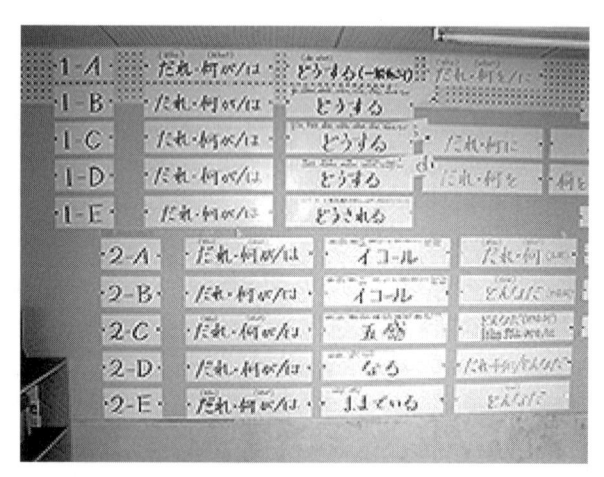

英語教室の語順一覧表

第1章 英語教科固有の特徴

語順一覧表を使って指導する田尻氏

指を折り曲げながら語順指導する田尻氏

## 4　誤りへの対処

「生徒の誤りにどう対処すべきか」について，田尻氏は以下のように述べています。[89]

> 英語は外国語である。間違わずに習得できることなどあり得ない。何度も何度も間違い，「またやってしまった。次こそはしないぞ」と思ってこそ，ミスは減っていく。したがって，授業では生徒に練習する時間をなるべく多く与え，間違いを観察し，予想し，適切な指導法を用意しておくことが大切である。

このことばから，田尻氏が「英語学習中に生徒が誤りをおかすことは自然であり，それを上手に活かせば，生徒の英語力は伸びていく。それ故，教師は誤りに対して，きちんとした対応をすべきである」と考えていることが窺えます。教師の誤りへの対処については，「あいまいで，誤解を招きやすく，矛盾している（ショードロン2002：176）」という首尾一貫性に関する問題点が指摘されることが少なくないのですが，田尻氏の「きちんとした対応」は，どの程度首尾一貫性をもった対応なのでしょうか。

田尻氏の誤りへの対処で特徴的なのは，「生徒自身に気づかせる」ことを重要視している点です。誤りに対する生徒の気づきを促すための教材として開発されたのが，「英語文法・重要表現カルタ」（『自己表現お助けブック』に収録）です。同教材の開発について，田尻氏はこう語っています。[90]

> そのうち，何回訂正しても間違いを繰り返すところがあると分かってきました。あるとき，「数学の公式のようなものが英語にもあればいいのに」と言った生徒がいました。間違いを繰り返さずに済むように。覚えておくべき公式のようなものとは何かと考えて，生徒たちが共通して間違える文法などを『自己表現お助けブック』という冊子にまとめました。

「英語文法・重要表現カルタ」は，このようなものです。[91]

第1章　英語教科固有の特徴

# 英語文法・重要表現カルタ
（上の句）　　　（下の句）

### >>> A 語順・命令文

| | | | |
|---|---|---|---|
| A-1 | 日本語と英語は主語を除けば | 1 | あとはすべて逆の語順。語順の違いを常に意識しよう。〔例 私¹は／毎⁶日／自分の部屋で／一生懸命／英語を／勉強しています。I¹ / study² / English³ / hard⁴ / in my room⁵ / every day.⁶〕 |
| A-2 | 動詞の原形で始まる文は | 2 | 「〜しなさい／〜してください」という意味の命令文。〔例 Look at the blackboard.（黒板を見なさい。）Be quiet.（静かにしなさい。）〕 |
| A-3 | Don't で始まる文は | 3 | 「〜するな／〜しないでください」という意味の命令文。 |
| A-4 | 2-A，2-B の文を命令文（…であれ）にするときは | 4 | 『Be→だれ何／どんなだ…』とする。〔例 Be a good boy.（よい子にしててね。）〕 |
| A-5 | 2-A，2-B の文を否定の命令文（…であるな）にするときは | 5 | 『Don't be→だれ何／どんなだ…』とする。〔例 Don't be shy.（恥ずかしがらないで。）〕 |

### >>> B 名詞軍団 (pp.63-64の表を参照)

| | | | |
|---|---|---|---|
| B-1 | 固有名詞（地名，人名，月名，曜日名，学校名など）は | 1 | 各語の最初の文字を大文字で書き，原則として小道具や修飾語は一切つけない。〔例 ○Kobe，×kobe，×the Kobe〕 |
| B-2 | Mr. Mrs. Ms. Miss は | 2 | 名字の前で使う。〔例 ○Mr. Suzuki　×Mr. Ichiro〕 |
| B-3 | 2つのものを並べて表すときはA and B，3つ以上のときは | 3 | 最後の項目の前にandをつける。〔例 ○A，B，C，and D ×A and B and C and D〕 |
| B-4 | 名詞を修飾する語句で名詞の前に置くのは | 4 | 小道具と形容詞。(p.63 の表〈1〉を参照) |
| B-5 | 固有名詞（地名，人名）で the をつけるのは | 5 | 川の名前〔例 the Nile（ナイル川）〕と一部の国名。〔例 the UK（イギリス）〕 |

『自己表現お助けブック』（教育出版，p.31）

「英語文法・重要表現カルタ」は，360を超える項目から成立しており，17のカテゴリーに分けられています。

語順・命令文／名詞軍団／代名詞／動詞・助動詞／前置詞（句）・副詞（句）／疑問文・否定文／つづり／数量・程度・頻度を表す表現／いる・ある・入っている・おいてある／よく似ているけど少し違う表現／不定詞・動名詞／複文・重文・接続詞／比較／現在完了／受動態／その他重要表現／その他注意事項

それぞれの項目は，「上の句」と「下の句」という，百人一首のような構成になっています。授業の中で使用するときは，田尻氏が上の句を読んで（詠んで），生徒が下の句を読む（詠む）という形，いわば連歌形式で音読していきます。こんな感じです。

田尻氏： 　じゃあ，いくぞ。Cの4。日本文に主語がないとき，自分個人の話題は…。
生徒たち： 　Iを使う！
田尻氏： 　じゃあ，Cの7。日本文に主語がないとき，誰でもいいときは…。
生徒たち： 　Youを使う！

下の句には，できるだけ楽しくしよう，という田尻氏の工夫があちらこちらに見られます。例を挙げてみましょう。

|  上の句 | 下の句 |
| --- | --- |
| [D-2]<br>be動詞と一般動詞は…。 | 仲が悪い。 |
| [D-3]<br>3単『だれ何が／は』は…。 | どうするs（どうするズ）。 |
| [D-9]<br>be動詞と一般動詞がケンカすると…。 | 愛のエンジェル（ing）が降りてくる。 |

第1章　英語教科固有の特徴

[E-5]
『どこ』の場所で使う前置詞（語呂合わせ）…。

あとに（at on in）風呂見んと（from into）あんたにゃオーバー（under near over）やらんど（around）。ああ，苦労するバイト（across through by to）など。

[E-15]
『いつ』の場所で使う前置詞（語呂合わせ）…。

美幌の樹林（before on during）でフロン（from）吸い，あたふた（at after）通院（to in）失神してる（since till）など。

では，この「英語文法・重要表現カルタ」は，生徒の誤りへの対処のために，どのように活用されるのでしょうか。この点に関して田尻氏はこう述べています。[92]

　　生徒はよく "He playing tennis." などと間違えます。「"is" が抜けたぞ」と言うと，すぐに理解するのですが，そのあとでまた間違えることが多い。そこで，正解を示さずに playing に下線を引いて，例えば D-10 と書きます。生徒が冊子の D-10 の項目を見ると，「（今）〜しているところだ」を英語では「am ／ is ／ are + 動詞 ing で表す」と書いてあります。生徒はそれを見て，「分かった！　is が抜けていたんだ。先生，もう一回見て」と言ってきます。そこで私が，「よく気がついたね。正解！」と言うと，とても喜びます。生徒は冊子の D-10 を開いて答えを見つけたことを，自分の手柄だと思うのです。それが気持ちが動いた瞬間で，手柄をほめてあげると，生徒は勉強により集中します。さらに冊子の該当部分の横には間違えた数を「正」の字で書かせます。正の字を確認してその数が増えるほど，生徒にはしっかり勉強しようという自覚が出てきます。

　すなわち，生徒が誤りをおかした際に，誤りの原因そのものを教師が指摘したり正解を与えたりするのではなく，「教師はヒントを与えるにとどめ，誤り

の原因を発見し訂正するのは生徒自身に任せる」という形式を田尻氏は採用しているのです。その発見・訂正の助けとなっているのが，「英語文法・重要表現カルタ」なのです。

　前掲の生徒の感情の変化を，田尻氏は次のように説明しています。[93]

　　①（誤りを指摘され）え，何で？　何が違うん？
　　②（ヒントを見て，答えを発見して）ああ，そういうこと！
　　③（正解であることを確認して）よし，できた！
　　④（満足して）先生，俺／私，分かったでしょ。すごいでしょ。

　このような形で，教師がヒントを与えるだけにとどめることによって，生徒の中に「自分で分かった」という感情が生じるのです。
　ライティングでの誤りへの対処法の1つとして，「誤りを指摘して，正解文を提示する」という方法があり，その方法を現在も採用している英語教師は少なくないと思います。しかしながら，その方法の効果や教師に対する負担などを考慮すべきだと，渡辺（2001：24-25）は指摘しています。

　　　誤りを全て訂正すれば，それで生徒の書く力が伸びるというほど，事は単純ではないようだ。…全ての誤りを教師がすぐに訂正するという方法は教師に過大な負担を与えるが，それが本当に効果的かどうかは疑問である。誤りがある部分を指摘し，ヒントを与えて，訂正は本人に任せるほうが効果的で効率的なことも考えられる。また，学習者同士がお互いに誤りを指摘して訂正する（peer correction）など，場面によってはさまざまなやり方が工夫できるだろう。

　私（本稿の筆者）自身にも，「提出した自分の英作文が，教師による誤りの指摘と正解文の提示とで，真っ赤になって返ってきたため，再び目を通すのが嫌になった」経験があります。英語教師にとっては「手厚いケア」なのかもしれませんが，そうは思わない生徒も少なくないのかもしれません。田尻実践での作文誤用への対処は，そのような生徒の心理にも配慮した産物なのでしょう。

第1章　英語教科固有の特徴

　田尻実践での「英語文法・重要表現カルタ」による誤りのヒント提示は，生徒が作文を書いたノート上で行われ，田尻氏による指摘は赤字，生徒のやり直しは青字と決まっています。

```
6
A: Does Mrs. Benson like her cats?
    ベンソンさんは彼の猫が好きですか？        C-9
B: Yes, she does. She like them and they like her.
    はいそうです。      彼女    は彼らが好きで彼らは彼女が好きです。
A: So they like each other.
    じゃあ，彼女らはおたがいが好きなんですね
B: That's right.
    そのとおり
A: Do children like Santa Claus?
    子供はサンタクロースの事が好きですか？
B: Yes, they do. They like him and he likes them
    はい，彼ら(彼女ら)はそうです。彼らは彼が好きで彼は彼らが好きです。
A: So they like each other.
    じゃあ 彼らはおたがいが好きなんですね。
B: That's right.
    そのとおり
A: Does these girls like Doraemon?
    これらの女の子たちはドラえもんが好きですか？      D-3  C-9
B: Yes, they does. They like him and he likes them
    はい，そうです パー2            彼女らが彼が好きで、彼は彼女らが好きです。
A: So they like each other.
    じゃあ 彼女らはおたがいが好きなんですね
B: That's right.
    そのとおり
・T&T 25 にチャレンジ
A: I know Sayaka. Do you know her, too?
    私はさやかを知っています。あなたも彼女を知っていますか？
B: Yes, I do.
```

137

「教師はヒントを与えるにとどめ，誤りの原因を発見し訂正するのは生徒自身に任せる」すなわち，教師が解答を与えないことについて，田尻氏はこう語っています。[94]

　　人って，答えを教わったものはすぐに忘れてしまうんですよ。ところが，教えてくれないとなれば，逆にすごく気になるわけですよね。答えを探そうと，家で調べる子もいるだろうし，「早く教えて」と聞きたがる子も出てきます。これを私は「カレーライス方式」と呼んでいます。カレーは寝かせたほうがおいしいですよね。それと同じで，答えもじっくり考えさせたほうが身につくんです。自分の手で調べた結果，間違った答えに行き着くこともあるでしょう。それでも，何かを調べるという過程で彼らはすごく頭を使うわけです。そこが重要なんですね。
　　また，この方法の採用は，教師の負担軽減にもつながります。手がつけられないほどミスが多い英作文は語順がムチャクチャな作文です。語順が正しければ，部分的な指摘だけですみます。英作文のチェックの負担の軽減はそこにかかっているんです。

以上が，作文などのライティングでの生徒の誤りに対する，田尻氏の対処法です。では，スピーキングでの生徒の誤りに関しては，田尻氏はどのような対処をするのでしょうか。これについて，ケースバイケースであるとしながらも，田尻氏はこう考えています。[95]

　　話すことに関しては，間違いには寛大でありたい。そうでなければ間違いを恐れるあまり言葉が出なくなる。（ただし，あとで必ず直す）

この考えに基づいて，「足場組立型会話（scaffolding）」を，スピーキングでの生徒の誤りへの対処として，田尻氏は採用することが多いようです。scaffoldingとは，「相手の言葉の助けを借りて会話を成立させる（高島1995：289）」方法で，生徒は田尻氏の助けを借りながら，正しい英文を作り上げていきます。例を見てみましょう。[96]

［状況］給食とお弁当と，どちらのほうが好きかについて話している。

田尻氏： What do you like about school lunch?
生徒A： Box lunch is very cold.
田尻氏： Cold. Yeah. How about you?
生徒B： My mother is good at cooking, but box lunch is very cold. So, I like school lunch. School lunch is hotter than box lunch.
田尻氏： But, your mother is very good at cooking.
生徒B： Yes.
田尻氏： Then, you can enjoy your mother's food in your box lunch.
生徒B： う〜ん，確かにそうだけど…。My mother is …, oh, my mother often …入れる，入れるって…。
田尻氏： put.
生徒B： put I hate food. Ah, my hate food, foo ….
田尻氏： My mother often puts ….
生徒B： food hate
田尻氏： 誰が？
生徒B： my, あ，I
田尻氏： I
生徒B： I hate.
田尻氏： So, your mother puts some food you don't like, you hate.
生徒B： Yes, yes.
田尻氏： For example, ….
生徒B： For example, …梅干し！
クラス全体：（笑）

　こういった田尻氏の対応は，「英語で話すことに対する学習者の心理的な負担を取り除き，意味のやり取りが生じやすいようにしてやる（高島1995：288）」工夫の1つでしょう。ライティングの誤りの際には，生徒自身が自分で誤りを直すための時間を十分に与えているのに対し，スピーキングの場合は，正しい文を完成するための助けを即座に与えています。個人作業で作文を

することと比べて，クラスメートの前で英語で発言することには勇気が必要ですし，訂正するための時間的余裕は少しだけしか与えられません。このような生徒の心理を考慮に入れて，田尻氏の誤りへの対処は，ライティングとスピーキングとでは異なっているのでしょう。

生徒にフィードバックを与える田尻氏

　川口・横溝（2005）は，学習者の誤りに対する教師の対処が首尾一貫性を欠き，学習者に混乱を引き起こさないように，各教師が自らの「具体的ガイドライン」を作成することを勧めています。「このときはこうする，このときはこうする，…」という，詳細にわたる具体的ガイドラインの作成は，自らの言動の認識や，自らが考える「望ましい言動」への第一歩を踏み出すことにつながるため，特に教育実習生や新米教師にとっては，作成する意義が大きいものなのですが，一度作成したガイドラインに縛られてしまうと，生徒の現状に合わせた柔軟な対応ができなくなってしまう可能性も出てきます。
　田尻実践では，誤りへの対処に関するガイドラインは，「ライティングでは，教師はヒントを与えるにとどめ，誤りの原因を発見し訂正するのは生徒自身に任せる」，「スピーキングでは，正しい文を完成するための助けを即座に与える」といった，ある意味大雑把な指針のようなものです。生徒一人ひとりの学習状況・心理状況に応じた適切な指導を何よりも大切にする田尻氏にとっては，ギ

チギチに決められた自分用の行動マニュアルは無用の長物なのでしょう。
　そんな田尻氏ですが，スピーキングでの誤りの中で，「これについては寛容にはなれない」という誤りがあります。[97]

> ただ1点，私が口酸っぱく言っていることは，「主語・動詞を抜かすな」ということである。現任校に転勤したときの3年生は，最低限の語を使ってしか答えることができなかったので，主語・述語をつける練習をしたことがある。すると，2つのことが分かった。それは，どんな Yes / No question に対しても Yes, I do. と答えることと，どんな wh-question に対しても It's で答え始めることである。彼らにその理由を聞いてみたところ，「だって，Yes, I do. って，『はいそうです』っていう意味でしょ。それに，日本語で『何？』『どこ』『いつ』などと聞かれたら，『それはですねえ』と言ってから答えるでしょ」という返事が返ってきた。

　この事態を受けて田尻氏は「ショートアンサーだけで正答であっても，あえてフルセンテンスで答えること」を生徒たちに要求します。全て Yes, I do. と答えてしまう生徒の誤りに対する田尻氏の対処方法は，次のとおりです。[98]

> 中学では代名詞と助動詞を使いこなす力をつけておかなければなりませんが，Yes, he is. / Yes, he does. / Yes, he has. などの区別ができない生徒がいます。その問題を解消するために，次のようにフルセンテンスで答える練習をたっぷりしていました。

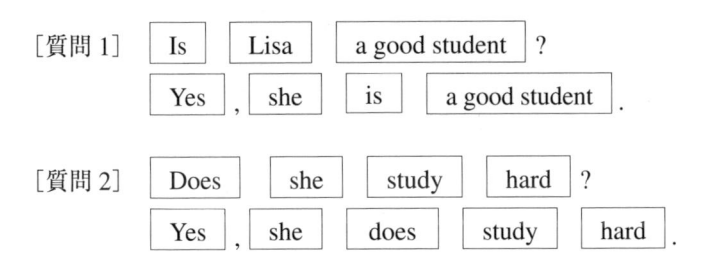

［質問1］　Is　Lisa　a good student　?
　　　　　Yes , she　is　a good student .

［質問2］　Does　she　study　hard　?
　　　　　Yes , she　does　study　hard .

　［質問1］では3枚のカードを使っているので，答えも Yes のあとで3枚を使うことを奨励し，質問とその答えは基本的に同じ語句を使っている

**141**

ことに気づかせます。それが完全にできたら、a good student を省略していいことを伝えます。

このような段階別指導をすることで、Yes, he is. / Yes, he does. / Yes, he has. などの区別ができるように導いています。生徒が苦手な部分を克服できるように、(通常は寛大である) スピーキングの誤りへの対処のし方を調整し、その方針に沿った行動を徹底しています。「生徒の学習状況に応じて具体的行動マニュアルを作成し、それを実行に移し、成果を反省し、よりよいものにしていく、それを繰り返すことで生徒の英語力を高めていく」というスパイラルな積み重ねこそが、田尻氏の英語教育実践を常に進化させている原動力です。「誤りへの対処」についても、それは同様です。田尻実践での「誤りへの対処」方法も、大雑把な指針を基本としながらも、いろいろな形で今後、変容していくのかもしれません。

英語教室のホワイトボード

## 5 機械的ドリル

　機械的ドリルとは，ある文型が正しく言えるように何度も何度も練習する文型練習のことで，「パターン・プラクティス」とも言われるものです。機械的ドリルに対する批判に関して，横溝（1997：13）は次のように述べています。

> 批判その１：ドリルは「機械的」で学習者にとって「退屈」である。
> 　　同じパターンの繰り返しが多くて，どうしても単調になり，退屈する学習者が出てきてしまいます。単調なパターンの繰り返しには，学習者に限らず人間であれば誰しも退屈に感じることでしょう。
> 批判その２：ドリルで文が作れるようになっても，実際のコミュニケーションで使えるとはいい難い。
> 　　ある文型をドリルでバッチリ作れるようになったとしても，実際のコミュニケーションの場にいざ置かれてみると，それがうまく出てこないことが多いのではないでしょうか。何年間も英語を勉強してきたのに実際の会話で使えなかった苦い経験が私にも山ほどあります。

　これまで見てきたとおり，田尻実践が「楽しくない」「役に立たない」などの批判とは無縁であることを考えると，機械的ドリルも，なんらかの工夫によって「楽しい」「役に立つ」ものにしているはずです。そのことに関連して，髙橋（2004：8）は，次のように述べています。

> 　彼(田尻氏)の授業の真骨頂は how to communicate + what to communicate, 生徒の心を揺さぶり，言いたいことを溢れ出んばかりに蓄積させたうえで，それをできうる限り正しい英語で発表させるところにある。…正確な英語での発表を支えているものとして，授業設計における機械的なドリルと創造的な活動の絶妙なバランスも見逃してはならないポイントである。中学生の全国学力調査（「教育課程実施状況調査」）において，生徒たちの表現しようという積極的な態度は伸びているが，それを支える文法能力（grammatical competence），1つの話題について脈絡を構成し，数文のまとまりある発話や作文ができる談話能力（discourse competence）が著し

く劣っている現状が指摘されている。これは，基礎的な学習活動をないがしろにして，十分な定着を図ることなく readiness のない状態のままで，安易に言語活動に移行していること，および，教室で与える言語活動自体の質的問題に起因していると私は考えている。田尻氏の授業では，楽しい要素を加味した基本的なドリル活動が要所要所に見られ，それが高度なコミュニケーション活動，自己表現活動につながっている。

では，田尻実践における機械的ドリルの工夫を少しずつ見ていきましょう。

### a　パンチゲーム

パンチゲームを行う田尻氏

「(1人称・2人称・3人称という) 人称によって動詞の形が変わってくる」という英語のルールを，ゲーム形式で覚えてしまうための工夫です。パンチゲームについて，田尻氏はこう語っています。[99]

> パンチゲームは1年の1学期に特にやるんですけれども，do, does が出た頃に，子どもたちはつまずきますので，その前に，授業の最初の2～3分，使いながらやるんです。代名詞，I / You / He / She / It / We / You / They の後ろにどんな be 動詞がつくのかとか，do / does のうちどっちがつくのか，というのは理屈じゃ説明できないので，体で教え込むっていうのがパンチゲームです。

パンチゲームの一番の基本編は，人称のみのゲームです。[100]

右腕を上方向に 45 度上げると I 。右腕を真横に伸ばせば You 。右腕を下方向に 45 度下げると He, She, It 。左腕を上方向に 45 度上げると We 。左腕を真横に伸ばせば You 。左腕を下方向に 45 度下げると They 。

『Talk and Talk Book 1』(正進社)

[「基本編」のパンチゲームの進め方][101]
　①田尻氏が，自分の手を動かしながら，自分で「I, You, He / She / It, We, You, They」と言う。
　②田尻氏の手の動き（I から They の順で動く）に合わせて，生徒が「I, You, He / She / It, We, You, They」と言う。
　③田尻氏が手をランダムに動かし，それに合わせて，生徒が「I, You, He / She / It, We, You, They」のどれかを言う。
　④③の手の動きを速くし，それに合わせて，生徒が「I, You, He / She / It, We, You, They」のどれかを言う。
　⑤生徒同士でペアを作り，「交代で相手の手の動きに合わせて，『I, You, He / She / It, We, You, They』のどれかを言う」ゲームを行う。どちらが間違えずに続けられるかを競う。

[「be 動詞編」のパンチゲームの進め方]
　①田尻氏が「イコールに当たることばをつけます」と言って，自分で「I am, You are, He is / She is / It is, We are, You are, They are」と言う。
　②田尻氏の手の動き（I から They の順で動く）に合わせて，生徒が「I am, You are, He is / She is / It is, We are, You are, They are」と言う。
　③田尻氏が手をランダムに動かし，それに合わせて，生徒が「I am, You are, He is / She is / It is, We are, You are, They are」のどれかを言う。
　④③の手の動きを速くし，それに合わせて，生徒が「I am, You are, He is / She is / It is, We are, You are, They are」のどれかを言う。
　⑤生徒同士でペアを作り，「交代で相手の手の動きに合わせて，『I am, You are, He is / She is / It is, We are, You are, They are』のどれかを言う」ゲームを行う。どちらが間違えずに続けられるかを競う。

| I am | You are | He is / She is / It is |
| We are | You are | They are |

『Talk and Talk Book 1』（正進社）

同様の形で，［be 動詞の否定文編］［be 動詞の疑問文編］［be 動詞の否定疑問文編］を行います。ときには，人称＋ be 動詞だけで終わらずに，例えば，「生徒ということばをつけて文を完成する」ように促したりもします。すると，こんな対話が田尻氏と生徒の間で生まれてきます。[102]

　　田尻氏：　ハイ！（右腕を上方向に 45 度上げる）
　　生徒たち：I am not a student.
　　田尻氏：　ハイ！（右腕を真横に伸ばす）
　　生徒たち：You are not a student.
　　田尻氏：　ハイ！（右腕を下方向に 45 度下げる）
　　生徒たち：He is not a student. She is not a student. It is not a student.
　　田尻氏：　It is not a student …？（眉をひそめる）Sounds strange. He is not a student. She is not a student. That's all. Okay?
　　生徒たち：（うなずく）
　　田尻氏：　ハイ！（左腕を上方向に 45 度上げる）
　　生徒たち：We are not a student.
　　田尻氏：　We are not a student …．あ，ちょっと変だなあ。 We are not students.（最後の［ツ］を強く読む） ハイ！（左腕を上方向に 45 度上げる）
　　生徒たち：We are not students.
　　田尻氏：　ハイ！（左腕を真横に伸ばす）
　　生徒たち：You are not students.
　　田尻氏：　ハイ！（左腕を下方向に 45 度下げる）
　　生徒たち：They are not students.

　上記の例で正しく答えるためには，「We / You（複数形）/ They は全て複数形の人称なので，be 動詞に続く名詞は複数形にする必要がある」ことを忘れないよう注意しておかなければなりません。機械的ドリルであることには違いがありませんが，「I am not, You are not, He is not / She is not / It is not, We are not, You are not, They are not」を単に繰り返すことよりは，ぐっと高度な内容となっています。

『Talk and Talk Book 1』（正進社）

　「一般動詞編（do, does 編）」のパンチゲームの進め方も，「be 動詞編」と同じです。[103]

　パンチゲームは中1のときに特に集中して行われる活動ですが，中2・中3でも，必要に応じて行われます。[104]

　　（中2や中3に対しても）やるときはやります。例えば，was / were が出たときはやるとか，あるいは過去形が出てきたときに did でやるとか，文の単位でやったりすることもあります。2年生になると，時制が結構出てきますよね。ですから，時制のまとめのときも，パンチゲームでやるということが考えられます。

　「過去形」「未来形」が導入される中学2年生でのパンチゲームは，「応用編」と呼ばれます。過去／現在／未来のどの時制を使うかは，田尻氏が立っている位置によって決まります。[105]

① 黒板に，

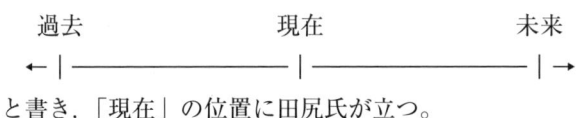

　　　過去　　　　　　現在　　　　　　未来
　　←｜――――――｜――――――｜→

と書き，「現在」の位置に田尻氏が立つ。
② 「ここに立っていたら『現在』。普段からしていますよ，という意味です」（向かって左側に移動して）「ここに立っていたら『過去』を表します」（向かって一番右側に移動して）「ここに立っていたら『未来』のことを表します」と田尻氏が言う。

　応用編では，黒板のどの位置に田尻氏が立っているかが，過去／現在／未来のどの時制を使うかのキューになります。
　パンチゲームは，使う文（例，He leaves his office at five. → We left our office at five.）によって，人称（主格／所有格）と動詞，時制，3単現のsなどに配慮しないと正解が言えない，高度なレベルに設定することが可能です。アルファベットの指導のときの「小文字ダンス」同様，段階的に難しくなっていくと，生徒たちは「やればできそうだけど，なかなかできない」というような心理状態になり，パンチゲームに熱中していきます。
　生徒が身につけた1つのことがその後の教育活動に有機的に結びついていく，というのが田尻実践の大きな特徴の1つなのですが，パンチゲームという機械的ドリルにも，それは当てはまります。例えば，「フルセンテンスで答えること」を田尻氏が重視していることは，第4節の「4. 誤りへの対処」で既に述べましたが，パンチゲームには，フルセンテンスで答えるための手がかりとしての機能もあります。この点に関して，田尻氏はこう語っています。[106]

　　それと，会話をするときに，よく先生から話しかけられたら，生徒たちはYesとかNoとかだけで答えますよね。あれは次につながっていかない可能性があるし，付加疑問文などのときに，もう一回一からやらないといけないケースが出てきます。ですから，「Yesの後ろに何が続くのか」はパンチゲームで教え込んでしまう，という意味があります。
　　例えば授業の冒頭で出席簿を開いて，出欠を確認するとき，遅刻をしている生徒が書いてありますので，それを見てWere you late this morning?

というふうに聞くんです。そしたら，Yes だけじゃなくて，Yes, I was. まで持っていくというのが1つのポイントです。「今朝僕は遅刻をしました」というのを英文で書かせると，I lated this morning. と書く子，結構いるんです。そこで，Were you late this morning? と聞くと，Yes, I was. と（生徒が）言いますから，Yes, I was what? と聞くと，（生徒は）I was late. と言います。「そうそう，I lated じゃなくて，I was late. だね」と教えます。やっぱり，Yes／No の後ろをつけさせておく，普段からそういう習慣を身につけさせておく，ということが大事です。パンチゲームはそれの一番基本編として，be 動詞・助動詞を全てつけて，肯定文・疑問文・否定文などの形を練習するためのものです。

パンチゲームで身につけたことは，文法の説明にもつながっています。この点に関して，田尻氏はこう語っています。[107]

　　（パンチゲームで出てくる do や does について）子どもたちは，「これ，何？　何？」って聞くんですけど，「いや，またあとで，分かるからね」と教えないんです。教えずに，「まだ待っといて」と言って，（右手を上方向に 45 度上げて）ハイ！　とやると，子どもたちは「I do!」と反応します。中1は fun な授業を求めてますので，そういう形で刷り込んでしまいます。教科書が進むにつれて，「なんで動詞のうしろに s がつくのか」とか「なんで疑問文になると does が出てくるのか」とか質問し始めますので，そのときに，「ずっと前に，ほらパンチゲームやったでしょ。あれを今から使って説明するよ」という形で説明する前置きとしてやってしまってるんです。

人称だけの「基本編」を除くと，パンチゲームには，［be 動詞編（現在）］，［be 動詞編（過去）］，［be 動詞編（未来）］，［be 動詞編（現在完了）］，［一般動詞編（現在）］，［一般動詞編（過去）］，［一般動詞編（未来）］，［一般動詞編（現在完了）］の8つのパターンがあり，その下位項目として4つの形（肯定形，否定形，肯定疑問，否定疑問）がありますので，合計 32 の種類が存在しています。[108] 32 種類ものパターンを列挙してみると，生徒たちが覚えなけれ

ばならないルールが思いのほかたくさんある事実が見えてきます。「ルールはルールなんだから，とにかく覚えろ，身につけろ！　大切なんだから」と言いたい衝動に教師は駆られそうになるものなのですが，そういったアプローチを田尻氏は採用しません。その代わりに，覚えるための活動そのものを楽しい活動に変え，「楽しみながら，身につけさせる」方法を採用します。パンチゲームは，その好例だと言えるでしょう。

b　モデルダイアログの応用：Talk and Talk その1

　パンチゲームは，文の一部を入れ替えて新たな正しい文を作る練習，いわゆる代入練習でした。しかしながら，パンチゲームはあくまで1つの正しい文を作る練習であり，2文以上の対話形式にはなっていません。学んだ文型を2文以上の対話形式で練習するための機械的ドリルを，モデルダイアログという形でまとめたのが，『Talk and Talk』（全3巻，正進社）です。[109]

　Talk and Talk Book 1 は，中1の4月〜5月に使い始めるのですが，アルファベットに苦戦中でフォニックスを習い始めたばかりの多くの生徒たちにとっては，「その場で単語を入れ替えながら2文以上の正しい対話文を作り上げる」という作業は至難の業です。そこで，段階別の指導が必要になります。

　まず第一段階は，モデルダイアログをプリントにしたもの（p.153参照）を生徒に渡します。この時期の生徒たちにとっては，「教師が黒板に書いた英文を自分のノートに書き写す」という作業は，とても困難で時間がかかるうえに，不正確でもあります。その問題を克服するために，モデルダイアログの板書はやめて，プリントを配布しているのです。プリントには，生徒の理解を助ける情報がたくさん載せられています。[110]

## 3 You aren't a bad student.

A : You aren't a bad **student**.
B : Yes, I am. I'm a very bad **student**.
A : No, you aren't.
B : Yes, I am!
A : No, you aren't. You are a good **student**.

1  girl
2  boy
3  teacher
4  soccer player
5  basketball player
6  doctor
7  nurse
8  carpenter
9  自分で作ってみよう

『Talk and Talk Book 1』（正進社）

> 　　　　　　are notの短縮形なので、ひっつけて書く。
> 　　　　　　　　⇩
> A:　　You aren't a bad student．
> 　　　　　パー2
> （『お助けブック』P.6）　　　　（君は悪い生徒ではない。）
>
> B:　　Yes, I am．（a bad studentが省略されている）
> 　　　　　パー1
> 　　　　　　　　　　　　（私はイコールだ＝悪い生徒だよ。）
>
> I am a very bad student．
> 　　　　　　　　　　（おれはめちゃくちゃ悪い生徒だ。）
>
> A:　　No, you aren't．　（a bad studentが省略されている）
> 　　　　　　　　　　　　（いや、悪くない。）
>
> B:　　Yes, I am！（a bad studentが省略されている）
> 　　　　　　　　　　（私はイコールだ＝悪い生徒だよ！）
>
> 　　　　No, you aren't．（a bad studentが省略されている）
> 　　　　　　　　　　（悪くないよ。）
>
> You are a good student．
> 　　　　　　　　　　　（君はいい生徒だよ。）

モデルダイアログをプリントにしたもの

　授業で，代入される単語を紹介したあと数問やってコツをつかませ，自宅で書いて練習をしてくる，いわゆる自宅学習を生徒に課します。全対話の英文だけでなく，その意味を1つずつ日本語で自分のノートに書くように指示を出します。以下のような具体的指示が，生徒に与えられます。[111]

　　取り組む各ページの問題は，入れ替えるべき語句が書いてあります。それをモデルダイアログの語句と入れ替えます。太字の部分がヒントとなっています。英文の下には日本語で意味を書くようにしましょう。最後の「自分で作ろう」というところは，やってもやらなくてもかまいません。分からない単語があるときは，Talk and Talk（これからはT&Tと省略して書きます）の巻末に「グロッサリー」（glossary：小辞典という意味）

がありますので、それを参考にしてください。なお、グロッサリーでは語句がアルファベット順に並んでいます。

その指示に従い、生徒は自宅でモデルダイアログに基づく作文を行います。[112]

```
A: You aren't a bad teacher.
   あなたは悪い先生ではない。
B: Yes, I am. I'm a very bad teacher.
   いいえ私はとても悪い先生だよ。
A: No, you aren't.
   いや、悪くない。
B: Yes, I am!
   私は悪い先生だよ!
A: No, you aren't. You are a good teacher.
   悪くないよ。あなたはいい先生だよ。

A: You aren't a bad soccer player.
   あなたは下手なサッカー選手ではない。
B: Yes, I am. I'm a very bad soccer player.
   いいえぼくはとても下手なサッカー選手だよ
A: No, you aren't.
   いや下手じゃない。
B: Yes, I am!
   ぼくは下手なサッカー選手だよ!
A: No, you aren't.
   下手じゃないよ。
   You are a good soccer player.
   あなたは上手なサッカー選手だよ。
```

生徒の作文の例

Talk and Talk Book 1 の中で、一番難しいモデルダイアログも見てみましょう。中学1年生にとってマスターが難しい代名詞の入れ替え練習です。[113]

## 24　I like him and he likes me.

A : **Do you** like **your father**?
B : Yes, **I do**. **I like him** and **he likes me**.
A : So **you** like each other.
B : That's right.

1
you
your brother

2
you
your mother

3
you
your sister

4
Nancy
you

5
your uncle
his wife

6
you
your cats

7
children
Santa Claus

8
these girls
their teacher

9
あなたが好きで，相手もあなたが好きな人をさがして会話を完成しよう。

『Talk and Talk Book 1』（正進社）

そのモデルダイアログを解説したプリントは，次のようなものです。[114]

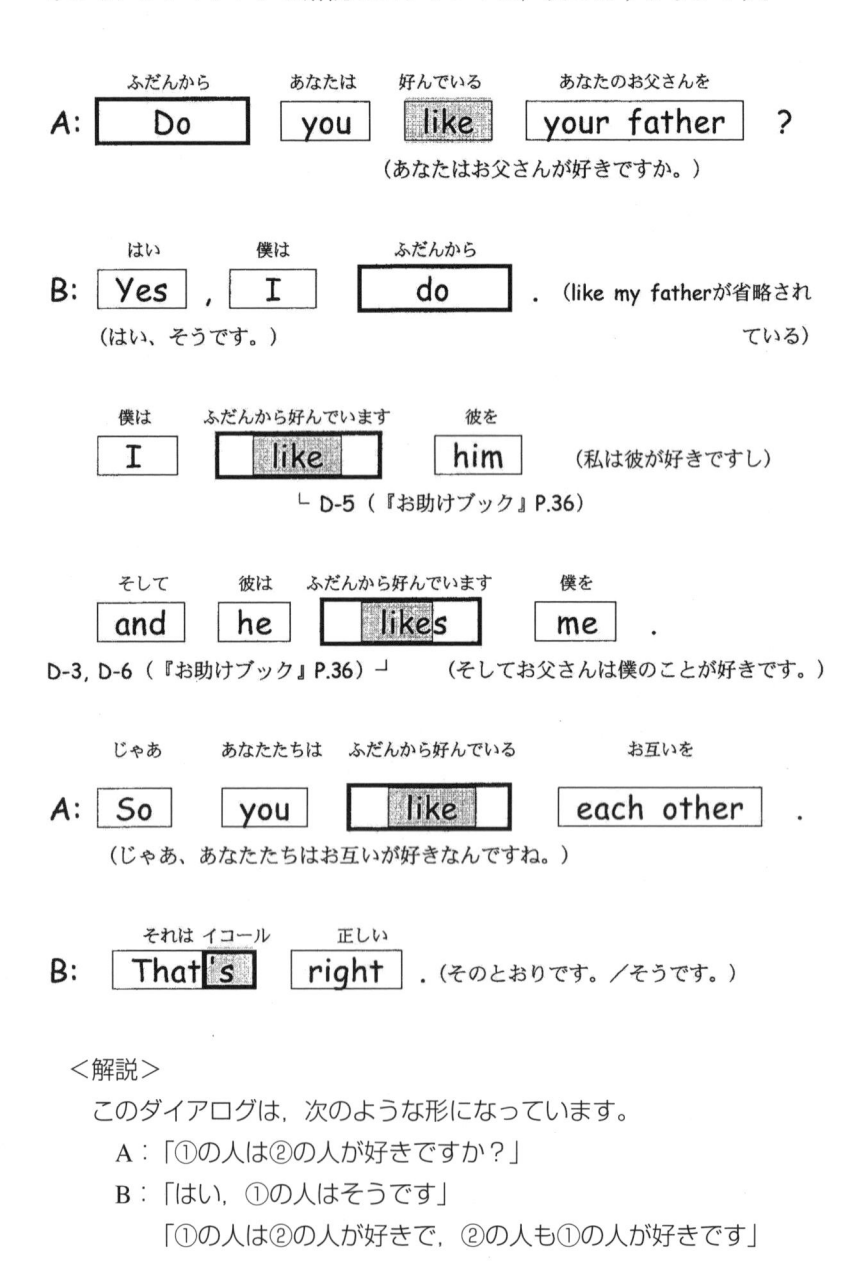

A: [Do]ふだんから [you]あなたは [like]好んでいる [your father]あなたのお父さんを ？
（あなたはお父さんが好きですか。）

B: [Yes]はい , [I]僕は [do]ふだんから . （like my fatherが省略されている）
（はい、そうです。）

[I]僕は [like]ふだんから好んでいます [him]彼を （私は彼が好きですし）
└ D-5（『お助けブック』P.36）

[and]そして [he]彼は [likes]ふだんから好んでいます [me]僕を .
D-3, D-6（『お助けブック』P.36）┘ （そしてお父さんは僕のことが好きです。）

A: [So]じゃあ [you]あなたたちは [like]ふだんから好んでいる [each other]お互いを .
（じゃあ、あなたたちはお互いが好きなんですね。）

B: [That's]それは イコール [right]正しい .（そのとおりです。／そうです。）

＜解説＞
　このダイアログは，次のような形になっています。
　　A：「①の人は②の人が好きですか？」
　　B：「はい，①の人はそうです」
　　　「①の人は②の人が好きで，②の人も①の人が好きです」

A：「じゃあ，あなたたち／彼（彼女）らはお互いが好きなのですね」
　　B：「そうです」
　このページが正確にできるようになるには，D-3 と代名詞ダンスを思い出さなければなりません。Talk and Talk Book 1 で一番難しいページです。頑張りましょう！

　この「解説」の中にある，「代名詞ダンス」とは，代名詞を体で覚えるために，田尻氏が考案したものです。基本形として，片手または両手で 1，2，3 人称を表します（両手が複数を意味しています）。

|  |  |  |
|---|---|---|
| I | You | He / She / It |
| We | You | They |

　これを使って，代名詞のダイアログを行います。例えば，本書 155 ページ Part 24 の 4 番の対話（以下）
　　A：Does Nancy like you?
　　B：Yes, she does. She likes me and I like her.
　　A：So, you like each other.
　　B：That's right.
は，次のように行います。

Does Nancy like　　　　you?　　　　Yes, she does.

She likes　　　　me and I like　　　　her.

So, you like each other.　　　　That's right.

　英語の対話が終わったあとは，意味確認のため，同じ内容を日本語でも行うことになっています。
　ところで，第2節「テストの決定」でも見ましたが，Talk and Talk の各 Part が全て正しく書けた時点で，生徒は認定票を受け取ることができます（p.34 参照）。この認定票を受け取った時点で初めて，その Part のインタビューテストを受けることが可能になります。制限時間とたたかいながらそのインタビューテストに合格すると，合格シールがもらえ，1学期の成績のうち2点を獲得できるというシステムです。
　このシステムで2点を獲得するためには，生徒たちのたくさんの努力と頑張りが必要です。1つの Part の英文を全て正しく書けて，制限時間内にインタビューテストに合格できるまでに，生徒は膨大な時間とエネルギーをかけて対話文の練習をすることになります（例えば，前掲の Part24 の場合，インタ

ビューテストに合格するまでに，3日〜1か月かかるそうです）。このようなTalk and Talk の使い方について，田尻氏は次のように述べています。[115]

　教科書だけやって力がつきますか？　ドリルが明らかに足りないでしょ。Talk and Talk をやってから教科書開いたら，できますよ，読めますよ。だから僕は先に Talk and Talk をやって，徹底的に鍛えるんです。そのためには，やり方を1か月かけてマスターさせないと，家庭学習しないでしょ。Talk and Talk なんて，授業で3問ぐらいしかやらない。あれは，家庭学習用に作ったから。Talk and Talk を違法コピーして授業で使う先生もいますけど，そんなんじゃ，力はつきませんよ。家でやらせないと。Talk and Talk は全員に持たせて，家で家庭学習で書くためのものなんです。

　モデルダイアログの練習としては，例えば「クラスを2つに分けて，AさんとBさんのパートを交互に言わせて終わり」という活動が行われることも少なくないと思いますが，田尻氏は，「それでは，明らかに練習不足で，力がつくわけがない」と断言します。「プリントによる説明→語彙の説明→授業で数問体験→『生徒が自宅で書く→誤りの指摘（の繰り返し）』→インタビューテストの練習→インタビューテストの本番（不合格の場合は，合格するまで練習をして再チャレンジ）」というシステムを確立し，それを成績に反映させることで，モデルダイアログという機械的ドリル練習に関しても，田尻氏は生徒のやる気を引き出し，それを英語力向上に結びつけているのです。

c　チェーンドリルの工夫：Talk and Talk その2

　チェーンドリルとは，Q&A をつないでいくドリル活動のことです。この活動も，モデルダイアログ同様，単調で退屈なものになりがちなのですが，田尻氏の工夫によって，創造的で楽しい活動へと生まれ変わります。その一番の例が，次の「たら・れば連想ゲーム」です。[116]

## 28 たら・れば連想ゲーム

If it **is** sunny, I **will** play tennis.
If I **play** tennis, I **will** be thirsty.
If I **am** thirsty, I **will** drink juice.
If I **drink** juice, I **will** feel refreshed.
If I **feel** refreshed, ...

1) 上の例を参考にして、自分で文を作ってつないでいきましょう。
   テーマは、「もしアメリカに住んでいたら…」です！

   If I live in America, _____.
   If _____.
   If _____.
   If _____.
   If _____.

2) グループを作り、みんなで協力して文を作ってつなげていきましょう。
   テーマは、「もしお金がたくさんあったら…」です！

   If I have a lot of money, _____.
   If _____.
   If _____.
   If _____.
   If _____.

『Talk and Talk Book 2』（正進社）

　このゲームで、「If A, B. → If B, C. → If C, D. というフォーマットで作文をしていくことにより、想像力を高め、さらにif節では原則としてwillは使わないということを視覚的に理解することができます」[117]。すなわち、「前の人が言った主節からwillを抜いてif節を作り、内容的に合う主節を作り上げる」ことが、各生徒に要求されているわけです。「内容的に合う主節を作る」段階で、創造性がさまざまな形で表れてきます。例を挙げます。[118]

　A：If I have a lot of money, I will buy a new house.
　B：If I buy a new house, I will have a home party every weekend.

C：If I have a home party every weekend, I will have more friends.
　　D：If I have more friends, I will lose money.
　これが終わったあとに,「隣の人が言ったことを言ってください」と指示を出せば,「自分の分だけではなくて,他の人の言ったことも記憶しておかなくてはならない」という課題が与えられます。
　　B：If I have a lot of money, I will buy a new house.
　　C：If I buy a new house, I will have a home party every weekend.
　　D：If I have a home party every weekend, I will have more friends.
　　A：If I have more friends, I will lose money.
　2個ずらし,3個ずらし,と続けていく中で,生徒たちは会話の全体像を捉えていきます。このような形で「たら・れば連想ゲーム」を行うことの意義について,田尻氏は次のように述べています。[119]

　　あのゲームの1つの目的は,「従属節の中ではwillを使ってはいけない」というのを視覚的に捉えさせる,ということがあります。もう1つの目的は,自分たちの思いついた文をつなげていく,ということで,想像力を働かせないといけないということがあります。そして一番大事な部分なんですけど,最後に出来上がったものを披露したら,「いいねえ。面白かったよ。じゃあ,次は,それを一人ずつずらして言ってごらん」と言ったときに,「ええっ…」と言います。案外意味を考えずに自分のパートだけ覚えてた子もいるんです。それを,ストーリーを思い出して,つなげていって英文にしないといけないので,そこで初めて全体の文の意味を考え始めます。そこが実は,一番大事な部分なんです。

「グループ内で,一番最後に言う人が『オチ』をつける」という課題が加わると,参加者の集中力もいっそう増すことになります。例を挙げます。[120]
　　A：If I have a lot of money, I will visit Europe.
　　B：If I visit Europe, I will go to Paris.
　　C：If I go to Paris, I will visit museums.
　　D：If I visit museums, I will study art.
　　E：If I study art, I will be impressed.

F： If I am impressed, I will buy works of art.
G： If I buy works of art, I will sell them in Japan.

集中力が高まるのは，会話を発表している生徒たちだけではありません。他の生徒たちも，なんとかオチを理解しようと，注意深く会話に耳を傾けますし，オチを作ろうと皆で協力します。

「たら・れば連想ゲーム」は，形のうえでは「『if 節に will を入れない』ことができるようにする，機械的なチェーンドリル」なのですが，田尻氏の上記の工夫によって，想像力をかきたてる刺激的で面白い活動になっています。

### d プラスワンの文を加える工夫：Talk and Talk その3

機械的ドリルの単調さを克服するもう1つの工夫について，田尻氏は次のように述べています。[121]

> 単純なパターン・プラクティスも，生徒にとって身近な題材を選び，最後にプラスワンの文をつけることによって命が吹き込まれる。例えば，Which is more …, A or B?　という文を練習するとき，みなさんは「…」の部分にどんな形容詞を入れられるだろうか？　famous, popular などは客観的な答えしか出てこないので，発展性がない。important, difficult, interesting, useful など，主観に基づく答えが出てくる形容詞を選ぶとよい。
>
> 次に，例えば，Which is more important, A or B?　の文のAとBに入れる語句を考える。このとき，個人によって判断や価値観の違いが出てくるものを選ぶと，生徒はプラスαの文をつけたくなってくる。このプラスαの部分で生徒の心が動く。

決められたやり取りだけで終わらずに，生徒がそこにもう一文加えたい気持ちになる状況を設定する工夫の大切さを主張しています。この考えの下に，例えば Talk and Talk Book 2 の 55 ページは，次のような内容になっています。[122]

第1章 英語教科固有の特徴

## 47 Which is more difficult, English or math?

A: Which is more **difficult**, **English** or **math**?
B: **Math** is more **difficult** than **English**.
　I'm poor at math.

● ペアになって，質問と答えの会話を完成しましょう。質問には自分のことを答えましょう。
できれば下線部のように1文をつけ加えましょう。

1 
famous
Kinkakuji
Ginkakuji

2 
important
money
a dream

3 
beautiful
the blue sky
the blue sea

4 
useful
a personal computer
a mobile phone

5 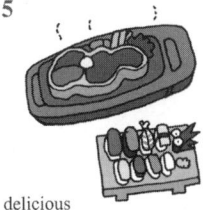
delicious
beef steak
*sushi*

6 
interesting
comic books
novels

7 
annoying
motorcycle gangs
mosquitoes

8 
convenient
a convenience store
a department store

9 
exciting
roller coasters
adventure movies

『Talk and Talk Book 2』（正進社）

163

Part47の1のfamousは,「famousが入っていないのはおかしい」という先生方の多くの声に配慮して入れたそうです。2や7で対話文を生徒たちに作らせたときのことについて,田尻氏はこう述べています。[123]

これは非常にcontroversialなトピックだったようで,盛り上がった。次々とペアで作った対話文を発表し,笑い声や「おぉー」という驚きや納得の声が上がった。一番うけたのは,ある男子ペアの対話である。なお,[　]は筆者の訂正,（　）は追加である。

　　A: Which is more important, money or a dream?
　　B: A dream is more important than money. My dream is to be a drug maker [pharmacist].
　　A: Why do you want to be a drug maker?
　　B: Because drug makers can get a lot of money.

「夢が大切」と言いながら,最後のオチは「金」である。また,次の話題も地域性が出てきて楽しかった。

　　A: Which are more annoying, motorcycle gangs or mosquitoes?
　　B: Mosquitoes are more annoying than motorcycle gangs. There aren't so many motorcycle gangs in Matsue, but there are a lot of mosquitoes.
　　A: I think motorcycle gangs are more annoying than mosquitoes. I can strike [swat] mosquitoes. But if I strike motorcycle gangs, they will strike me (back).

annoyingは教科書に出てこないが,生徒には身近な単語であり,意見を引き出すことができる。実際,My mother is more annoying than mosquitoes and motorcycle gangs. とか,My mother is the most annoying thing in the world. と言ったり書いたりした生徒がいた。

Which is more important, A or B? のAとBの選択について,田尻氏はこうも語っています。[124]

　　AとBに関してですけれども,「AとB, みんなだったらどんなことば

を入れる?」と考えさせることによって，involve していきます。出なくてもいいんです。でも，少し時間が経って，お互いに見合わせると，結構面白いのを考えてる子がいるんです。そこで，「ああ〜」とか「これ，面白いね」という感じで，お互いを評価するような雰囲気が出てきますので，「先生はこんなの用意したけど，どう?」と言います。先生はフィフティ・フィフティに分かれるものを用意してますけど，案外子どもが選んだことばのほうが面白いことがあるので，そういうときは差し替えて，やるようにしてます。

　実は，前掲の Talk and Talk Book 2 の入れ替え語彙は，生徒たちの発想に基づいて，できたものだそうです。[125]
　ところで，Talk and Talk の中に，「Word & Word」という次のような語彙リストが入っています。[126]

### Word & Word (2)

| # | 語 | 意味 |
|---|---|---|
| 1 | tall | 背が高い |
| 2 | short | 背が低い |
| 3 | big | 大きい |
| 4 | small | 小さい |
| 5 | great | すごい |
| 6 | young | 若い |
| 7 | old | 年をとった |
| 8 | poor | 貧しい |
| 9 | rich | 金持ちの |
| 10 | happy | 幸せな |
| 11 | beautiful | 美しい |
| 12 | pretty | きれいな，かわいい |
| 13 | kind | 親切な |
| 14 | busy | 忙しい |
| 15 | nice | すてきな |

『Talk and Talk Book 1』(正進社)

この語彙リストで取り上げられている語彙は,「自己表現に役立つイラストを使った単語」という位置づけがなされています。では,どのような形で,これらの語彙が自己表現に役立てられるのでしょうか。
　Word & Word の語彙リストは, Talk and Talk の各 Part とセットのような形で提示されています。例えば,前掲の形容詞は,

　　　〔Part 5：This is Tom Brown. He is a golfer.〕
　　　　This is **Tom Brown**.
　　　　He is a **golfer**.
　　　　He's from **America**.
　　　　He's **great**.

というモデルダイアログの隣のページに載せてあります。モデルダイアログの入れ替え部分のうち,最後の「great」に替わる単語の候補として挙げてあるのです。そのことによって,生徒はモデルダイアログの登場人物についての自分の主観的な印象を以下のように述べることができます。

　　　　This is **Mr. Tajiri**.
　　　　He is an **English teacher**.
　　　　He's from **Shimane**.
　　　　He's **great** ／ **handsome** ／ **popular** ／ **strict** ／ **friendly** ／ **cool** ／ **funny** ／ **busy** ／ **old** ….

　このような工夫を,田尻氏は「語彙を提示し,プラスαの表現を引き出す」工夫だと呼んでいます。機械的ドリルの中に自己表現できる部分を組み入れようとする試みだと考えられます。
　パンチゲームも Talk and Talk の中に散りばめられているさまざまな工夫も,「機械的ドリルのような基本練習を徹底的に行うことは,英語力をつけるのに必要不可欠だ」という考えの下に周到に開発されたものなのでしょう。そして,基本練習そのものを fun で challenging なものにしてしまうさまざまな工夫は,「英語を好きにさせることが大切[127]」との強い思いから生まれてきたものなのでしょう。まさに,「しっかりした計算」と「小さな工夫の積み重ね」によって, fun で challenging な機械的ドリルが構成されており,そこで培った英語の基礎力がその後の表現活動へとつながっているのです。

## 6　日記

　田尻氏が理想としている授業の要素の中に「既習事項を駆使して生徒が積極的に英語を使っている」[128]というものがあります。ライティングの指導の初期段階では，田尻氏は「日記」の活用によってこの要素の実現を目ざしているようです。日記の本格的活用は，中学2年生の1学期に始まるのですが，その理由について，田尻氏は以下のように述べています。[129]

　　2年で最初に扱う文法項目は，過去形です。不規則動詞の過去形に慣れてきたら，日記を書かせます。語学は「理解→習熟→応用」という流れがありますが，文法項目や語句，教科書本文の意味や構造などを教えただけでは定着しません。「理解」の段階でストップしているからです。また，単語テストや小テストだけでは，短期記憶で終わってしまいます。受動的学習よりも，能動的学習の中で覚えたもののほうが長く残ります。その意味で，日記は有効なのです。

　日記では，「今日は○○をした」という形で，生徒は「自分のしたこと」を記すことが多いのですが，これは見方を少し変えれば，「短い文の連続ではあるが，自己表現をしている」とも捉えられるでしょう。なぜなら，生徒たちが日記中の作文によって伝えようとしていることは，それを読む教師にとっては通常，未知の情報であるからです。別のことばで言うのなら，「インフォメーション・ギャップ」が存在しているとも言えるでしょう。このことによって，生徒には「日記を書きたい」そして「自分のしたことを先生に伝えたい」という思いが生じます。しかしながら，せっかく生徒が日記を書こうとしても，うまくいかないことが少なくありません。それを乗り越えるために，田尻氏が徹底しているのが，「語順指導」です。[130]

　　頭に浮かんだことを英文に直すためには，英語の語順を知らなければなりません。語順表と語句リストを渡してやれば，日記でもゴールデンウィークの予定でも書けるようになります。

語順指導については，既に詳しく見てきましたので，ここでは詳しく触れませんが，語順指導に基づいて，徐々に文を長くしていく過程について，田尻氏が述べている文を紹介しましょう。[131]

　２年はライティングを徹底的に行う学年です。１年で英語の語順を知り，２年で英語の語順を意識しながら英文をたくさん書いていくと，センスグループの意識が高まります。例えば，『だれ何が／は→どうする→だれ何を／に→どのように→どこ→いつ→なぜ』という SVO の構文を使って英文を書くとき，生徒には次のように考えながら英文を書くよう指導します。

　　　　『だれ何が／は』　→ I
　　　　『どうする』　　　→ study
　　　　『だれ何を／に』　→ English
　　　　『どのように』　　→ hard
　　　　『どこ』　　　　　→ in my room
　　　　『いつ』　　　　　→ every night
　　　　『なぜ』　　　　　→ because it's difficult

　このように，英語の語順表を見ながら，センスグループを当てはめていく方法で英文が書けることを知れば，生徒は英文を読むときも自然に文頭からセンスグループごとに意味を取る癖がつき，直読直解につながっていきます。…日記が書けるようになったら，感想を表す表現集を与え，事実＋感想という流れを作ります。さらに不定詞や接続詞を学習した時点で，２文を１文にする練習をしていきます。

〔２文を１文にする練習例〕
　　■ I went to Tokyo. I saw my uncle.
　　　→ I went to Tokyo to see my uncle.
　　■ He was in a hospital. He broke his leg.
　　　→ He was in a hospital because he broke his leg.
　　■ I gave him a book. He looked happy.
　　　→ When I gave him a book, he looked happy.

日記の中で生じる誤りへの対処は，主に「英語文法・重要表現カルタ」によってなされます。[132]

　細かいミスは，時間をかけて修正していきます。最初から完璧に書ける生徒などいません。要は，次回から気をつけることと，次回から間違えないためのヒントを与えることです。筆者は，生徒の間違いを分析し，典型的なミスを集めて一覧にして渡していましたので，生徒はそれを見ながらミスを修正していきました。教師が口頭で教えるより，ミス一覧などを見たほうが，生徒は「あ，そうか」とか，「分かった」という声を出します。このとき生徒は，能動的に理解しているのです。

「既習項目の活用」は，日記を書きやすくするもう1つの工夫としても取り入れられています。例を見てみましょう。中1の3学期に，田尻氏は「典型的な一日（My Typical Day）」という活動を行います。典型的な一日を語るのに必要な，副詞句や前置詞句の定着を図るためです。[133]

　まず，モデルを参考に自分の典型的な一日を紹介する文を書かせます（Talk and Talk Book 1, Part 30 参照）。次に，教師の添削を受けてから清書・暗記させます。それから ALT のところに行き，ALT の質問に英語で答えることで，自分の典型的な一日を語ります。2006年3学期に実施したテストでは，ALT が次の11の質問をしました。

1. What time do you usually get up?
2. What do you usually eat for breakfast?
3. What time do you leave home for school?
4. How do you come to school?
5. How long does it take you to get to school?
6. Are you sometimes late for school?
7. What do you usually do after school?
8. When do you study at home?
9. Where do you do your homework?

10. What time do you take a bath?
11. What time do you go to bed?

　これらの質問→回答を，制限時間（1分）を設けて行います。この活動を中1の3学期に行っておくことが，中2の1学期から始まる日記を書く作業へとつながっていきます。…2年生の最初の文法項目は過去形ですから，1年次にMy Typical Day（典型的な一日）をしっかりやっておけば，その動詞部分を過去形にするだけで日記が書けるようになります。

　このような工夫によって，「日記を書くこと」へのハードルを田尻氏は下げているのですが，ここで問題となるのは，生徒に日記を書かせる頻度です。「生徒が毎日継続して日記を書くことが一番力になるだろうな」という考えを多くの教師は共有していると思います。しかしながら，生徒が書いた日記をチェックすることを思うと，毎日書かせることにためらいを覚える教師も少なくないのが現状ではないでしょうか。このことに関しては，第2章第1節「自学システム」で詳しく述べますが，田尻氏には「生徒たちの毎日の努力には，どんなことがあっても寄り添って，きちんと対応すべきである」という強い信念があります。[134]

　日記は継続して書かせるとよいでしょう。忙しくて無理だなんて言わないで下さい。生徒の目に触れる「大人の努力」は，学校を変えます。そして自分たちのために頑張ってくれているという生徒の思いが，今度は先生方の心を充実させていきます。昨年度の私のALTは，毎日3年生の日記をチェックしていましたが，生徒はALTに頻繁に質問に来たり，ノートを返してもらうときに雑談をしたりしていました。そしてALTと生徒の間に信頼関係ができ，そのことが彼女を3年目の契約に向かわせました。

## 7　文章の指導

　田尻氏による語順指導が，ひと言で言えば「日本語で考えた書きたいことを，正しい英語にするためのステップ別指導」のようなものであることについては，既に述べました。このような「和文英訳」については，否定的な意見が数多く存在しています。例えば隈部（1996）は，「既習の英文を再生することが目的で行われる和文英訳では，本当の書く力を育てることにはつながらない」と主張しています。田尻氏は生徒に英作文を行わせるにあたって，日本語から英語に換えるプロセスを重視した指導をしています。となれば，田尻氏の実践もこの批判の対象になりそうなのですが，1つ大きな違いがあります。それは，田尻氏の生徒たちが「自分で書きたいこと・伝えたいこと」を，日本語から英語に換えようとしている点です。教師主導で「この文型を学んだから，これを使って何か英作文をしてみろ」というタイプのものとは，根本的に異なっているのです。「日本語を英語に訳すことは生徒には難しい」と感じているからこそ，語順指導を徹底的に行っていることについては既に述べましたが，その補助的援助の1つとして，田尻氏は「生徒の頭に浮かんだ日本語を，簡単な日本語に言い換える」方法をとっています。この方法について，岡・赤池・酒井（2004：124-125）は，次のように述べています。

　　英作文を指導するとき，もとの日本語を英語的な日本語（暗誦例文を使っている場合は，その例文の訳文に近い日本語）にし，それを英文に直す練習を定期的に行うと生徒の和文英訳能力が高まります。例えば，「トムはコンピュータに詳しい」という文を英訳するときに，教師は，生徒に直訳を試みるのではなく，英語にしやすい日本語「トムはコンピュータについてたくさん知っている」という日本語に一度直して考えると，英語らしい Tom knows a lot about computers. という表現にしやすいと指導します。

　この方法を援用し，田尻氏は，ある生徒の修学旅行新聞用の原稿の文章作成を支援しました。[135]

　　直訳を避けるためには，書きたい内容を箇条書きにする際，各項目を

10文字以内でまとめさせるとよい。ある女子が修学旅行新聞の下書きを書いているとき，「（京都清水寺にある「音羽の滝」と呼ばれる3本の滝のうち）真ん中は恋愛成就」を英語に直そうとして私に質問に来た。私が「語順一覧表のパターン①〜③のどれでいく？」と尋ねたところ，「一般動詞を使うと思いますので①でいきます」と答えた。以下は私（T）と彼女（S）のやり取りである。

T： だれが？
S： だれでもいいから you。
T： どうする？
S： will get
T： 何を？
S： a boyfriend
T： I don't want a boyfriend！
S： あ，or a girlfriend。
T： どのように？
S： どのようにはなし。
T： どこ？
S： ええっと，どこでもいいからなし。
T： いつ？
S： if …
T： だれが？
S： you
T： どうする？
S： drink
T： 何を？
S： water. Excuse me, Mr. Tajiri. How do you say "真ん中の"？
T： middle
S： How do you spell "middle?"
T： m-i-d-d-l-e.
S： Thank you. わかりました。

172

「簡単な日本語に言い換える」プロセスが、「こういう日本語にすれば、英語にしやすいぞ」という形で教師側から与えられるのではなく、「問答式であり語順指導のパターンに従っている」点が特徴的です。この指導の結果を、田尻氏は次のように報告しています。[136]

　このやり取りのあと、彼女が書いてきた英文はこのとおりである。

> ★Please drink water of Otowa no taki ★
> We had the optional field trip, when we went to Kiyomizu-dera. We saw Kyoto town on the Kiyomizu no butai. It was very wonderful. Kiyomizu-dera has Otowa no taki. You will get a boy friend or a girl friend if you drink water of the middle waterfall. You will live long if you drink water of the left side waterfall. You become smart if you drink water of the right side

　彼女は「真ん中は恋愛成就」を「真ん中の滝の水を飲むとボーイフレンドかガールフレンドができます」と言い換えて作文したわけである。彼女は中学2年の9月に「恋愛成就」、「長寿」、「学業成就」を中2レベルの英語で表した。未習の語は middle だけである。

　ある程度の長さの文章を英語で書かせるために必要なことに関して、田尻氏は次のように述べています。[137]

このように,授業は長期的展望を持って作っていきます。修学旅行新聞などを英語で書くことは,語順指導という演繹的な指導と,上記のような流れでたくさん英文を書くうちにやり方を覚えていくという帰納的な指導の両輪があってこそ,可能になっていくのです。

## 8　スピーチ

英語教育における「スピーチ」とは,「生徒が自分の考え等を原稿に書き,発表し,他の生徒がその内容を聞き取るという言語活動で,初級,中級,上級のどの段階においても,学習レベルに応じてそれなりに実施することが可能な活動（大下 1996：131）」です。田尻氏は,スピーチを中3の3学期の活動として行っています。その理由について,田尻氏は次のように述べています。[138]

「3年3学期は入試対策をしていて,他のことをやっている余裕はない」とおっしゃる先生,何ともったいない。それも必要ですが,一方で入学以来8学期間積み上げてきた努力が開花するのが最終学期です。それまで,人間関係で苦労し,自分を第三者的に見つめて悩み,進路で迷い,そして自分の行く道を決めて独り立ちしようとしている時期だからこそ,今まで胸にしまっておいた思いを友達に伝えて卒業したいという気持ちを心の片隅に抱いている生徒がたくさんいます。

つまり,3年間の総決算の自己表現活動として,スピーチ活動が取り入れられているのです。そのスピーチ活動のタイトルは,My Treasure で,生徒一人ひとりが自分が大切にしているものについて語る活動です。My Treasure を3年3学期で行うのは,以下のような理由からです。[139]

私は3年間の総まとめ活動として,スピーチをさせていました。タイトルは,My Treasure です。このスピーチを低学年でやると軽い内容のスピーチになりますが,3年でやると,心を打つスピーチがたくさん出てきます。

スピーチ活動では，かなりの長い英文を話さなければならないので，しっかりした準備が必要不可欠です。田尻氏は，スピーチ原稿作成から発表練習まで，以下の手順で指導していきます。[140]

### スピーチ指導の手順

＜スピーチ原稿の作り方＞
(1) 聞き手の心が動くような題材を取り上げ，先生に報告する。
(2) 枝分かれ図を書いたりマッピングをしたりして，書く内容をまとめる。枝分かれ図やマッピングのメモは，それぞれ10文字以内で書く。
(3) 起承転結／起転（展）結を意識して，話す項目の順番を決める。
(4) 『語順一覧表』を見て，それぞれの文をどの文型（1-A～3-B）で表すかを決定する。
(5) 自学帳に下書きをして提出する。英文がどうしても作れないときは，友達や先生と相談しながら共同作業をしていく。毎日最低2文は書こう。
(6) 自学ボックスから自学帳を取り，間違ったところを『自己表現お助けブック』で確認する。
(7) どこをどう間違ったか，どうすればそのミスを防げるかなどについて考え，もう一度書き直して再提出する。手元には常に『自己表現お助けブック』を置いておこう。
(8) 全ての文を正しく書き，先生からOKが出たら，Category D ノートなどに清書する。

＜発表の仕方＞
(1) スピーチを清書したものをコピーしてもらい，「これを読めば聞いている人は意味が分かるだろう」という語（名詞・動詞・形容詞など）をさがし，○で囲む。
　　〔例〕This is a watch that my father gave me for my birthday. という文では，watch, father, gave, birthday が聞こえれば意味が伝わるので，その4語を○で囲む。

(2) それを先生のところへ持っていき，チェックしてもらう。
(3) 読み方をさらに知りたい人は MD を持っていき，先生や ALT の先生に範読を録音してもらう。
(4) (1)で囲んだ語句を強くゆっくりと読み，それ以外を弱く読む練習をする。または録音してもらった MD に合わせてシャドーイングをする。
(5) 一文一文を意味をかみしめながら，100 回音読する。
(6) 話の流れを確認しながら，Read and Look Up をする。
(7) 暗記できたら，放課後や朝，先生を呼んで英語教室でリハーサルを行う。
(8) スピーチは暗唱大会ではなく，聞き手にメッセージを送るためのもの。聞き手に分かってもらえるよう，教卓の後ろに立って聴衆に話しかけるような読み方を練習する。
(9) 「ここは難しいかもしれない」と思う箇所があったら，ジェスチャーを使ったり簡単な語句やすでに学習した表現に置き換えて説明する。日本語を使うことはなるべく避ける。
　　〔例〕I took part in the *ekiden* marathon. "Took part in" means to "appeared in" or "ran" in this case.
(10) 途中で，聴衆に対して 1 つ質問を投げかける。決して難しい質問はせず，簡単な質問でよいので，聴衆の反応を得ると，さらにスピーチを集中して聞いてもらえる。
(11) アイコンタクトを大切に。教室の右後ろ→左後ろ→左前→真ん中→右前→また最初に戻って右後ろ→…というふうに，常にみんなと目を合わせながら話をする。胸を張って堂々と話し，みんなが引き込まれるようなスピーチをしよう。
(12) アイコンタクトが取れるようになったら，最後は道具などを持って，本番と同じようにスピーチをしてみよう。では，頑張ってください！

スピーチの発表練習は，3〜4人のグループで行われます。スピーチ発表の本番は，一日1〜2人のペースで，原稿が完成した生徒たち（通常 fast learners が多い）から順番に行っていきます。[141]

Fast learners は下書きを完成するのが早いので，最初の頃は英語が得意な生徒がスピーチを行います。それらを参考にしてさらによいものを作りたいという意欲を出してくれる生徒がいるからです。また，練りに練って大作を作っている生徒は，どうしても発表するのがあとのほうになります。ですから，私の生徒の場合，出席簿順ではなく，清書を完成した生徒からスピーチを行いました。

　生徒の英語力そして学習スタイルに配慮した，順番の決め方になっています。生徒のグループ分けに関してですが，田尻氏は，「いろいろな生徒が混在する」ことを重視しているようです。「習熟度別のクラス分け」についての，田尻氏の以下のことばにも，それが表れています。[142]

　　一方，習熟度を考える場合，例えば，僕の授業は中嶋先生にいろいろ教えてもらって，ペアあるいはグループというものをすごく生かすようにしているので，子どもたちの関わり合いというのが授業の中で大きな活力になってくるのです。それは，英語が苦手な子の面倒を得意な子が見てくれたり，あるいは，それ以外の関わり方もあります。その関わり合いで非常にみんながそれぞれの特徴を出して，お互いに違いを知ることでさらに盛り上がっていくんですね。その意味では習熟度のようにあまり同じような集団がそろってしまうと，違いが出てこなくておもしろくなくなってしまうことがあります。
　　それと，教え合いをするときに，分かっている子が分からない子に教えるときに，すごく人間関係がよくなっていくんです。これは中嶋先生に教わったんですが，ペア学習では答えを教えちゃ駄目なんです。ヒントを与えることで，教えるほうも教えられるほうも頭を使うようになります。そこでお互いの工夫と努力が出てくるようになる。だから，分かったときに2人で大喜びをしますね。抱き合ったり，握手をしたり，立ち上がってガッツポーズをしたり。そのような意味で，ダイナミクスという点が習熟度には欠けているかもしれませんね。

　では，いろいろな生徒が混在するグループ内で，生徒たちはどのような練習

を行っているのでしょうか。田尻実践でのスピーチ活動では，次のようなインターアクションが，生徒間で見られます。[143]

> スピーチ練習は3～4人でチームを組ませ，協力してやらせます。スピーチが終わった生徒は厳しい指導者になります。スピーチをしながらアイコンタクトを取る練習，小道具などを使う練習では，チームメートから細かいチェックが入ります。それから教師のところに来てリハーサルをするのですが，そういうプロセスを経てチームの誰かがスピーチの本番を迎えたときは，そのチームのメンバーが自分のことのように緊張しています。そして，見事スピーチを成し遂げた友達が自席に戻ってきたとき，チームメートやクラスメートがその労をねぎらうようになります。スピーチはクラス運営に一役買う活動だと思います。

生徒間で生じる一体感について，田尻氏は次のようにも述べています。[144]

> 練習会場の視聴覚教室には，毎朝早くからスピーチ練習のために生徒が何人も来ていたのだが，後半になると既にスピーチを終えたリーダーたちが，パートナーにつきあって練習に姿を現すようになった。彼らは先生そのもので，話し方，視線の持っていき方，ジェスチャー，発音，ピッチやストレスなどを細かく指導し，パートナーはそれを言われたとおりにしようとする。下書きを作成する段階で，リーダーたちが一生懸命手伝ってくれたので，恩を感じているのである。
> こうして，朝の視聴覚教室には必死さと応援する気持ちが充満していた。教師（私）も簡単には合格にしないので，面倒見のいい級友たちが毎日放課後残って late developer たちを鍛える。私に「最低 100 回は音読しないことには自分のものにならない」などと厳しいことを言われ，支えてくれる友人のためにも頑張らないといけないと思い，次々とスピーチをしていくクラスメートに焦りを感じ，こうして，緊張感がみなぎる練習が進んでいく。

このような生徒同士の協力の産物として出来上がったスピーチは，どのよう

なものなのでしょうか。ある生徒のスピーチを，田尻氏は次のように紹介しています。[145]

　A男は最初，東京タワーでおばさんに買ってもらった東京タワーのミニチュアの話をする予定にしていた。だが，いつになっても私のところに練習に来ない。ALTにチェックしてもらったあとは，自分だけで練習していたのであった。案の定，リハーサルではしどろもどろで，私は手順を無視したことを一喝した。彼は実に優しい男である。給食の片づけが完全でなく，かごや缶が残っていると，当番でなくても，誰も見ていなくても，無言で持っていってくれる男だった。親とケンカして飛び出たクラスメートに出会い，缶ジュースを飲みながら説得し，家庭に連絡してくれるような男だった。毎朝5時に起き，スイミングスクールに通っていた彼だったので，それに関連したことを話せと，私が半ば強引に内容変更を指示したところ，彼は涙をぽろぽろとこぼし始めた。いろいろな思いが頭の中を駆けめぐり，彼は嗚咽した。…全員をして「感動した」と言わしめたA男のスピーチは次のような内容であった。

　　Now let me show you my treasure and talk about it. My treasure is these water swimming goggles. When I was a first year student at secondary school, these swimming goggles were given to me by my swimming companion. I used them for the first time in Shimane Prefecture Swimming Competition.

　　However, my goggles came off as soon as I dived in the swimming pool. I was not able to swim so well. I swam 200 meters without goggles. At that time my summer ended and I kept crying. And I decided to become good at swimming. So I practiced swimming very hard. I often practiced swimming early in the morning.

　　The next year, I was able to go to Chugoku District Swimming Competition. I was very happy, but I kept thinking about my school life. After school my friends went to each club, but my club didn't become active. When I finished my swimming practice at the swimming school, I didn't have any friends to go home with. So I didn't know what to talk about when I was talking with my friends in the classroom. And I didn't like my school life.

　　　　But you were always kind to me. So I became aware that I don't need to worry. Now I have two treasures. These goggles gave me a good chance to make myself swim well. But if I didn't belong to this class, I would not go to school. So, Class 3-9 is my another treasure. Thank you.

　スピーチ活動では、「発表の生徒が苦労して原稿を作って発表しても、それを他の生徒が聞かない（大下1996：131-32）」という問題が生じることが少なくないのですが、田尻実践では、そのような現象は生じていません。クラスメートのスピーチを聞く他の生徒たちは、以下のような態度で各スピーチに臨んでいます。[146]

　　　授業では毎日一人ずつスピーチをさせたのだが、スピーチの最中に感極まって涙を流す者がいた。また、たくさん練習したにもかかわらずホワイトアウトしてしまい、翌日再チャレンジし、見事成功して自席に戻って涙を流す生徒などもいた。お互い苦労してスピーチを完成させたことを知っているので、スピーチが始まると、一切私語や物音はしなくなり、スピーチが終わると毎日温かい拍手がわき起こった。

　他の生徒たちには、聞いたスピーチの内容に踏み込んだコメントを書くことが求められます。例えば、前掲のゴーグルについてのスピーチを聞いたある生徒は、次のようなコメントを書きました。[147]

　　　Your speech was very good! You got a nice goggle. I knew you practiced swimming early in the morning almost everyday. So when I knew you could go to Chugoku Competition. I'm surprised and glad! Please take care of your treasures.（原文のまま）

　他の生徒たちが、聞いたスピーチの内容に踏み込んだコメントを書くことの意義について、田尻氏は次のように述べています。[148]

聞き手は，スピーチのあとで内容に踏み込んだコメントを書かないといけないし，そこを私が見て回るので，一生懸命聞く。その意味で，スピーチ活動は，準備段階では話し手を育て，本番では聞き手を育てる活動である。最後に確認として，その日のスピーチ原稿を全員に配布する。

この聞き手の役割について，田尻氏は，英語学習過程の観点から，以下のように説明しています。[149]

　私は英語学習の過程を以下の4つに分けています。
　　　Category A：意味・構造理解
　　　Category B：暗記
　　　Category C：入れ替え練習
　　　Category D：応用
　お分かりのように，下へ行くほどレベルの高い活動になります。英語の文や語句の意味・構造を理解し，それらを暗記し，覚えた文の一部を別の語句に替えて新しい文を作る，というのが Category A 〜 C の活動です。Category D は「初めて読む英文が理解できる」，「初めて聞く英文が理解できる」，「頭の中にある考えや思いを英語で言える，書ける」，という4技能の活動を示します。我々は生徒が Category D の活動ができるよう，生徒と共に努力を重ねていくべきなのですが，授業では Category C に属するパターン・プラクティスで終わっている場合があります。
　スピーチは，下書きをしている段階では Category D の活動になりますが，発表当日は，Category B の活動です。つまり，スピーカーがやっていることはレベルの高い活動ではないのです。むしろ，聞き手がそのスピーチを理解することが Category D の活動です。そして，「スピーチの内容に踏み込んだ感想やコメントが書ける」ということがスピーチ活動の最も大切な部分だと思います。

スピーチの内容をしっかりと理解しようという気持ち，同じような苦労を経てきたクラスメートへの共感，クラスメートについての理解の深まり等が，スピーチ発表中に感じられ，そしてそれが発表者にコメントを書くという形で伝

えられます。このプロセスについて，田尻氏は次のように述べています。[150]

> スピーチのあとには5分間で全員に英語で感想を書かせた。個別指導をしながら定番表現を紹介していくので，日に日にうまくなっていくのが分かる。また，お互い苦労を乗り越えた経験をしているので，非難や中傷はまったくなく，どの生徒も温かいメッセージを書く。一生懸命に取り組んだからこそ，成し遂げた感激がある。そして努力を評価してくれたコメントをクラス全員が渡してくれる。この喜びを全員に味わわせた。

他の生徒のスピーチをきちんと聞かせる方法として，各スピーチの「採点」を生徒同士でやらせる，という方法がありますが，田尻氏はこの方法には懐疑的です。[151]

> スピーカーの発音や声の大きさ，話し方などを聞き手である生徒に採点させることは，教育的であるとは思えません。プレッシャーのかかる中でみんなの前に立つ生徒が，自信を持ってスピーチできるようにするのが教師の仕事であり，目の前の観衆が心の中で応援してくれているんだと思ってこそ，生徒の心がつながっていくと思います。

では，田尻氏は，スピーチ活動での生徒のパフォーマンスをどのように評価しているのでしょうか。この点について，田尻氏はこう述べています。[152]

> スピーチの評価に関しては，内容，態度，発音，声の大きさなどでは評価しない。それらは練習段階で教師が指導するものであり，教師と生徒，あるいは生徒同士が苦労し，協力して準備したものであるので，減点法で評価することは私も生徒も好まないからである。また，リハーサルの段階で，英文をすらすらと言えるだけでなく，意味を分かったうえで聴衆に語りかける口調でできなければさらに練習を課すので，本番を迎えたときはかなりのレベルに達している。したがって，本番を迎えた時点で満点を与えるようにしている。

第2節「テストの決定」でも挙げましたが，「指導あっての評価，生徒を伸ばすための授業（髙橋2007：119）」という田尻氏のこだわりが，スピーチの評価法にも反映されています。

中学3年間の英語学習の集大成としてなされたスピーチですが，田尻氏によれば生徒たちはとても肯定的な捉え方をしています。[153]

> 生徒はスピーチを終えると大きな達成感を持ち，卒業時のアンケート調査でもスピーチは「印象に残る活動」部門で1位を占める。そして，「苦労したけどやってよかった」，「感動した」，「力がついた」，「先生や友達のコメントが嬉しかった」，などの感想を寄せる。

これらのメッセージからは，「何か大きなハードルを乗り越えた」というような，生徒たちの自信に満ちた声が聞こえてくるようです。田尻氏は，「今の教育に一番欠けているのは何なのか」という問いに，「乗り越えさせることやないかと思います」[154] と答えています。スピーチ活動は，そんな田尻氏から，3年間の英語学習の総決算として，最後に贈られた試練そしてプレゼントなのかもしれません。

## 9　文型導入と文法説明

文型導入と文法説明の違いについて，川口・横溝（2005：28）は，次のように説明しています。

> 文型導入：授業で何か新しいものを扱うときに，それを学習者に提示し，イメージをつかませること
> 文法説明：「つかんだイメージのルールはこうなっているんですよ」と伝えること

「文型のイメージをつかませる」とは，「その文型を使って表現できるものは何か，つまりその文型の概念や機能を理解させること」を意味します。このプロセスなしにいきなり文法説明に入り，そのまま練習に移行したりすると，

「この説明や練習は何のために行っているのか」という混乱が生徒に生じます。「ある文法項目を扱う際，練習問題，コミュニケーション活動に進む前にまず，そのイメージを学習者にしっかりと納得させよう（足立2009：66-67)」という試みは，田尻実践でも見られます。では，具体的にはどのような形で文型導入が行われているのでしょうか。

　田尻実践での文法導入は，「文脈・場面の中で提示して，そのことを英語で伝えるためには，この文型を使うんだ」という形でなされることが多いです。このことについて，田尻氏はこう語っています。[155]

　　　僕の授業では，教科書を開いて，初めてキーセンテンスが出てきたときに，なんで今頃これが出てくるの？　っていう状態を作っています。だから，ほとんどの先生方が，教科書を開いて「今日は『have+ 過去分詞』をやります」って言ったときには，子どもは普通まったく見たことも経験したこともないものをやりますよね。僕はその場合は，開いて今日のキーセンテンスをやるときに「これは今までずっと2年間使ってきたじゃん」「あっ，あれか」という状態を作るよう心がけているので。

「これまでずっと使ってきた状態」を作り出すために田尻氏が一番重視しているのが，クラスルームイングリッシュです。[156]

　　　クラスルームイングリッシュで実践的なコミュニケーションをすると，その場面で本当に気持ちを持って使いますから。子どもたちはすごく勉強になるって言います。…実は子どもたちが一番英語をマスターするのは，クラスルームイングリッシュなんですよ。教科書なんかで1ページずつ重要表現が出てきますよね。でもあれをやると，前にやったことを完璧に忘れてしまいますよね。ある構文を導入して，それを展開して，それから本文に入ってというのが一般的な流れなんですけども。じゃあ，「この構文はそれからどうなった？」っていうと，それは教科書に出てきてないからやっていませんっていうのがほとんどで。

　　　例えば，「would like to」だったら，「would like to」っていうのは教科書には1回か2回しか出ないんです。でも入試では「want to」の比較で

出たりする。だから「would like to」は是非覚えてほしい表現。だからどうするかというと，普段から使わせるしかないんですよね。普段から使わせる場面を設定してあげる。そのために，クラスルームイングリッシュでどう使うかということを常に考えているので。

クラスルームイングリッシュによる「重要表現の刷り込み」について，田尻氏は以下のように説明しています。[157]

授業中生徒が教師に話しかけるとき頻繁に使う表現は，「〜してもいいですか？」や「〜するんですか？」，「〜と思います」などである。これらはいずれも中2で学習する表現であるが，私はその時期まで待つ必要はないと考えている。生徒が必要としたときにタイムリーに導入し，毎日のように使うことによって慣れさせ，教科書に出てきたときにはある程度習熟しているというほうが，初めて習った日に集中的に練習して終わりというよりは，はるかに効果的である。この授業までに30種類程度のクラスルームイングリッシュを導入していたが，以下はその一部であり，1年1学期に導入した。

（場面1）
　アルファベットをなるべく速く書く練習をしているとき
　　生徒：終わった！　→　I have finished.（現在完了・完了）
（場面2）
　What's this? It's ….を練習しているとき
　　教師：What's this?
　　生徒：It's a pen.
　　教師：Are you sure?
　　生徒：I think it's a pen.（複文）
（場面3）
　タイム競争などで
　　生徒：May I use a timer?（許可を求める）
　　教師：Yes.／OK.

現在完了は日本人英語学習者にとって感覚的に捉えにくいし，マスターしにくい表現であるので，上記のように1年の1学期にアルファベットを書く練習をする際に導入する。そして，それ以降何かの活動を終えたときI have finished.（ペアやグループ活動ではWe have finished.）と言う習慣を身につけておくと，2年や3年の教科書のターゲット・センテンスとして出てきたときに，なじみのある表現になっている。

　I think は教師のサイドでは「複文」として捉え，教科書でも1年で取り上げることはまずない。しかし生徒にとっては，上述の場面2を例にとると，It's a pen. という答えに自信がないとき，その前にI think をつけて言っているに過ぎない。つまり，1年生にとってI think は Maybe と大差がないのである。生徒が答えたあとに Are you sure? と教師が質問し，生徒は I think（I'm afraid）か I'm sure をつけて答えるということを繰り返せば，いずれの表現も時間が経てばマスターしているはずである。

　また，場面3のように，May I ～? も同じく生徒にとってはよく使う定番表現の1つである。私は英語教室を確保しており，そこで授業を行うが，1年生は忘れ物が多い。したがって次のような表現を1年1学期に導入して, 毎日のように使わせている。Excuse me, Mr. Tajiri. I forgot my ～ in my classroom, so may I go to get it? これらの文を導入し板書する際は，その文の前に（会）と書く。これは「英会話用表現」という意味で，このマークがついていると生徒はノートのうしろのページにメモをする。そして，これらの表現が必要なときに，ノートを開いて見て使い，使ううちに覚えていくという仕組みである。

　このような田尻氏の文型導入について，髙橋（2007：90-91）は，次のように述べています。

　　教師のコントロールの下に行うドリル的学習活動（今学習している特定の言語材料を使用する「限定的な言語活動」）とは異なり，自分の気持ちや意見を英語で述べるなど，生徒が既習事項を総動員して主体的に取り組むクリエイティブな「総合的コミュニケーション活動」を行わせると，教科書の既習事項だけではカバーしきれない場面にしばしば遭遇することと

なる。「だから，クリエイティブな活動は無理なのだ」，と教師が諦めてしまえばそれまでで，生徒の伸びる芽を摘んでしまうことになる。生徒が是非とも伝えたい内容を持ちながらも，それを表現できないもどかしさを感じたそのときこそが，ことばの学習と習得へのベスト・タイミングなのだ。強い表現ニーズがあるがゆえに自ら求めて生徒はそれを吸収する。自ら欲した表現であるがゆえに定着率も高いのである。

　…田尻先生の指導もこれと全く同じで，目標文として教科書に出てくるまで待つのではなく，「生徒が必要としたときにタイムリーに導入し，毎日のように使うことによって慣れさせ」，「教科書に出てきたときにはある程度習熟している」という状態を作り出すための「伏線指導」と言える。

　…自由度の高い活動を与え，その中で生徒たちに共通して出てくる表現ニーズを捉えて行う「伏線指導」を推奨したい。ことばは何度も繰り返し触れ，伝達のために何度も繰り返し使うスパイラルな過程の中で習得されるものである。習ったその日に集中的に練習して，あとは「また逢う日まで…」では身にはつかない。

　文型・文法事項の学年指定が学習指導要領から撤廃された現在，文型導入の時期は，各英語教師の裁量に任されているはずです。田尻氏は，この撤廃措置よりもずっと以前から，「必要なときに必要なものを」という文型導入を，3年間を見据えて計画的に行ってきています。

　このように，田尻氏による英語教育実践では，クラスルームイングリッシュによる文型導入が多く行われます。その一方で，多大な時間をかけた文型導入には懐疑的です。[158]

　　導入で無駄な時間を割かない。導入に凝っていっぱい道具を使っていっぱい劇をして，「それって何やろう？」と思う。それで生徒は覚えるの？それよりも習熟，応用が大事じゃないですか。導入で無駄な時間，使わないほうがいい。内容をマスターさせるための時間を作らないかん。

　さて，クラスルームイングリッシュの活用によって，文型のイメージ化を実現したあとは，文法の説明が行われます。田尻氏による文法説明の中で，おそ

らく一番有名なのが「桃太郎」です。3人称単数の平叙文と疑問文の変換ルール，そして命令文の作り方についての文法説明が，桃太郎の話に乗せてなされるのですが，ここで重要なのが，田尻氏の軽妙なトークです。講談や漫談のプロのような語りで，面白おかしく絶妙な味付けが物語になされています。文面でその醍醐味を伝えることはとても難しいのすが，2007年1月29日に行われた田尻氏へのインタビューの中での語りを，そのまま文字化してみます。[159]

　ここに書いた「Tom plays tennis every day.」は，英語の語順「1-A」の『だれ何が／は⇒どうする⇒だれ何を／に⇒どのように⇒どこ⇒いつ⇒なぜ』の，「どのように」と「どこ」と「なぜ」がない形です。「Tom plays tennis every day.」の中の，動詞の「play」が桃太郎さんだと思ってください。それから「Tom」が鬼です。この文全体が鬼ヶ島です。鬼ヶ島へ，桃太郎の「play」君は，鬼の「Tom」をやっつけにきました。でも今の状態だと裸でやられてしまうので，何か防具を着ないといけません。桃太郎は防具を買いに行きました。お金は50両ほど持っていましたが，2種類あった防具が両方とも50両ずつだったので，どちらか1つしか買えません。1つは「胴（do）」で，もう1つは「胴のエクストラスペシャル（does）」です。さてTomという鬼にきく道具は「do」かな，胴のエクストラスペシャルである「does」かな，どっちでしょう，と考えてみました。「あ，そうだ，パンチゲームで『He does』『Tom does』とやっていたな」と桃太郎は思い出し，「does」を買って着ました。着てみると，胴の一部「s」が見えてしまいました。

　鬼の「Tom」は桃太郎に襲いかかりますが，切っても切っても切れません。困った鬼は「おや，なんか見えたぞ。こいつは防具の「does」を着ているぞ」ということに気づきました。そこで，鬼の「Tom」は，作戦を練ります。「よし。桃太郎さん，ちょっと休戦協定を結びましょう。しばらく休憩をして，それからまた潔く戦いましょう」っていうふうに「Tom」が言ったので，「play」は「よし，わかった。男に二言はないぞ」って約束をして，防具を脱いでしまいました。そしたらその防具を鬼の「Tom」はすかさず取って，後ろに隠してしまいます。だまされてしまった桃太郎。「しまった，取られてしまった！　返せ！」って言っても，鬼は返し

ません。危うし桃太郎，生き残れるかどうか？（ピリオドをクエスチョン・マークに換えて）疑問文！　これが疑問文です。鬼の後ろに行った「does」の「d」が大文字になって，「Does Tom play tennis every day?」っていう文ができます。

　今度は，鬼が「you」とタッチ交代しました。そうしたら今度は（パンチゲームを思い出して）「does」ではなく「you do」だから，桃太郎は今度は「do」という防具を着ます。「do」という防具は，着ても，その一部が見えるようなことはありませんでした。これも同じように鬼にだまされて前に出すと「Do you play tennis every day?」となります。

　さて鬼と桃太郎が戦って，どっちが勝ったでしょう？　当然，桃太郎が勝たなければストーリーが成り立たない。こうなってくると，桃太郎は暑苦しい防具を着る必要はないから，防具を脱いでしまいます。ああ，暑かった，大変だった。でも桃太郎が勝って，鬼ヶ島が平和になってよかったね。島民たちは諸手を上げて喜んでいます。桃太郎さんありがとう！

　さて，これから桃太郎はどうなるでしょう？　①ふるさとに帰っておじいさんおばあさんと仲良く楽しく暮らした。②島に残って島の人々と仲良く暮らした。③島に残って，島の支配者になった。さて，どれでしょう？正解は③番，支配者になりました。もう彼は鬼がいなくなったことをいいことに，今度は島の人たちに命令を始めました。「Play tennis every day.」毎日「テニスをしろ！」，これを専門用語で命令文といいます。つまり命令文は主語がなくなって「do」や「does」をはずした原形動詞で始まるのを命令文といいます。これを桃太郎・鬼ヶ島支配説といいます。

　お粗末でございました。

このような桃太郎による文法説明ですが，このような説明を急に始めても，生徒たちは「何でこんな話が始まったのか」当惑してしまいます。そんな事態を避けるために，田尻氏は自作自演のビデオを用意しています。[160]

僕が自分で撮ったビデオを見せるんですよ。1年3学期の最後のほうで。そのビデオには，インスタントうどんをフォークですすっている僕が映ってます。風呂あがりで半纏を着た僕が，うどんをすすっていてむせていたり，ゴホゴホってしたりしてます。おまけに，顔を上げると，うどんの蒸気が上がってきて，メガネが曇ったりしてます。子どもたちは，そんなビデオを観て爆笑するんですよ。そこで「This is Goro. What does he do every night?」という質問を始めます。

|  |  |
|---|---|
| 田尻： | Goro does this every night. What does Goro do every night? |
| 生徒たち： | He eats ramen. |
| 田尻： | Ramen? No, he doesn't eat ramen every night. Do you want to see the video again? |
| 生徒たち： | Yes! |
| 田尻： | （ビデオを見せる） |
| 生徒たち： | Goro eats うどんだ！ |
| 田尻： | How does Goro eat udon every night? |
| 生徒たち： | With chopsticks. |
| 田尻： | No.（ビデオをもう一度見せる） |
| 生徒たち： | フォークだ！ |
| 田尻： | Goro eats udon with a fork every night. Where does Goro eat udon with a fork every night? |
| 生徒たち： | In his room. |
| 田尻： | Yes. Goro eats udon with a fork in his room every night. |

この文を提示したあとは，桃太郎の話ができます。

　ビデオを見せ，笑わせながら，だんだん話を膨らませていって，いつの間にか例文が出来上がっています。それを受けての桃太郎による文法説明ですので，生徒たちは戸惑うことなく，説明を受け入れることができるのです。
　とても楽しい桃太郎による文法説明ですが，「桃太郎と鬼の説明はどうして必要なのか？」「桃太郎の防具はかえって分かりにくいのではないか？」という質問がなされることがあります。この質問に対して，田尻氏は次のように答えています。[161]

桃太郎さんを出したり防具を出したり，そういうことばを出す必要は特にはないと思うんですけど，例えば，
　［場面その1］
　　生徒：（He play tennis. と書く）
　　田尻：（「あれ，ここ，s がないよ」と言う代わりに，）「桃太郎さん，防具なくて大丈夫？」
　　生徒：本当だ，s が抜けてた。
　［場面その2］
　　生徒：（Does he plays tennis? と書く）
　　田尻：（「あれ，ここ，s が余計だよ」と言う代わりに，）「桃太郎さんの防具は？」
　　生徒：Does です。
　　田尻：ということは，この s は？
　　生徒：ああ，もう前に出ていたから，いらないや。（s を消す）
　説明のときに，「間違ってるよ，ここが間違ってるよ」じゃなくて，「あれ，防具は？　桃太郎さんは？」というキューの代わりになりますので，そういう意味で使ってます。

　つまり，桃太郎を使った理由は「生徒の誤りへの対処のため」だったのです。「生徒自身に気づかせる」ことを重要視する田尻氏の教育哲学が，文法説明の場面でも反映されているのです。
　しかし「誤りを生徒に気づかせるキュー」であるとしても，もう1つ大きな疑問が残っています。それは，「3単現の s の説明をするのに，どうして桃太郎の話を選択したのか」という，根本的な問いです。そのことについて，田尻氏はこう語っています。[162]

　　昔，桃太郎を主人公としたコンピュータのゲームが流行ってたんですよ。それに合わせたんです。そのゲームは桃太郎が，おじいさんおばあさんから50両もらって，鬼ヶ島に鬼をやっつけに行くんです。で，おにぎりを1個買って，そのあと防具屋に行って，防具を1個買って出かけて，相手に勝つたびにお金が増えて，また，次の武器を買ったりするんだけ

ど，最初は防具は1個しか買えないんですよ。このゲームを見て，「ああ，なんかこれ似てるな」とか思ったんですよ。…で，doesを防具にみなして，動詞は桃太郎がまず防具を買って，「おお，うまいことできてるやーん。doって『どう』って読めるやん！」とかって思って（笑）。「剣道の『どう』やから，これ，着せればいいわ」，って思って。で，doの後ろにesって書いてありますよね，で，「doのうしろにes」っていうのをどう説明しようかなって。…剣道の『どう』（do）と，『どうのエクストラスペシャル（es）』とかいうことにしようと決めました。「しょうもないことばっか考えるな，このおっさん」とかいう反応もありましたが，「なんか，おもろいやろ？　分かりやすいやろ？」と聞くと，「分かりやすいことは分かりやすいね」と生徒は言ってくれました。

　桃太郎による文法説明は，なんとコンピュータのゲームからの思いつきだったのです。田尻氏の「豊かな遊び心」が，子どもたちにとって魅力的で理解しやすい教え方を生み出した好例として位置づけられるでしょう。「生徒にとって分かりやすい」という点へのこだわりは，田尻氏の実践全てに共通しているものだと思います。この点について，田尻氏はこう語っています。[163]

　「桃太郎」はやっぱし，子どもたちに3単元のsの説明をするときに，どうしても子どもたちが分かんなくて，それで「どう説明しようかな」って思ったことから始まりました。「なんでdoesが前に出てくるのかな。He plays tennis. がなんでDoes he play tennis？ になって，Doesが出てくるとsが消える，っていうのをどう説明してやろうかな？」って思ったときに，「あ，playの後ろに，doesっていうカードを隠して，こうやって見せて，sを見せれば，playsになって，それを前に出せばdoesが繰り上がってsが消えるって言えば，分かりやすいかな」って思ったんです。それで自分なりに「うそ臭くても，子どもが分かりやすければ，いいや」って思うようになりました。大学の先生たちは「理論というのは，しっかりと普遍的でなければならないし，原理原則っていうのは，やっぱり，あまねく皆さんが使えるものでなくてはならない」と言ってました。でも，僕にとっては，子どもが分かりやすいってことが第一です，常に。

「うそ臭くても、子どもが分かりやすければ、いいや」という意見は、英語教師としては、一見無責任な言動に思えるかもしれません。しかしながら、田尻氏による英語実践では、文法説明は、あくまでも「モヤモヤしたものをすっきりさせる」という位置づけで、その後の積極的なアウトプット活動を促すことに、その存在意義があるようです。[164]

> まず導入があって、そういうルールなんだ、と納得する。その後、学んだことを使いたいという気持ちがドンドン出てくるような状況を出す。そして、そこで起きてくる間違いとかに対して、「そう来たか！」っていう反応を繰り返してみる。そうしていると、「自分も言ってみようかな？」とか「（先生や他の生徒を）びっくりさせようかな」とか。生徒もそう思うんでしょうね。

生徒のアウトプット活動の重要性について、田尻氏はこう語っています。[165]

> 子どもたちの素朴な発想や無限の可能性は、アウトプットをさせないと見えません。今回の全国学力テスト（教育課程実施状況調査）の結果から、いかに先生方がインプットだけの授業をしていて、子どもたちのアウトプットを引き出していないかということが、そこからも分かると思うんですね。子どもたちはアウトプットすることで自分らしさを出してくるし、アウトプットで間違いが多ければ先生方も、ちょっとまずかったな、やり直しだなという反省も出てきますね。だからその意味で、子どもたちに与える一方ではなくて、子どもたちから何かを引き出して、それをヒントに次のステップを考えていくことで、子どもたちに対応した授業をすることができてくると思うんです。
>
> 教える一方の授業だと、生徒はフラストレーションがたまるか、やる気を失うかですよ。誰かと話をしていて、最悪なのは「反論する気にもならない」という場合。次に「反論したり意見を言いたいけれど、しゃべらせてもらえない」というパターン。一番いいのは、意見のやり取りができるケース。これを授業に当てはめてみると、生徒の気持ちが見えるんじゃないでしょうか。

生徒にアウトプットさせるもう1つの利点は，生徒と先生の会話が増えることです。教師の理想とするアウトプットなんて滅多に出ないから，なぜできないか，どうすればいいかを相談するようになるんです。子どもたちと一緒にやり直して，だんだんできるようになって，子どもたちも「できるようになってきたぞ」という実感を持つ。そのうち，「先生，ありがとうね，ずっと付き合ってくれて」と言ってくれるようになり，人間関係ができますよね。

　授業の中で子どもたちと共同で作業をしているんだ，ある同じ目標に向かって，先生も生徒も同じ方向を向いて一緒に努力しているんだという実感を，先生が味わってこそ，教室の中が心地良くなってきます。その意味で，先生は教える人，生徒は写す人というような構図ができ上がってしまっていると，英語学習の楽しさを味わえていないと思うんです。先生の温かさを感じるような，あるいは友達の発想の豊かさを知るということで，心がわくわくするような授業作りを目ざしていただくといいと思うんです。

　このように，田尻実践では，「output活動にどうつなげるか」という枠組みの中で，文型導入・文法説明が，誤りへの対処とともに，計画的に組織化されています。毎日の授業に追われていると忘れてしまいがちな「一つひとつの教室活動の意義や位置づけ」が，田尻氏の場合は，常にはっきりと頭の中で整理・把握されているようです。

文法説明を行う田尻氏

## 10　4技能の統合

　田尻氏は「4技能が有機的に結びついている」[166]ことを，授業の理想の要素の1つと考えているのですが，このことは，いわゆる「4技能の統合」と深い関わりがあります。4技能の統合とは，「4つの技能のバランスを考えて，教室の中で『この授業はスピーキングの練習』『次の授業はリスニング』というように，4つの技能を偏りなく伸ばしていくこと」ではありません。4技能の統合とは，「4つの技能を分けて練習していくのではなくて，4つの技能を伸ばす活動が1つの授業の中で組み合わさって出てくる形式」を指します（川口・横溝 2005：230）。その考えの根本にあるのは，「実生活でのコミュニケーションでは，技能同士がつながっているのが普通」という事実です。この点について，バーン（1984：130）はこう述べています。

　　実生活では，1つの技能はごく自然に次の技能へと移行していく。例えば，読むことは話すことにつながるし，その逆も起こる。簡単な例をあげてみると，新聞で求人の広告を読めば，それについて誰かと話し合うだろう。…あるいは電話をかけて，その仕事について問い合わせるかもしれない。その後，その仕事をしたいと申し込む手紙を書くかもしれないし，そうなれば誰かがその手紙を読んでさらに返事を書くということになる。このようにして「読む→話す（＋聞く）→書く→読む→書く」という関連が生まれてくる。つまり各種の言語技能の運用を含む一連の活動が成立するのである。

　4技能を統合した授業では，実生活のようなコミュニケーション活動に従事することになるので，学習者の動機づけが高まり，「それぞれの技能が相乗的に高められ，表現する形式や内容もより深まっていく（深澤2009：112）」と言われています。田尻実践では，英語学習のさまざまな段階で，いくつかの技能を統合する工夫がなされています。例えば，中学2年生の9月には，次のような活動を行っています。[167]

夏休み明け最初の活動は，Good Listener です。1 学期の終わりに作成し，夏休みに暗記してきた My Dream Trip を，9 月第 1 ～ 2 週に Read and Look up で全員が言えるようになったら，ペアで一方がその内容をメモしていきます。そして，そのあとで聞き手がメモを手がかりに相手の言ったことを英語で復活し，正しく理解できているかどうかを確認します。これが Good Listener という活動です。この活動は，information gap や discussion，debate など，相手の言ったことを聞き取って簡潔にメモをすることが必要とされる活動の布石になります。

　この活動では，スピーキングとリスニング，そして英語でメモを取る場合はライティングという 3 技能が統合されています。
　中学校での英語学習の楽しさを，田尻氏は「fun ／ interesting → fun ／ interesting ／ controversial ／ moving → fun ／ interesting ／ controversial ／ moving ／ logical」と発展的に捉えています。それに合わせて，3 年生に対しては，「心を揺さぶり，深く思考していくような授業」[168] が展開されます。そんな田尻氏の授業は，4 技能の統合の 1 つのカテゴリーである「内容中心」の授業だと捉えられそうです。内容中心の指導法について，深澤（2009：117）はこう説明しています。

　　これから求められる統合型の英語科授業として，英語で理解・表現する内容を中心とした学習者中心の指導法が考えられる。ここでいう内容とは，学校において英語以外の教科によって扱われる内容を想定する。伝統的な指導法や近年のタスク中心の指導法において，中心となるのは，言語技能の育成である。これに対して，内容中心の指導法とは，content-based language teaching，あるいは theme ／ topic-based language teaching などと呼ばれ，テーマを中心にしたもので，英語科授業の中で最初から現在完了のような言語材料について教えるのではなく，例えば世界の環境問題について学んでいくうちに，結果的に現在完了の用法を学ぶことを目標とするものである。つまり，主目的は，第 2 言語・外国語を用いて数学，理科，社会のような他教科の内容を理解・表現することであり，その過程で言語について自然な形で学ぶことは副次的な目標となる。

内容中心の授業は，具体的には以下のような形で実施されます（深澤 2009：117-118）。

　このような内容中心の英語科授業は，言語を言語学習以外の実際的な目標のために使うという意味で画期的である。特に，中・上級英語学習者にとっては，これまでの言語学習経験だけでなく，日常生活での知識や体験が生かされるため，内発的な動機づけを高めることにもつながるであろう。授業で使用している教科書題材との関連から，ある課の題材へのプレ・リーディングのための内容としても使えるほか，その課の題材内容を発展的に学習して，さらにそれらの内容をオーラル・プレゼンテーションやディベート，また賛成・反対意見の発表，ライティングにつなげたりすることもできる。

ここでとても重要なのが，どんな内容を授業のトピックとして選択するかということです。深澤（2009：118）は，その難しさについてこう述べています。

　ただし，教師側にとっては，英語の指導だけでなく，他教科の内容にもある程度の理解をもつことが求められるため，2つの教科の専門家になろうとすれば大きな負担となる。しかし，現在，学校で行われている協同授業（team-teaching）のスタイルを少し変更して，他教科の教師と英語教師による合同授業を構想すれば，それほど困難なことではないであろう。事実，英語教科書には非常に多様な題材が盛り込まれており，例えば，人種問題や環境問題などのグローバル課題についてより議論を深めてそれらを内容面から発展させようとすれば，他教科の教師との協力は不可欠のこととなる。理科や社会の教師で英語の得意な人がいれば，大いに協力してくれるであろう。

環境問題や人種問題などは，「総合的な学習の時間」で取り扱われることが，現行の学校制度では多いと思います。田尻氏は，総合学習をどうするかについての教員会議で，「その時間全部英語にください。全部総合的な学習でやらせていただきます。研究発表もしますからください」[169]と言ったことがあるそ

うです。「英語というのは得な教科で，どんなものでも英語でやれば，英語の授業になる」[170]と考えている田尻氏ですので，他教科の教師との協力は特に必要とせずに，自分自身でトピックを用意し，内容中心の授業を展開しています。例として，3年生3学期の授業のひとコマを見てみましょう。[171]

（自動販売機と女の子の絵を黒板に書く）
田尻： This is a vending machine of juice. You have some money. Some coins. Like this. You have some coins. You are very thirsty. You want to buy some, ah, you want to buy a juice. And you go to the vending machine to put some coins in. But you see a cute girl, pretty girl here. OK. She's holding a charity box. She's saying, "Please donate some money for, ah, people in trouble." So, in this case, in such a case, which would you put your coins in? Into the vending machine or into the charity box? This is today's topic.
生徒たち：ペア（ペアリーダーとペアパートナーの2名で構成）で，以下の活動を行う。
　①最初にペアリーダーが指定されたテーマに沿って90秒で出来るだけ多くの文を言う。
　②ペアパートナーがそれを簡単にメモする（日本語でも英語でもよい）。
　③90秒経過したら，パートナーはそのメモを手がかりにリーダーが言ったことを復唱・確認する。
　④攻守交替する。
田尻： （一人の生徒を指名する）
生徒A： I would, I would … I would, I want to buy juice. But I'm kind. I make con … tri … bu … tion 10 yen.
田尻： You wouldn't buy a juice. What would you do?
生徒A： I lend 10 yen with my friend.
田尻： （生徒Aが言いたかったことが I'd borrow 10 yen from my friend. であったことを確認して）Then the 10 yen is your

friend's money. It's not your donation!

生徒たち：（ワッと笑う）

田尻：　（以下の「インド地震」についての読み物教材を配布し，生徒に読ませ問題に答えさせる）

---

## Charity Projects

次の各項目について，簡単なメモを取りながら読んでいきましょう。

Question 1　いつどこで地震がありましたか？
Question 2　そのあとどんなボランティア活動が展開されましたか？
Question 3　clean water, medical supplies, food, blankets, shelter などは十分確保されていますか？
Question 4　日本人はインドが地震から復興するために，ひとり平均いくら寄付していますか？

------------------------------- やま折り -------------------------------

Do you remember there was a big earthquake in India on January 26th? Thousands of volunteers from all over the world have gone to India to help after the earthquake last month. Some went straight from El Salvador where there was an earthquake a few weeks before. One doctor from America flew to India four hours after seeing the news on TV. The rescue teams have modern cameras and microphones to help them find people who are trapped but for every four people they rescue, they find 400 people dead.

So now the volunteers need to help the survivors. They need clean water, medical supplies, food, blankets, and shelter. The most important thing is to stop the spread of disease because this can kill more people. The volunteers are working until they are too tired to work any more and they are working quickly too. One team found a survivor just three hours after they arrived. Do you think you can help people in India and other parts of the world? Japan has given $976,000 (￥114,192,000) to India. That is ￥0.87 from each person in Japan. What do you think about that?

| 生徒たち： | （全員が読み終わったあと，ペアになって，それぞれがプリントから初めて知ったことを英語で報告する） |
|---|---|
| 田尻： | （その間，個別に内容についてインタビューして歩く） |
| 生徒たち： | （グループで，このストーリーについての感想を英語で話し合う） |
| 田尻： | （その間も，個別に内容についてインタビューして歩く。その後，クラス全体に感想を求める） |
| 生徒B： | I think we can make contribution. |
| 生徒C： | I was shocked because 0.87 yen don't full one yen. |
| 生徒D： | I felt it's very little because we didn't send one yen. |
| 生徒E： | I was surprised to hear that because Japan is much richer than India. So I think we should make contributions more. |
| 生徒F： | I was surprised to read it first because, ah, if we give one hundred yen to Indian people, Indian people will feel more happy. So I was surprised. |
| 田尻： | （上記の感想を受けて）What kind of contribution would you make? Think about this in your group. |
| 生徒たち： | （生徒会として何ができるかを，グループで英語で話し合う） |
| 田尻： | （話し合い終了後）This is a coffee mug I use. Wintergreen Elementary School. Elementary schools make mugs, and T-shirts to raise money for their schools and sometimes for donation. … You can make money, OK? Or the student council, or the school itself can make money to donate to the people who are in trouble. Let's think about what we can do. That's all the time we have for today.（授業を終える） |

（この日の授業では，全員の感想を聞くには時間が足りなかったので，翌日，一人ずつインタビューし，その発話を録画する。多くを言えない生徒や，自分の考えを述べるのに時間がかかる生徒がいる一方で，流暢に感想を言う生徒もいる。以下は，流暢に言えた生徒の例である）

| 生徒G： | So, if I will, ah, if I'm a member of coun… the student council, I can make contributions, but I cannot make so many, ah, so much contributions. So, I would like many people to know the |
|---|---|

　　　　　　fact that people need many things and there are many troubles in, ah, poor countries. So, mmm, I'd like to spread the news to other people like, for example, making newspapers of the school, and, ah, make videos about them like you.
生徒H：　I was shocked that, ah, when I learned this. If, ah, I have learned, I hear if Japanese popular singers make-ooo, make an, make a CD like "We are the World," many people will buy it. They get many, many money, so much money. And they make a contribution. Many people will save, will be saved.
生徒I：　I thought … I think the donate money, raising money to it, it was a way to, to help them, help them stand, stand their feet. On their feet. And, but even, when the easiest way, even though I didn't, ah, haven't donated money, money yet. And I'm going to, I'm going to donate my 2,000 yen of my Otoshidama after entrance exams.

　この一連の作業の中で，生徒たちは，さまざまな形で「話す」「聞く」「書く」「読む」という作業に従事しています。しかも，最後のほうの生徒たちの感想で分かるように，地球規模の問題に対する自分の思いを一生懸命英語で伝えようとしています。まさに，「生徒の心を揺さぶり，言いたいことを溢れ出んばかりに蓄積させたうえで，それをできうる限り正しい英語で発表させる授業（髙橋2004：8)」になっています。この田尻氏による授業について，髙橋（2007：118-119）は，こう解説しています。

　　配布された"Charity Projects"の英文は，田尻先生が新聞やインターネットで入手した情報を3年生向きの英文にし，ALTのnative checkを受けたものである。教師用指導書（TM）に頼るばかりでなく，自己の教材観を持って独自の教材研究を行っているのだ。それを可能にしているのは…使用する3年分の教科書を通読し，個々の課の題材内容の相互関連を見極めたうえで，長期的視点で題材の取り扱いを考えている点にある。1課が終われば，次の課をどう教えようかと，その場その場で考えるのでな

く，使用教科書の題材選択と配列の意図を読み取ったうえで指導しているのである。

　この自作教材の最大のインパクトは，Japan has given $976,000（¥114,192,000）to India. That is ¥0.87 from each person in Japan. という箇所にあるだろう。この情報が生徒たちの心を揺さぶるのだ。「生徒は必然性・必要性を感じたとき，あるいは意見があるとき，読もう・聞こう・書こう・話そうとする」。田尻先生の言葉である。あるときには感動や喜びを，また，あるときには悲しみや憤りをいかに感じさせ，話したいことがらを生徒たちの中に，いかに充満させ，堰を切るようにそれを溢れ出させるか，それこそが田尻先生の授業づくりの核心であり，苦労はあるが教師としての喜びなのであろう。


　私（本稿の筆者）もまったく同感です。この授業では，英語という教科の授業の枠組みをはるかに越えて，「人としてどう生きるのか」についてまで，生徒に思考・表現をさせています。「英語よりももっと大切なことがある」[172] という田尻氏のことばが思い出されます。内容中心の英語授業は，田尻氏のそんな思いが集約された教室活動なのでしょう。

　本章の第1節「カリキュラム・デザイン」で，田尻氏による英語教育実践における中学3年生3学期の目標の1つが，「Severn Suzukiのスピーチを聞いて内容に踏み込んだ感想を述べることができる」であることについては，既に述べました（その全文をここで取り上げることはできませんが，是非『6-Way Street 下巻』をご覧ください）。このスピーチに対する感想を英語で述べる活動も，内容中心の英語授業に該当しています。

　当時12歳の少女による伝説的な名スピーチを「聞いて内容に踏み込んだ感想を述べる」ことは，中学生にとっては容易いことではないかもしれません。しかしながら，このスピーチを収録したDVDを生徒たちに見せると，画面から彼女の大きな怒りが伝わってきます。すると，生徒たちはゾッとして，自分の考えを書きたくなったり言いたくなったりします。[173] 本物に触れることで，生徒の心は動くのです。田尻氏は，この「本物体験」をとても大切にしています。

　以下は，（Severn Suzukiのスピーチの中に出てくる）リオのストリート・チ

ルドレンの話に反応した生徒の，授業中の語りです。この生徒は総合的な学習の授業でのストリート・チルドレンについての学びを，田尻氏に懸命に英語で伝えようとしています。

田尻氏： … all the stories?
生徒K： I think, "Why are there street children?" and, ah, "What's, what are street children's moth, ah, parents and police officers doing?" Most of them are street children, street children have been abused by parents.
田尻氏： By THEIR parents.
生徒K： By THEIR parents.
田尻氏： Yes.
生徒K： But street children loved their parents. And they have thought, "We want to live with our family." Police officers are enemy from street children.
田尻氏： Why?
生徒K： Because police officers steal money from street children.
田尻氏： Wow!
生徒K： And, police officers sometimes kill street children, so they can't trust police officers. And they, they always fight with terror.
田尻氏： Hmmm. Fear. They always fight with fear.
生徒K： Ah. And street children have various dreams, for example, to be a doctor, nurse, teacher and so on. If, ah, street children have dream, so if street children have hard time, they, they get over it.
田尻氏： Hmmm. With the dream. Yes, I understand it. Yeah.
生徒K： If, if we were street children, we, we aren't, ah, we wouldn't be strong like them. There are a lot of Japanese people who don't have dream, dreams.
田尻氏： Hmmm. Very true. Then what do you think you can do for them?
生徒K： Ah, we, we, we understand, ah, we have to understand world, and …
田尻氏： You have to, you have to know the world. Know the world.

生徒K：Ah, know the world. And we help each other.

田尻氏：For example, what do you have to do?

生徒K：We, we, we, just a minute. How do you say "bokin"？あ，待って，あ，ま，Just a minute. Raise? Raise? We have to raise money.

田尻氏：Hmmm. OK. Is that all?

生徒K：No.

田尻氏：No? Is that all?

生徒K：No.

田尻氏：Oh, yeah? What do you want to say?

生徒K：Eh, there are a lot of people who fi, who fight each other, eh, so, so, I wish, I wish for world peace.

田尻氏：OK. Wonderful.

また，授業時間内に自分の思いを伝える時間が持てなかった生徒の一人は，「12歳の女の子があんなに世界に目を向けている」ということに驚き，その日の放課後に英語教室にやってきて，田尻氏と次のようなやり取りをしています。

田尻氏：You read a lot of stories and you watched a lot of videos and you listened to Severn Suzuki's speech. What did you think about that?

生徒L：I didn't believe that, ah, …

田尻氏：Couldn't.

生徒L：Ah, couldn't believe that Severn Suzuki was twelve years old. Ah, she thought a lot of things, for example, environmental issues.

田尻氏：Environmental, environmental issues. Yeah.

生徒L：Ah, and wer, ah, wars.

田尻氏：Wars. War.

生徒L：Wars. And I didn't think, ah, about them when I was twelve years old. I always think about foods.

田尻氏：Thought. Thought. Thought. Thought.

生徒L：Ah, Thought about food.

田尻氏：Food. Of course. Of course.

生徒L：Yeah. Yes. Yes. And I searched about landmines.
田尻氏：Ah, studied.
生徒L：Ah, studied about landmines. There are a lot of, ah, landmines in the world. And a lot of people die or lose their arms or legs. Ah, I think, ah, I thought it is very sad thing. And, ah, to dig out all of the landmines, it takes about one thousand years, ah, more than one thousand years. So, あ, because, ah, the metal detectors, あー, 何だっけ，反応する。Reflect?
田尻氏：React.
生徒L：React.
田尻氏：Reaction.
生徒L：あー, そうか。
田尻氏：React.
生徒L：React all metals. If I use it, ah, I usually fa, find knives and scops.
田尻氏：Scoops.
生徒L：Scoops? So it takes a lot of years. Ah, these days, ah, ah, 何だったっけ？ Metal dictect …
田尻氏：Detector.
生徒L：Ah, detector, ah, detective robots was …
田尻氏：Robots.
生徒L：Robots was made by Nonami, Mr. Nonami. I think it is very great, あ, it is great thing.
田尻氏：A great thing.
生徒L：A great thing, ah, to land, ah, problem about landmines.
田尻氏：To pro? For? For?
生徒L：For, あ, problem about landmines, ah because we can find landmines quickly so it takes shorter?
田尻氏：Hmmm. Takes shorter.
生徒L：than one thousand years.
田尻氏：Ah, it can.
生徒L：Can?

田尻氏：Yes. It will take shorter. Yes. Shorter time. Yeah.
生徒L：Yes.
田尻氏：OK. So what can you do to make this world better?
生徒L：Ah, I think there are a lot of ways to, ah, make the world better. But, especially, ah raise, raising money is the best way. And if I go to JUSCO, I will buy, buy things that don't, あ, that is, aren't, あ違う, that don't, あ who だけん, そうだ。
田尻氏：That? That?
生徒L：That it, isn't … I? That I don't need to me. To myself.
田尻氏：That I don't need to me?
生徒L：違う．That I don't need it. Need.
田尻氏：That I don't need.
生徒L：Need. うん。So I didn't, I don't buy it. I can raise the money to …
田尻氏：I can donate, donate the money.
生徒L：Donate. Donate the money to UNICEF.
田尻氏：Hmmm. UNICEF. Oh, yeah. It's a good idea.
生徒L：Hmmm. And, ah, if, ah, I went to, ah 何だっけ？
田尻氏：No Japanese. Think in English.
生徒L：いや、場所だに。Afri…いや違う。Afghanistan!
田尻氏：Afghanistan.
生徒L：Yes. There are a lot of landmines, so, ah, I want to join, ah, helping, ah, peo, people. Ah, and, I want to be nurse, so, hmmm, I will work in Afghanistan.
田尻氏：Hmmm. Good idea.
生徒L：Thank you.

　田尻氏は，このような「スピーチを聞いて内容に踏み込んだ発言ができるレベル」にまで，生徒たちの英語力・思考力をどのように伸ばしていくのかという「ロードマップ」を詳細にわたって周到に設計しています。それぞれの生徒の成長に合わせた調整を繰り返しながら，最終的なゴールを達成するところまで子どもたちを導いているのです。田尻氏は次のように述べています。[174]

(大事にされているものを自分で編み出しているのは) 僕の場合は部活動指導からです。子どもたちは毎日の練習，基礎的な練習を面倒くさがるでしょう。僕の場合，野球だったから，バッティング練習する，ノックする，なんですが，ある先生に，どんな試合をしたいのか，監督と生徒がまず相談しなきゃいけないと言われたんです。最後の総合体育大会でどんな試合をするのか，どんなチームになっておきたいのか，そのためには例えば秋の大会ではどのくらいの技術，どのくらいの力をつけておけばいいのか，そのためにはどこの中学校といつごろ練習試合をすればいいのか，その練習試合はどんなテーマを持って行ったらいいのか。そうするとその一週間の練習が決まってくるし，練習内容もその意味も理解できてくるんじゃないかと言われたんです。だからまず夢を持って，シミュレーションして，そしてそこへ行くための手立てを考えていけ，逆算していけと野球の指導ではすごく言われたんです。…バックワード・デザインということ。そのとおりだと思うんですよ。最初にゴールを設計せずに日々の授業を進めるから，達成感がない。例えばどこへ行く電車かわからないけれどとりあえず乗って，各駅停車で先へ進んでいるという先生が多いんじゃないかと思いますね。

世界の国々について英語で語る田尻氏

## Column

### 田尻悟郎の《ことばへの感性》

大津由紀雄

「達人英語教師」,「カリスマ英語教師」,「マジシャン英語教師」——田尻悟郎に冠されるレッテルはいつもど派手で,気恥ずかしい。聞いたことはないが,ちょっと心淋(うら)しい居酒屋で,刻んだ青ネギを乗せたあつあつのお揚げにロックの焼酎というセッティングさえきちんと整えておけば,田尻は,ちょっと照れたような,それでいて,ちょっと哀しそうな顔をして,「レッテルはレッテル。利用できるなら,利用してよ。でも,僕はおっさんって呼ばれるのが一番性に合っているんだよなあ」と答えるに違いない。

それはそのとおり,田尻のことばにウソ偽りはないのだが,田尻が並の「おっさん」と違う点が少なくとも1つある。感性の豊かさだ。この感性,七色に変化する。多少アルコールが入ると発揮される,ちょっと,いや,大分,《好色への感性》があるかと思えば,教室で縦横に発揮される《他者への感性》,そして,研ぎ澄まされた《ことばへの感性》もある。

田尻の《好色への感性》について書いてもよいのだが,それにはこちらもお揚げとロックの焼酎が必要になる。しらふでも書けるのが,《ことばへの感性》についてだ。

田尻は教育学部英語科の出身だから,ひととおりの英文法は習っているに違いないが,英語への洞察は通り一遍の英文法学習ではとうてい身につけられないほどに鋭い。

例えば,文の成り立ち。言うまでもなく,文は単語が一定の語順で並んでできているが,それで全てを言い尽くしたということにはならない。いくつかの単語は寄り集まってまとまりを作る。例えば,**Goro is a great shochu lover.** という文では **a great shochu lover** という4つの単語が集ま

って，まとまりを作っている。そうしたまとまりが重なり合って文ができる。それだけでなく，場合によって，まとまりがどこかへ移動したり，消えたりもする。さっきの文を利用した例を1つあげれば，**A great *shochu* lover, Goro is!** がそれにあたる。要するに，文というのは複雑な構造を持ったものなのだ。

　面倒な話はきらいだという方はこう理解してくださればよい。文は単語が一列に並んでできたものであるが，その奥には見えない世界が控えていて，そちらの世界もきっちりと承知しておかないと文を理解したことにはならない。文は見える世界と見えない世界，その2つの世界を股にかけているのだ。

　これをどう生徒たちに伝えるか，そこが英語教師の腕の見せ所だ。田尻はなんといっても，見える世界を大事にする。『自己表現お助けブック』（教育出版）でも最初に登場するのが「語順一覧表」だ。語順を徹底的に繰り返し練習させる。では，見えない世界のことはどうするのか。ここが田尻の並でないところなのだが，見えない世界のことは大部分，生徒たちに任せてしまう。任せてしまうと言っても，自学自習させるということではない。じつは，見えない世界のことの大部分は生徒たちの脳が自動的に補ってくれるのだ。

　突拍子もないことを言い出したとお思いの方にはこんな話をお聞かせしよう。言語学者の努力にもかかわらず，人間の言語のどれ1つをとっても，その仕組みが完全に解明されてはいない。英語や日本語はかなり研究が進んでいる言語であるが，それでも分かっていないことがたくさんある。ごく基本的と思われることでも分かっていないことが多い。それでは，外国語として英語を身につけることができないかというとそんなことはない。外国語として英語をちゃんと身につけている人もたくさんいる。事実，田尻もその一人だ。

　つまり，外国語の教育において，教えようとしている言語の全てを教える必要はないのだ。教わらなくても身につく。なぜだろうか？　答えは簡単。学習者の脳が補いをしてくれるのだ。

こんな七面倒くさい理屈は田尻の好みではないだろう。田尻は自身の《ことばへの感性》で，この理屈も感じとってしまったのだ。あとは，感じとったことを実践するだけ。まずは，見える世界の理屈を教える。そして，徹底的な繰り返し練習によって，その理屈の定着を図る。あとは生徒たちの脳を全面的に信じる。

　田尻に尋ねたならば，「《ことばへの感性》だなんて大げさなもんじゃないよ。ただ，おっさん根性で，いろいろ考えてると，いろんなことが思い浮かんでくる。それだけなんだから」とか言って，あの白い歯をこれでもかとばかりに見せて笑うにちがいない。ここでも田尻のことばにウソ偽りはないが，大事な点を見過ごしてはいけない。田尻がどうやってその《ことばへの感性》を身につけたかである。そこに秘伝というようなものはないはずだ。田尻の《ことばへの感性》はたくさんの努力を重ね，長い時間をかけて形作られたものに違いない。その「たくさんの努力」も，「長い時間」も苦しみではなく，楽しみに転じてしまう。それが田尻の《人生への感性》なのだ。

Who is a great *shochu* lover?

# 第2章

# 生徒の心に火をつける工夫

## 第1節
# 自学システム

## 1 「自学」とは何か？

「自学」と聞くと，「家庭での自由勉強」のようなものを想像なさる方も少なくないと思います。事実，田尻実践における「自学」も，基本的には「家庭での生徒の自主学習→生徒がそれを自学帳という形で田尻氏に提出→田尻氏が提出された自学帳をチェック→田尻氏が自学帳を生徒に返却」という流れの繰り返しです。しかしながら，田尻実践での「自学」は，1つの学習システムとして効果的に機能しています。どのようにして効果的な学習が生み出されているのか，以下に述べていきます。

## 2 学習システムとしての「自学」

柳井（1994：23）は「自学」を「自分で決める学習」と定義して，自学システムを運用するための4つの手順を紹介しています。

手順1：教師が「自学メニュー」を作り，子どもに配布する。
手順2：子どもはこの中から，その日にやりたいテーマを選択する。
手順3：選択したテーマの学習内容を「自学帳」に書いて，教師に提出する。
手順4：教師は赤ペンでコメントを書き，返却する。

通常の「家庭での自由勉強」と，上記の自学システムとの違いについて，柳井（1997：1）は，次のように述べています。

「英語科自学」は，いわゆる「自由勉強」とは異なる。「自由に勉強してきなさい」では子どもは途方に暮れる。しかも断片的，断続的になりやすい。「英語科自学」には「自学メニュー」がある。教師がそれを作成し，何をどのように勉強したらいいのか，方向性を示す。ただし，生徒にはメニューの中のどれを選ぶかという自由度が与えられる。

　すなわち，ここでいう「自学」は，「子どもの自主的な家庭学習を成立させるシステム」を意味しているのです。また，その結果として，「自ら学ぶ子ども」の創出をも目ざしています。田尻実践での自学システムにも，このことは当てはまります。
　以下，田尻実践における自学システムを詳しく見ていく前に，田尻氏がどのようにして自学システムに取り組むようになったのかを紹介したいと思います。

## 3　田尻氏と「自学」の出合い

　自学システムとの出合いによって，田尻氏の英語教育実践は，大きな変貌を遂げることになったのですが，自学システムと出合う前の英語教育実践は，どのようなものだったのでしょうか。田尻氏は次のように回想しています。[175]

　　もう授業じゃないですよね。ほとんど格闘技です。修行させているというか，無理やり勉強させるという感じでした。僕が黒板に書くだけ書いて，「さあ覚えろ」という調子でしたから。生徒は楽しくなかったと思いますよ。覚えないと叱られるわけだし，授業も盛り上がらない。シーンとした中で僕だけが怒っているという，そんな授業でしたね。僕自身も，全然楽しくなかった。
　　あの頃は野球部の監督をしていたので，エネルギーのほとんどを野球に費やしていて，授業の準備なんてしたことがありませんでした。教室に行くときに初めて教科書を開いて，「えっ，この単語は知らないぞ」と焦ったり…。そんな状況が 10 年近く続きました。当時はイライラしていましたね。授業がうまくいかない。子どもたちもついてこない。それを生徒の

せいにしながらも，心の中ではすごい葛藤があったんです。「こんなことでいいのだろうか」と。でも，そこで自分のとった行動といったら，叱るとか，どつくとか，そんなことばかりです。自分でも間違っているということは分かっているのに，意地を張っていたんですね。もう悪循環ですよ。子どもも突っ張るし，こちらも突っ張る。むしろ僕のほうが，子ども以上に突っ張っていたと思います。

　あの当時は，暴力事件がたくさん起こっていて，そんな中で僕は，生徒たちになめられてはいけないと，筋力アップのトレーニングばかりしていました。勉強よりも，そっちのほうに気持ちが向いてしまっていた。とんでもない話ですよ。ただ，子どもたちに間違ったことを言った気がするときもありました。それをフォローしないといけないと思いながら，余計に深みにはまってしまう。帰りの電車の中で「あの子は今ごろ泣いているだろうな」と思いながら，実際には「泣くな！」と追い打ちをかけるようなことを言ってしまったわけで，そんな自分にイライラしていました。それで家に帰った瞬間に，思わず壁をどついて突き破ったこともありました。

このような状態の打開策を模索し続けた結果，田尻氏は自学システムと運命的な出合いを果たします。[176]

　英語教師としての私には大きな出合いが3つあった。まず，1990年春，川神正輝先生に出合った。私よりもずっと若い先生だが，ひたむきに英語教師としての努力をなさっており，大いに刺激を受けた。その夏，島根大学の築道和明(ついどうかずあき)先生に出合い，それ以来毎月一度，築道研究室で開かれているSELTという勉強会に参加させていただいている。氏は，今でも私や私の生徒のためにプリントを作ってくださったり，的確な指導や助言をしてくださる。私の勤務する中学校へ来て授業までなさる行動派の研究者であり，私の英語教師としての道を拓いてくださった恩人である。そして1992年夏，このおふた方が中心となって開催された法則化英語全国合宿 in Shimane に講師としておみえになったのが，大分大学の柳井智彦先生であった。そこが「中学校英語科自学」発祥の地である。

自学システムとの出合いによって，田尻氏の英語教育実践は，特に生徒一人ひとりとの関係が，大きな変貌を遂げることになります。[177]

　　自学は，私と生徒の心を結んでくれた。生徒とともに同じ目標に向かってともに苦労をするうちに，いつしかそれは充実感と連帯感に変わった。試験前の勉強会で，頭をつけるようにしながら生徒と一対一で教え，教えられたあと，彼らが「先生，校庭で遊びましょう」と職員室に誘いに来てくれたことが何度かある。生徒と一緒になって校庭を走り回る爽快感と充実感。（中略）私は自学を始めてから，日本でも最も幸せな教員の一人になった。自学を始めると，自学帳を見ることこそ教員のエッセンシャルな仕事であると感じるようになる。一人ひとりの生徒のよさが見え始め，一人ひとりの生徒に愛情がわいてくる。授業では30数人の生徒に対して教師が発信するケースが多いが，自学では一人ひとりの生徒の発信を受け止めてやることができる。

　それでは，田尻氏による自学システムを詳しく見ていくことにしましょう。

## 4　田尻氏による自学システム

　自学システムの導入にあたっては，「自学とは何か」そして「その具体的なやり方」を生徒に詳しく説明することが必要です。そこで活用されるのが『自学のすすめ』と『自学帳の使い方』です。しかしながら，『自学のすすめ』と『自学帳の使い方』には，「何について自学をすればよいのか」すなわち「自学の内容」が載せられていません。自学で行う内容（『テーマ』と呼ばれています）をリストアップしたものが『自学メニュー』です。中学教師最後の年（2006年度）の『自学のすすめ』と『自学帳の使い方』と『自学メニュー』を，例として見てみましょう。[178]

a 『自学のすすめ』と『自学帳の使い方』

**自学のすすめ**

　自学とは，読んで字の如し，"自分で学習する"ことです。勉強はさせられるものではなく，自ら進んでするものです。意味も分からず，強制されたことをするのは苦痛ですが，自分で興味を持ったことや，解決したいことには意欲的に取り組めますね。自学帳はそのためのものであり，単に学力だけではなく，自主性も育ててくれます。自学帳を有効に利用して実りのある学習をしましょう。

**自学帳の使い方**

・自学帳の表紙には日本語で氏名を書き，1冊目は"＃1"（「ナンバー1」と読む），2冊目なら"＃2"と書く。
・ノートは4線ノートを使おう。各ページには必ず1冊目からの通し番号でページ番号を書いておく。ページ数が増えるにつれて，成績も上がります。卒業するまで何ページ頑張れるか，自分に期待しましょう。過去最高は2600ページです！
・その日の自学の一番最初の行に曜日と日付と氏名を書く。例えば，5月11日（木）に自学をする人は，Thursday, May 11th　Ichiro Suzuki などと書く。（曜日，日付に関しては Talk and Talk Book 1, pp.45-46 に一覧があります）
・それぞれの学習を始める前に，タイトルを書こう。（〔例〕Talk and Talk Book 1 ②にチャレンジ）
・Talk and Talk をするときは，最初にモデルダイアログを分析しましょう。それから各問題に取り組んだほうが，間違いが少なくてすむからです。
・その日の自学が終わったら，青ペンに持ち替えて自分のミスをさがし，発見したら青ペンで修正しましょう。そして最後に青ペンで「チェ」と書いて下さい。
・赤ペンは使わないように。先生のアドバイスが見えなくなりますよ。
・間違ったところは，なぜ間違ったかを分析し，必ずやり直そう。

- 無駄なスペース（空白）を作らない。ノートを大切に使いましょう。
- 勉強量は他の教科との兼合いで決めてください。また，毎日自学をしてもよいし，しない日があってもかまいません。
- 自学帳の最後のページには，必ず「反省と感想」を書いてください。
  ※このプリントは自学帳＃１の最初のページに貼っておいてください。

## b 『自学メニュー』

　1994年度版や1997年度版では，カテゴリー分けされた『自学メニュー』が提示されていました。その中では，「○○のうち，どれかを選んでやりなさい」という形で，生徒が自学で取り組む作業の例が詳細にわたって記載されていました。しかしながら，2006年度版では，そのようなカテゴリー分けされた『自学メニュー』がなくなっています。その代わりに，家庭学習したことが学期の成績につながるシステムを採用しています。例えば，本書第１章第２節「テストの決定」で紹介したTalk and Talkの使い方では，「プリントによる説明→語彙の説明→授業で数問体験→『生徒が自宅で書く→誤りの指摘（の繰り返し）』→インタビューテストの練習→インタビューテストの本番（不合格の場合は，合格するまで練習をして再チャレンジ）」というシステムを確立し，それを成績に反映させていました。また，2006年度版では，「日記」を書き始める時期を「中学２年生の１学期から」と，指導していました。

　このように見てくると，1994，1997年度版と比べると，田尻氏による自学システムの「自己決定の自由度」が減少しているように思えます。田尻氏に自学を紹介した柳井智彦氏（1994：23）は，「（自学の）自己決定の自由度には，１～100％の広がりがあってよい」と述べ，「自己決定の自由」を構成する３種類の「自由」を示しています。

　　①選択の自由（学習テーマを選べる自由）
　　②案出の自由（内容構成を決められる自由）
　　③計画の自由（学習の質と分量を決められる自由）

1993年度版と1997年度版の自学システムは，①〜③までの「自由」がそれぞれ高いレベルで存在しているのですが，「自学では，Talk and Talk や日記をやってきなさい」という指示が出される2006年度版では，①と②の「自由度」はぐっと低くなっているように思われます（③については，Talk and Talk を進めるペースや日記の長さなどは，生徒の自己決定に任せているので，①と②ほどは変わっていないようです）。

　では，なぜこのような自由度の低下が生じたのでしょうか。それは現場での生徒とのやり取りの蓄積によって，3年間を見通したカリキュラム・デザインが田尻氏の頭の中でどんどん構築されていったからではないでしょうか。第1章第1節「カリキュラム・デザイン」でも述べましたが，田尻氏の最近の実践では，3年間分の到達目標が学期ごとに INPUT, OUTPUT, GRAMMAR という3つの領域で，明確に示されています。

　このような形で目標が明確になれば，それを達成するための授業の目的・位置づけ，そして自学システムの目的・位置づけもはっきりしてきます。「これをやれば，ここが伸びる」という確信があるからこそ，「自学ではこれをやりなさい」という指示が，以前よりもはっきりと出されるようになったのだと，本稿の筆者は思います。

## 5　田尻氏が自学システムで大切にしていること

　自学システムに生徒たちが積極的に取り組むようになるためには，前掲の「的確なメニュー」に加えて，自学帳での「気持ちを引きつけるコメントが必要不可欠」[179] と，田尻氏は考えています。コメントを書くことの大切さについて，田尻氏はこう述べています。[180]

　　生徒にはいろいろなタイプがあって，なかには自学帳をとおして教師との対話を楽しもうとする生徒もいる。だが，多くはこちらがコメントを書くだけで，それに対して返事が来ることは稀である。では，一方通行かと言ったら，そんなことはなく，生徒は自学帳が返ってくるとまずコメントを読む。にやにやしたり，がっかりしたり，ため息をついたり，「よっしゃ！」と声を出したり，あるいは「よし。なら，今日は○○をやろう」と

言ったり、さまざまな反応を見せる。生徒はコメントをとても楽しみにしているのである。

では、「気持ちを引きつけるコメント」とは、どのようなコメントなのでしょうか。「心を動かすコメント」にするために心がけるべきこととして、田尻氏は、以下の5点を挙げています。[181]

①何かひと言、ほめ言葉か励ましの言葉を書く。
②なるべくたくさん書く。
③生徒に質問を投げかける。
④コメントに対する返事を求める。
⑤ウィットに富んだコメントを書く。

実際に田尻氏が書いたコメントをいくつか見てみましょう。

・さっそく自学をしましたね。そのやる気が大切なのです。やる気は人を変えます。いつまでもそのやる気を大切にしてください。[182]
・いやあ、ため息が出るほど、見事なまとめですね。[183]
・Category A で集め、Category C でパターン練習。これは「勉強の仕方」が分かっている人の自学ですね。[184]
・○○（生徒の名前）は頑張り屋だからね。どんな困難でも君なら乗り越えることができると思うよ。Do your best! [185]

コメントの中に「ほめ言葉」がたくさん入っていますが、このことについて、田尻氏はこう述べています。[186]

やはり誰でもほめられると嬉しいものである。何かほめてやれる点を見つけて書いてやれば、今日の自学の励みになる。事実、日が経つにつれて彼らの自学は私の予想を上回るものになってきたので、ほめ言葉はいくらでもあった。

自学で可能になる生徒への「ほめ」について，田尻氏はこうも語っています。[187]

> 我々教師は，職員室で忙しく仕事をしているときに生徒に話しかけられると，ついついぞんざいな態度で接してしまうときがある。また，職員室にほめられに来る生徒は少ない。それに対し，自学帳では純粋にその生徒のことを考え，成長を願いつつ，ほめ言葉や励ましの言葉を書くことができる。生徒も一生懸命努力した証である自学に対しては当然ほめ言葉を期待しているのであって，自学帳は「先生に認めてもらえる場」となるのである。生徒と教師が，お互い同じ方向を向いて努力しようとしていることを伝えるために，コメントはとても重要である。

こういったコメントを通じて，生徒はどのように成長していくのでしょうか。ある一人の生徒と田尻氏のやり取りを，時系列に沿って見てみましょう。[188]

この生徒の場合，自学開始当初は英語の語順にかなり苦しんでいたのですが，自学システムの中での田尻氏とのやり取りを継続する中で，Category Dの，しかもかなり長めの英作文ができるようになっています。もちろん個人差はあるでしょうが，自学システムの中での田尻氏からのコメントに勇気づけられ励まされ，「自ら学ぼうとすること」を継続した結果の産物だと，本稿の筆者は思います。

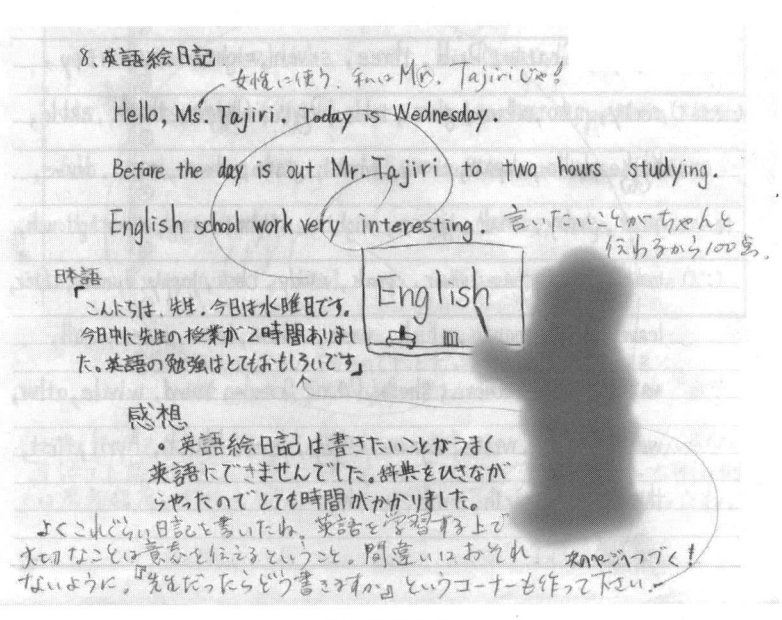

### 第2章 生徒の心に火をつける工夫

8. 英語絵日記

先生に使う。私はMr. Tajiriじゃ！

Hello, Ms. Tajiri. Today is Wednesday.

Before the day is out Mr. Tajiri to two hours studying. English school work very interesting. 言いたいことがちゃんと伝わるから100点。

日本語
こんにちは、先生。今日は水曜日です。今日中に先生の授業が2時間ありました。英語の勉強はとてもおもしろいです。

感想
・英語絵日記は書きたいことがうまく英語にできませんでした。辞典をひきながらやったのでとても時間がかかりました。

よくこれぐらい日記を書いたね。英語を学習する上で大切なことは意志を伝えるということ。間違いにおそれないように。『え～だったらどう書きますか』というコーナーも作って下さい。

次のページつづく！

生徒の自学帳1

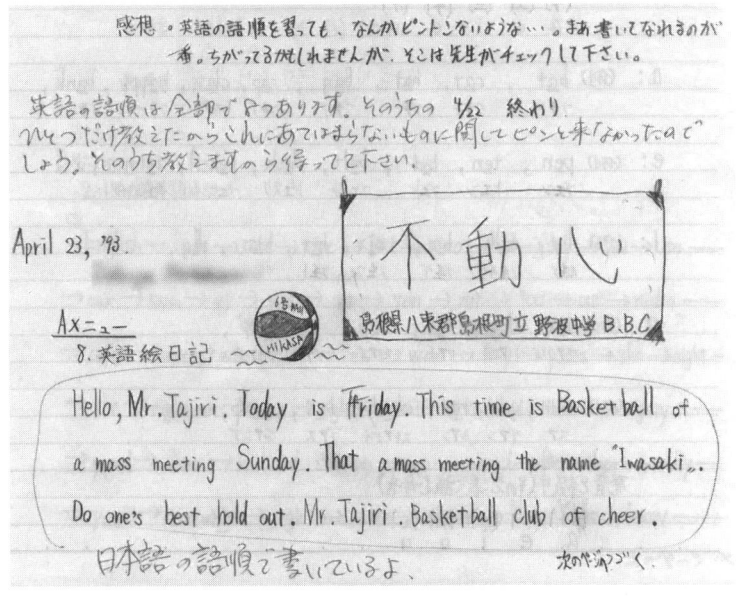

感想。英語の語順を習っても、なんかピンとこないような…。まあ書いてなれるのが一番。ちがってるかもしれませんが、そこは先生がチェックして下さい。

英語の語順は全部で8つあります。そのうちの 4/22 終わり。
それつづけ教えたからどんにあてはまらないものに関してピンと来なかったでしょう。そのうち教えますから待ってて下さい。

April 23, '93

不動心

島根県八束郡島根町立野波中学 B.B.C
MIKASA

Aメニュー
8. 英語絵日記

Hello, Mr. Tajiri. Today is Friday. This time is Basketball of a mass meeting Sunday. That a mass meeting the name "Iwasaki". Do one's best hold out. Mr. Tajiri. Basketball club of cheer.

日本語の語順で書いているよ。

次のページつづく！

生徒の自学帳2

**221**

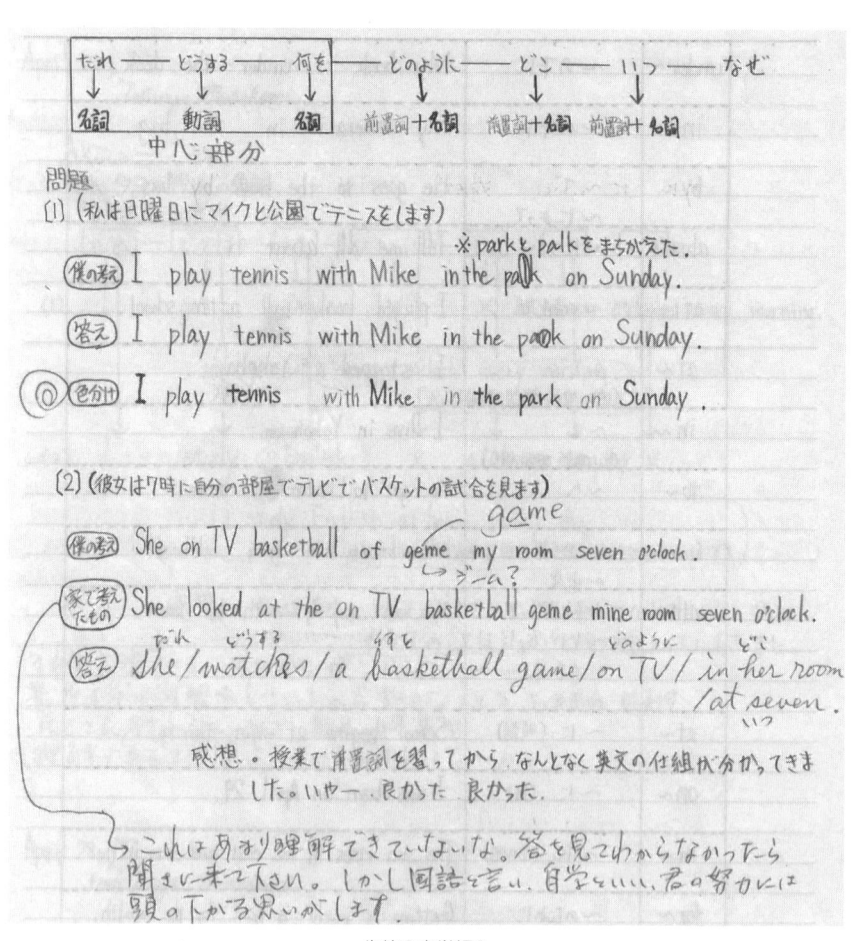

```
 たれ ── どうする ── 何を ── どのように ── どこ ── いつ ── なぜ
  ↓       ↓         ↓         ↓         ↓      ↓
 名詞    動詞      名詞    前置詞+名詞  前置詞+名詞  前置詞+名詞
         中心部分
```

問題
(1) (私は日曜日にマイクと公園でテニスをします)

(僕の考え) I play tennis with Mike in the palk on Sunday.　※parkとpalkをまちがえた。

(答え) I play tennis with Mike in the p(a)rk on Sunday.

(色分け) I play tennis with Mike in the park on Sunday.

(2) (彼女は7時に自分の部屋でテレビでバスケットの試合を見ます)

(僕の考え) She on TV basketball of geme my room seven o'clock.
                                    game
                                    └→ゲーム?

(家で考えたもの) She looked at the on TV basketball geme mine room seven o'clock.

(答え) She / watches / a basketball game / on TV / in her room / at seven.
       だれ  どうする    なにを           どのように  どこ        いつ

感想・授業で前置詞を習ってから、なんとなく英文の仕組みが分かってきました。いやー、良かった 良かった。

→これはあまり理解できていないな。答を見てわからなかったら聞きに来て下さい。しかし同詞を言い、自学といい、君の努力には頭の下がる思いがします。

生徒の自学帳3

第2章　生徒の心に火をつける工夫

D×ニュー　日記

I got home at half past six because we made a train as a present for kindergarteners.
↳「なぜコン(ゴール)が来るの？語順をよく考えよ」
~~students on next Monday.~~
We are pleasure next Monday.
conductor is Tsuyoshi
We are looking forward to next Monday.
語順を頭に入れてから英作文しよう。
look forward to 名詞
□を楽しみにする

Monday, November 28

生徒の自学帳4

Monday, January 16
D. category　〜英語絵日記〜　復活
My diary
Hello, Mr. Tajiri.
How do you feel today?
I'm fine. I study hard every day. Because we have to do an entrance examination next month. that's right.
赤頭　Fighter
なんじゃゴリャ？

「ハロー先生、気分はいかがですか。私は元気です。私は毎日一生懸命勉強しています。それは、来月入試があるからです。以上略」

生徒の自学帳5

223

Tuesday, February 28

Category. D   ～英作文～

I like looking up in the sky. The sky looks different by my mood to me. I think the sky knows everything, for example, "the boy is crying", "the girl is so happy", and so on. Besides, I feel warm. I hope that I will ~~I am going~~ to have a warm heart and that everyone ~~love~~ will like me ~~look~~ the sky "the glow of the sunset", some day. We are under training for that every day.
Anyway, I like the sky very much.

「私は空を見上げるのが好きです。空は気分によってちがって見える。空は男の子が泣いている、女の子はとても幸せだ、など全てのことを知っていると思います。それに、あたたかく感じいます。私も、空のようにいつの日か、あたたかい心を持って、みんなから愛されたいです。私たちは毎日そのための訓練をしているのだと思います。とにかく私は、空が大好きです」

見事！   とにかく内容がいい。
          は十分に勝いよ。

生徒の自学帳6

ところで，自学ノートの中に，生徒が「悩み事の相談」をしてくることがあります。田尻氏は「これに対しては1ページ分でも返事をしてやるよう」心がけています。[189] 例えば，いろいろなことが思いどおりに行かず，焦ったりイライラしたりしながら，自分の自学にも疑問を持っている生徒に対して，こんなコメントを書いています。[190]

　　○○（生徒の名前）には○○のよさがあるんじゃないかな。例えば，①習ったことを使ってほとんどのことを英語で表せる，②感性が豊か，③落ち着いた文体で視点も優しい，④女性らしい観点と日常生活の何気ないことへの関心，⑤心が動いたときにそれを英語で表せる，など。人には人のよいところがある。背伸びしても伸びないものもあれば，追いつける点もある。でも，それらは全て，自分の人格形成にとってプラスに働かなければ意味がない。いくら英語ができても，豊かな心で生活できなければ意味がない。いくら英語ができても，ことばで人の心を傷つけていては意味がない。英語の点数を上げるため，勉強を押しつけていた私自身に気がついたとき，思ったことです。それから授業のスタイルを変えました。焦れば焦るほど，心が乱れます。乱れればいい方向には行かなくなります。最後は自分が嫌いになります。そんな気持ちになるのは悲しいよね。
　　○○の一番の長所はエッセイが書けること。E.T., Harry Potter, Herb Tea, Disney などは，○○の「心の潤い」を表していますし，それが私や読み手の心を潤していくのです。特に，E.T. は名作で，たくさんの先生方があれを読むと感動されます。最後には，○○のDノート作品を紹介しようと思っています。だってあの作品は，人を感動させる力があるから。そして，それは○○が感動したときに書いた文章だったのです。「感動する心」を持ち続けよう。焦り，イライラを持たないようにしよう。人に勝つことより，ずっとずっとずっと幸せな気持ちになれるよ。

自学帳での生徒と田尻氏とのやり取りの例をもう1つ挙げます。[191]

10月24日からはじまったこの自学。約1ヶ月半のこの時期なにかすごくいろんな意味でつらかったような気がした。机にはむかうけど、何からやっていけばいいかわからなくて何分かボーとしていたり、やる気にならなかったり、めんどうくさくなったりと。この2学期はあまり勉強が思うようにうまくいかなかった。
もうそろそろ受験生の準備をしないといけないと思う。
冬休み、がんばるぞ！

2年生の2学期は一番だれる時期です。皆がそうです。目標がなく、目的のない生活をだらだらと続けていろことがよくあり、その上反抗期を重なってイライラすることが多いのです。でもそれも大切なこと。順調に行くだけでは人生つまらないし、苦しくつらい思いをすることも大切な経験です。でもいつかは気持ちを入れ替え、「さあ、頑張るぞ」と張り切る時が来ます。その時「新たなる出発」が始まるのです。

反省／感想
・この自学を前半と後半に分けてみると、前半は、う〜んと思うような事ばかりやっていたように思いました。後半からは、日記と熟語ばかりやっていて、特に日記はとても大変で最初の方は、何時間もかかって、毎日書いていました。でも毎日書くうちに、30分〜1時間で書けるようになりました。熟語は、覚えるのが大変だけど、授業で答えれるようになり、英語の大変さ、おしろさが自学を通して今ごろやっと分かりました。6ヶ月目は、この5ヶ月目とはちがった、内容のこいもの、じゅうじつした自学ができたらいいなと思いました。やっぱり自学はやっておくもんだなぁと思いました。

今までは何となく自学をしていたのが、受験を3ヶ月後に控えた今、本気で、真剣に取り組むようになり、魂がふきこまれたのです。内容が素晴らしく充実したのも、███が苦労して勉強したからです。しかも自分からやる気を出して自学に取り組んだことで、一層大きな価値が出て来たと思います。努力するって尊いよね。私自身も、あなたの心が成長する過程を目のあたりにし、教師としての喜びを感じています。残り少ない中学生活をさらに充実したものにして下さい。応援しています！

このような温かいコメントが出てくる背景には，田尻氏が自学システムを「生徒と教師の心の絆」[192]を作る方法と位置づけていること，そして，自学帳でのやり取りが「生徒と一対一の状況」を作ることにつながっていること，等が考えられます。一対一で生徒と向き合い，一人ひとりの学びに寄り添う重要性について，田尻氏はこう述べています。[193]

　授業だけでは学力がつくはずがないので，家で続きをやってもらわないといけない。その家でやった成果を一対一で見てあげるんです。そうすると，彼らの家での努力が分かる。それに対してコメントを書いたり，間違いを指摘したりします。英語というのは，間違いを知らないと伸びていかないんですよ。「ああ，こうは言わなくて，そう言うのが正しいんだ」と知ったときに，力がついていく。だから，間違いを細かくチェックして，「頑張ったな」とほめ言葉を書いてあげるんです。それを繰り返していくと，提出したノートが返ってきたら，彼らはまずコメントから読むようになります。そのあとで，どこが間違っていたかを見る。そして，「こんなに間違っていたんだ。でも出してよかった。先生，このままだったらテストのときに大変なことになってたでしょうね」「大変だろうな」というように，一対一の対話になるわけです。

自学帳の受け渡しは，「自学ボックス」によって行われます。朝一番で生徒が提出し，部活動が終了したあとに取りに来る，という流れです。自学ボックスの作り方とその活用方法について，田尻氏はこう述べています。[194]

「自学ボックス」を作り，職員室の横の通路に置いた。自学ボックスは少し大きめの箱を用意し，中央にブックエンドを置き，片側に「入れる」，もう一方に「取る」と書けば出来上がりである。部活動が終わると，生徒たちは自学帳を取りに自学ボックスのところにやって来る。そこで彼らは自学帳を開き，コメントを読み，女子はニヤッと笑ったあとパタンとノートを閉じ，男子はその日の自学を見せ合う。

　自学帳をチェックしてコメントを返すためには，当然のことながら時間がかかります。見るノートの枚数は年間15,000ページにも及んだこともあるそうです。[195] その話を聞くと，「時間がかかるから，自学システムの導入に躊躇してしまう」教員が出てくるのですが，そんな教員に対して，田尻氏は「何が大切か，優先順位を考えましょう」と呼びかけています。[196]

　　結局そこなんですね。だから時間がかかるんです，やはり。「自学ノート，時間がかかってなかなかできません」となるけれども。何をやるか，プライオリティの問題だと思うんですね。コメントを書いて子どもたち一人ひとりとやり取りしたとか，徹夜して書いたりするのはすごく時間がかかるけれど，後々気持ちが楽になるし，安心感というのがあるでしょう。確かに大変な労力がいりますよね。でも，それが子どもたちと人間関係を作る基礎になっているわけなので，その忙しさを惜しんではいけないと思います。
　　あるとき，職員室で，女の子が先生に「すみません。自学やったので見てください」と言ったら，「あ，ごめんなさい。あなたのを見たら，みんなのを見ないといけなくなっちゃうの」と言われたのを聞いて，がく然としたことがありました。その先生は一生懸命教科書のティーチャーズ・マニュアルを見て教材研究をしておられました。その先生は忙しかったから，「確かにそれも見てあげないといけないかもしれないけれども，私は次の授業の準備をしているから，悪いけれども平等を期するためにはあなたの自学を見ることはできないの」というように返された。どう言っていいか分からないくらい衝撃的な場面でした。本当にまじめな先生ですけれど。

では，田尻氏自身は，自学帳のチェックにどのくらい時間をかけているのでしょうか。1997年当時の田尻氏は，こう述べています。[197]

　私の学校の場合，自学帳は少ないときで1日15冊，多いときで50冊程度提出される。1冊を3分前後で見るので，多いときは2時間半くらいかかる。自学帳は，空き時間はもちろんのこと，休憩時間や業間，放課後の時間などをつかって懸命に見る。

提出されたこれだけの数の自学帳を，その日のうちに生徒に返そうとすれば，午前中からお昼にかけて，自学帳に必死に目を通しコメントをつけなければなりません。田尻氏はこの業務の遂行に全力を注いでおり，「忙しい，忙しい」と口癖のように言う教師を批判しています。[198]

　だいたい午前中雑談している人に限って，4時，5時になって，「ああ忙しい」と言っているんだよね。本当に仕事する人は，午前中にさっと仕事をしてしまって，雑談をするのは部活から帰ってからですよ。部活動から帰ってからの雑談の中には，すごくいい話がいっぱいある。子どもたちを見たあとだから。午前中雑談してる人は，午後職員室で仕事しているから，生徒を見ていない。…自由に動いているときとか，部活動のときの生徒たちは授業とは違う姿を見せるから，そういう所での情報が入ってくる先生と，入ってこない先生とに分かれると思います。

このことからも，生徒一人ひとりをしっかりと理解することを田尻氏が重要視していることが分かります。生徒と教師をつなぐ自学帳も，それを実現するための一方策なのです。これまで見てきたように，田尻実践の中で，自学システムは非常に大きな位置を占めています。それに加えて，田尻氏本人にとって，自学システムは「大変だけど，やめられない」魅力あふれる存在のようです。[199]

　これ（自学帳をチェックすること）は決して楽な作業ではない。…しかし，生徒の力を伸ばそうとすると，多少の苦労は当然であると思う。それ

以上に，自学帳に展開される我々の想像を上回る生徒の努力する姿や，個性，創造性は，私を引き付けて離さない。自学が軌道に乗ると，教師が"jigakuaholic"になってしまうのである。

　生徒一人ひとりの独自の可能性が展開されている自学帳は，田尻氏を常にゾクゾクさせる存在であり，そのことが，自学システムにかける膨大な意欲とエネルギーを，田尻氏の中に生み出す原動力となっているようです。以下の言葉に，田尻氏が自学システムをいかに大切にしているかが集約されているように思います。[200]

　　生徒を信じ，生徒に考えさせ，生徒とともに動き，笑い，感激してきた。授業作りと自学のチェックは，どんなに忙しくても，睡眠時間を削ってでも手を抜かずにやってきた。生徒は，自分を大切にしてくれる人がいることを知ると，安心する。そして，成長して恩返しをしようとする。生徒が書いてくれた手紙や感想，そして作品集のコピーは，私にとって一生の宝物である。

## 第2節
# 言葉かけ

## 1 「言葉かけ」とは何か？

　山下（2000：39）は，授業中に教師が発する言葉について，次のように述べています。

　　授業中に子どもに媒介される教師の言葉は，無秩序に，無意味に投げかけられているわけではない。そこではそれは，次のように使い分けられている。
　　　①子どもの学習活動を方向づけ，展開させる説明・指示・発問・助言などといわれる指導的言語（指導言）
　　　②子どもの学習活動を価値づけ，活性化する肯定・注釈・所見などといわれる評価的言語（評価言）
　　このように指導的言語や評価的言語を活用しながら教師は，
　　　(1)子どもとその学びや自立と向き合い，彼らとコミュニケーションを交わし，
　　　(2)彼らの自主的な学びや自立とその進展を支援し，
　　　(3)彼らに学びや自立の達成感を生み出す
　　という，刻々の言語活動をとおした教育活動を行っている。そうだとすると言葉は，子どもの学びと自立を産出する「担い手」「支援手段」なのである。

　これまで紹介してきた田尻氏の言葉は，まさに「子どもの学びと自立を産出する支援手段」として機能していると，本稿の筆者は思っています。田尻氏の

言葉は，山下（2000：44）が以下のように定義している「言葉かけ」に相当しているのでしょう。

　　言葉かけは，
　　　　①口頭言語である指導的言語と評価的言語から成り立ち，
　　　　②そのなかでは排除・否定・注意する言葉や消極的に評価する言葉に，重きを置くのではなく
　　　　③むしろ受容する・共感する・元気づける・励ます言葉，積極的に評価する言葉を中心にして
　　　　④さらにこれまでの状況や事態を転換する，新しく方向づける語りかけ・問いかけまでを含む
　　言語活動だと言える。

山下（2000：47）は，「言葉かけ」には2つのルートがあると述べています。

　　　　①子どもに肯定的な情報を提供して意欲化を図る
　　　　②子どもに否定的な情報を提供して意欲化を促す

以下，2つのルートに分けて，田尻氏の言葉かけを分析していきます。

## 2　肯定的な情報を提供して意欲化を図る

　本章第1節「自学システム」でも既に見てきたように，田尻氏の言葉には，「受容」「共感する」「元気づける」「励ます」「積極的に評価する」言葉が非常に多く見られます。これらはどれも，「肯定的な情報の提供」のカテゴリーに入るものです。「肯定的な情報の提供」によって生徒のやる気が引き出されることについて，田尻氏は次のように述べています。[201]

　　　コメントでは，自学を開始した当初はなるべくほめる。ほめられるから頑張る，頑張るからまた励ましの言葉をもらえる，という好循環が，生徒の自学を促す面がある。

教師が生徒をほめることについては，「肯定的意見」と「否定的意見」のどちらもが存在しており，また，「ある条件下で使用されるかぎりは効果的だという意見」という主張もなされています（川口・横溝 2005）。「ある条件下」の「条件」として，以下の３つが挙げられることがあります。[202]

　　　①ある一定の条件下で行われること
　　　②どこがよかったのかの特定化
　　　③ほめの信憑性

　「①ある一定の条件下で行われること」についてですが，これは「ほめられるような状況の中でほめられれば，ほめられた側は嬉しい」ということです。「自分は何かを達成した」「自分は頑張った」「自分は努力した」などの気持ちを生徒が持っているときであれば，ほめ言葉をかけられた生徒は喜ぶでしょう。反対に，そういう気持ちがないときには，ほめ言葉であっても，生徒の心には響かないでしょう。「②どこがよかったのかの特定化」は，ただ単に「よかった」「すごい」と伝えるだけよりも，例えば，「以前できなかった〇〇が，今日はできるようになっている。よく頑張ったなあ」という言葉のほうが，生徒の心に響くということです。「どこがよかったのかの特定化」を正確に行うためには，一人ひとりの生徒のこれまでの努力と現在地点をきちんと把握しておく必要があります。この把握によって，生徒の心の中に「あ，この先生，きちんと自分のことを見てくれているんだ」という気持ちが生じます。「③ほめの信憑性」ですが，いくらほめられるような状況であっても，そしていくら「どこがよかったのかの特定化」がなされていても，せっかくのほめ言葉が嘘っぽかったり，またほめる側の教師の表情が嘘っぽいものであったりしては，心に響くほめ言葉ではなくなってしまいます。
　これらの３つの条件は，田尻実践ではどのように満たされているのでしょうか。一つひとつ見ていきましょう。

### a　ある一定の条件下で行われること
　田尻氏が生徒のやる気について語るときに，３つの「感」を挙げることがよくあります。

『達成感』
　「やった，できた！」という気持ち
『伸長感』
　「以前よりも自分は上手になっている」という気持ち
『満足感』
　「自分はいい学習をしている」という気持ち
　人と関わる喜び，認められる喜び，ほめられる喜び

　田尻実践では，生徒がこれらの「感」を実感できるシステムが確立されています。そして，田尻氏によるほめ言葉が，この実感をさらに深いものにしています。1つ例を見てみましょう。[203]

　一対一の単語テストのあとで
　　生徒A：（日本語を見て，英単語を発音するフォニックスのテストを受けている）
　　田尻氏：（全てが時間内に正解であったことを確認して両手を挙げる）
　　生徒Aと田尻氏：（満面の笑顔でハイタッチ）
　　田尻氏：（教室全体に聞こえるくらいの大きな声で）終わりました，○○ちゃん。全部終了しました！
　　生徒Aと田尻氏：（握手）
　　田尻氏：頑張ったなあ。
　　生徒A：（満面の笑顔）

　第1章第2節「テストの決定」でも述べましたが，田尻実践の日常的なテスト（例えば，Talk and Talk のインタビューテストや教科書のインタビューテスト）では，制限時間が「十分に練習しておかないと合格できないくらいの時間」に設定されています。それ故，練習に練習を重ねて合格した生徒たちから，満面の笑顔や「よっしゃあ！」「やった！」という声が自然に生まれます。こういった生徒たちの反応は，まさに「達成感」の表れです。
　「達成感」を与えることの大切さについて，田尻氏はこう述べています。[204]

第2章　生徒の心に火をつける工夫

　生徒は「ああ，やっててよかった。頑張ってよかった」と感じると，「先生，次，何するの？」と聞いてきます。だから子どもたちに授業の中で「頑張ってきたことが報われた」という経験をさせてあげてください。それを仕組んでいくのが先生の仕事です。

「伸長感」を生徒に持たせるストレートな言葉は，「以前はここだったけど，今はここまで来ている」や「以前できなかった○○が，今はできるようになっている」などの表現です。田尻氏の言葉かけにも，それは随所に見られます。[205]

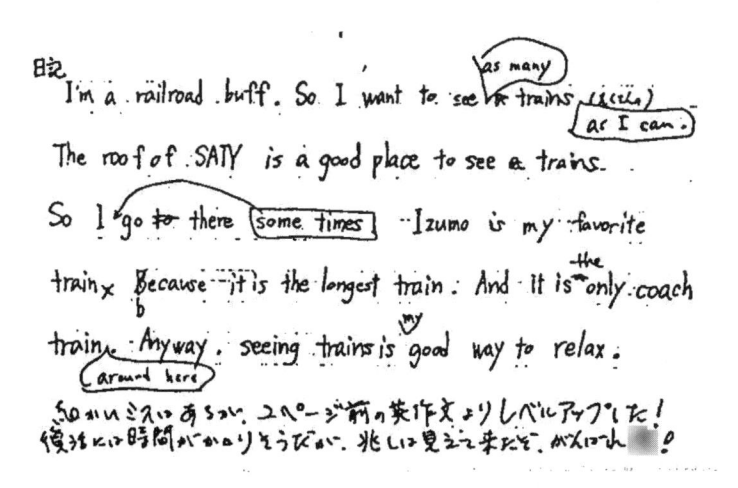

（手書きの英作文例）

　「達成感」「伸長感」を継続的に感じ続けることで，自分の英語学習に対する「満足感」は生まれます。また，「困ったときに助けられた，困っている人を助けて感謝されたり先生にほめられたりした」ことで生じる気持ちは，大きな「満足感」につながります。3つの「感」を生徒の中で高いレベルで維持することにより，田尻氏は生徒のやる気を引き出し続けているのです。

**b　どこがよかったのかの特定化**

　ほめる際に「どこがよかったのか」を特定するためには，生徒一人ひとりの学習状況（プラス生活状況）を日常的に観察し，頭の中に入れておく必要があります。この点について，田尻氏はこう語っています。[206]

人を育てるために必要なのは，…生徒たち一人ひとりを知ることでしょう。それぞれの特徴を知ったうえで，その子の一番いいところを伸ばしてあげる，あるいはほめてあげる。そうすることで，生徒たちがもともと持っていた才能が芽を出し，そして伸びていくんです。

　ほめられる側として非常に嬉しい状況の1つとして，「自分で自分をほめたい内容に，他の人が気づいてほめてくれた」ケース，そして「自分では気づかなかったよい点が指摘され，ほめられた」ケースが挙げられるでしょう。田尻氏のほめ言葉には，このようなケースが多いと，本書の筆者は感じています。
　自分でほめたい内容と，ほめられた内容がぴったり一致したとき，モチベーションアップの効果は計りしれません（関根2007：125）。また，自分では気づかなかったよい点が指摘され，ほめられると，生徒は自分の可能性が開花したような気になって嬉しいものです（家本1993：108）。そうであれば，「生徒がほめてほしいと思っている点に気づくこと」，そして「生徒が自分では気づいていない，よい点に気づくこと」が，生徒のやる気を引き出す大きな要因となります。生徒一人ひとりのしっかりとした理解のために大きなエネルギーと時間を費やしている田尻氏ですので，これらの点に気づくことが可能なのでしょう。

### c　ほめの信憑性

　ほめ言葉が信憑性を持つためには，「気持ちと言葉の一致」が必要不可欠です。ほめ言葉に気持ちがこもっていないと，生徒が喜ぶどころか，教師に対する信用が失われてしまいます。気持ちと言葉の一致のためには，教師自身が，生徒のいいところにたくさん気づいて，それを言語化することが求められます。「生徒のいいところにたくさん気づける教師でありたい」という田尻氏の気持ちは，以下の言葉に表されています。[207]

　子どもというのは，生まれたときは，何百年も何千年も前からいっしょ。大人がつくった環境の中で，違った育ち方をするわけです。よく「最近の子どもは…」と言われますが，もともと子どもは昔から同じであって，育つ環境が変わっているだけなんですね。だから子どもたちに歩み寄

って，一人ひとりのいいところを引き出してあげるのが，我々大人の使命だと思うんですよ。学校にはそれぞれの苦労があると思いますが，公立であろうが私立であろうが附属であろうが，根本の条件は同じですから，どこでも絶対によくなる可能性はあるし，どの先生もうまくいく可能性を持っているのではないでしょうか。

　田尻氏のほめ言葉の信憑性を高めている１つの要因が，声のトーンです。声のトーンを紙面上で表現することは困難なのですが，田尻氏の，例えば「すご～い！」，「おぉ～！」等の感嘆の言葉には，心の底からの驚きや，それに気づいた嬉しさが満ち溢れています。

　声のトーンの他には，表情やジェスチャーなどの非言語コミュニケーションも，ほめ言葉の信憑性を高めている要因です。加藤（1988：36-37）は，「言葉だけでなく身体全体でほめる方法」として，次の３つを挙げています。

①眼や口もとの笑いでほめる
②しぐさやジェスチャーでほめる
③握手や肩たたきなどのスキンシップでほめる

言葉だけでなく身体全体でほめる

これら3つの非言語コミュニケーションは，田尻実践の中で非常に頻繁に見られるのですが，その信憑性に疑いを持っている生徒は，私の知る限りでは皆無です。生徒のいいところに気づくことのできた田尻氏の喜びが，そのままストレートに表情・ジェスチャーに表れているからだと本稿の筆者は思います。[208]

満面の笑顔で両手ハイタッチをする田尻氏

　そのことは，こんなエピソードにも表れています。[209]

　　大学のある授業で，課題ができた学生が「やったー，俺，田尻先生が好きや」とはしゃいだとき，見学に来ていた先生が「どこが好きなの」と聞いたそうです。すると，「あの先生，いつも俺の目を見ていてくれる」。自分では気づかなかったけれど，うれしかったな。

## 3　否定的な情報を提供して意欲化を促す

　子どもに否定的な情報を提供する場合，教師は慎重にならざるを得ません。その提供によって，生徒のせっかくのやる気が減退してしまう可能性があるからです。山下（2000：66）は，子どもに「できていないこと」を伝える場合

に，次の2点に配慮しなければならないとしています。

①子どもに必要以上の不快感を与えない内容と形式，音声と表現であること。
②子どもに現状を肯定へと転換させる内容と方法を有していること。

つまり，「子どもが自分のできていない状態を認め，その改善へと気持ちが向かう」ような言葉かけでなければならない，というわけです。田尻氏は，この実現には，生徒との人間関係が出来上がっていることが必要不可欠だと考えています。[210]

ある程度人間関係が出来上がった頃になれば，多少手厳しいことを書いてもよいと思う。「集中力を欠いているぞ」とか，「同じ間違いを繰り返してはダメ！」などである。ただし，どこかで温かい言葉も添えてやる。

人間関係を作り上げたあとで，田尻氏はどのような言葉をかけるのでしょうか。例を見てみましょう。[211]

一対一のインタビューテストの途中で
　生徒B：Sisters, your name …
　田尻氏：なんでyourが出てくる？　ほおら，意味考えずにしゃべってるじゃないか。
　生徒B：(苦笑)
　田尻氏：な，焦らんでええ。あれほどコツコツ頑張ってやってきたんやないか。何でここに来て，こんなに急に焦り始めるんだ。せっかく成長してきてるんだから，じっくり行こうよ。
　生徒B：(うなずく)

自学帳のコメントも見てみましょう。[212]

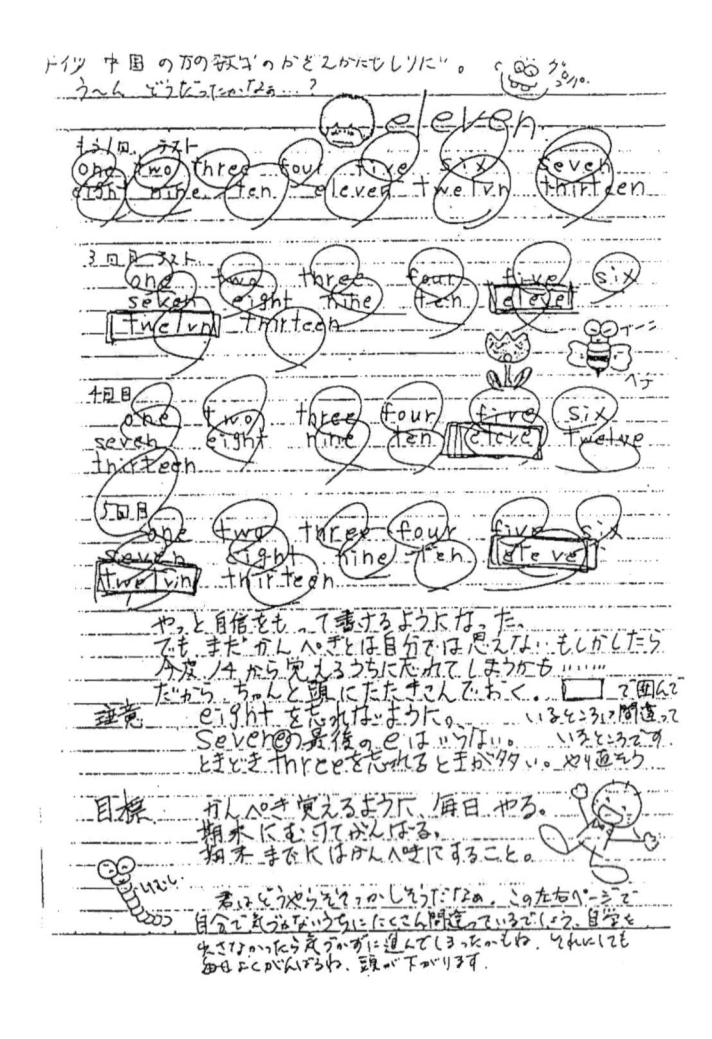

どちらの場合も、指摘自体は厳しめなのですが、全体として温かいメッセージになっています。テストを含む「評価」の存在意義を、「生徒を励ますため」[213]と断言する田尻氏ですから、否定的な情報の提供に際しても、それが生徒を励ますことにつながるように細心の注意を払っているようです。

　否定的な情報の提供の形として「叱る」「説諭する」という行為がありますが、それについては、次章の第1節「生徒指導と教科指導のつながり」で取り扱うことにします。

## Column

## 田尻に学ぶということ

柳瀬陽介

　田尻——呼び捨ての非礼をお許しいただきたい——についての秘密をご存知だろうか——田尻は生徒を育てない。
　田尻は生徒の心に火をつける。生徒は自分で育ってゆく。田尻は生徒を作らない。
　教師は生徒を作れない。生徒を作るのは生徒自身だ。教師は生徒に知識の断片すら植え付けられない。生徒の中に知識を根付かせることができるのは，生徒自身だけだ。教師は間接的にしか関われない。教師は生徒を育てられない。しかし，これこそが教育だ。この間接性こそが教育の創造性の鍵なのだ。

　田尻は教師として生徒を見つめ，生徒の環境を整える。そのイメージは庭師に近い。規格製品を量産する工場管理者などでは決してない。田尻は「設計図」を万人に当てはめない。「不良品」をラインから外すこともしない。庭師としての田尻は，庭に飛んできた種子を全て受け入れる。種が発芽し，芽が少しでも伸びるようにと，田尻は時に水を注ぎ，時に断つ。時に陽を注ぎ，時に断つ。時に養分を注ぎ，時に断つ。これまでの経験に基づきながらも，目の前の生徒をひたすらに観察し，何をいつ注ぎ，断つかを決める。常に注いでいるものがあるとすれば，それは愛情だけである。
　愛情があるから，観察が細かく，深い。観察があるから，分析が鋭く的確。分析があるから，行動が大胆で力みなぎる。行動があるから，生徒は揺さぶられ，心に火がつく。そして生徒は自ら育ってゆく。田尻が生徒を育てるのではない。
　それでは田尻は誰も育てていないのか。そうではない。田尻は田尻を育

ている。田尻は田尻自身を作り上げている。当たり前のことのようでいて，これは重大なことだ。

田尻悟郎を作ったのは，田尻大悟郎とでもいうべき偉大な他人ではない。他人はあなたを作れない。だから田尻悟郎が，あなたをせめて田尻小悟郎に作りかえてくれるなどと思ってはいけない。

それでは田尻に学ぶことは無意味なのか。そうではない。田尻はあなたを揺さぶり，あなたに火をつける。田尻からの刺激で，あなたの中の何かが動く。あなたの中に田尻が入り込むわけではない。あなたの中にはあなたしかいない。しかし田尻に接すると，そのあなたの何かが動き始め，揺動し，あなた自身の組換えが起こる。新しいあなたが生まれる。

あなたは田尻にはなれない。あなたはあなたになる。あなた自身予想できないあなたに。

田尻の生徒が，自分がどこまで育つか予想できないように，あなたは田尻に学ぶことにより，どのような自分自身になれるのか，予想できない。そもそも田尻自身ですら，自分自身がどのように変わってゆくのか知ることはできない——昔の田尻が現在の田尻を予想できていたとはとても思えない——。あなたは未来のあなたを予想できない。

あなたはあなたにしかなれない。たしかに，これは限界である。しかしその限界の中には，汲み尽くせない可能性がある。あなたはあなたにしかなれない。しかし逆に言うなら，田尻も誰も，あなたになることはできない。

優れた教師は人を型にはめない。人を自由にし，人をその人自身にする。

田尻は生徒を自由にする。生徒に自分自身の可能性を掘り起こさせる。

田尻に学ぶということは，田尻のコピーになるということではない。田尻に自分を作りかえてもらうことでもない。田尻に接して，その刺激の中から，自分自身を作り上げるということだ。

繰り返す。あなたは田尻になれない。田尻小悟郎にすらなれない。だがそれは悲しむべきことではない。悲しむべきことがあるとすれば，それはむしろあなたが田尻小悟郎になろうとすることだ。あなたはあなた自身に

なる。それこそがすばらしいことではないのか。それこそが教育の創造性ではないのか。

　田尻に学び，あなた自身を作り上げよう。

2005年7月18日　三田にて

# 第3章

# 生徒を育てるために必要なこと

## 第1節
# 生徒指導と教科指導のつながり

## 1 田尻氏と生徒指導

　田尻氏の英語教育実践は，教員になった当初から「生徒の心に火をつける授業」であったわけではありません。[214]

　　「楽しませ，学ぶ意欲をかき立てる」——田尻がその流儀にたどり着くまでには，若き日の壮絶な失敗があった。
　　田尻が教職に就いたのは1980年代前半。全国的に校内暴力が問題となり，教師が生徒に暴行を受け，重傷を負う事件が相次いでいた。田尻が配属されたのは，神戸の公立中学校。田尻は，生徒になめられまいと，角刈りにサングラスで突っ張った。授業はスパルタ。教科書を1ページずつ黒板に書き写し，「明日までに覚えろ」と要求した。宿題を忘れた生徒は放課後に残し，課題を終えるまで帰さなかった。しかし，生徒たちはついてこない。腹が立ち，毎日怒鳴りまくった。授業がうまく進められないフラストレーションがたまっていった。
　　「常にイライラしていました。家へ帰って，玄関の鍵を開けて入って，その瞬間ボコンと壁を殴って突き破ったこともありますよ」
　　授業で結果を出せない田尻は，部活動の野球の指導に入れ込んだ。体罰も辞さず，徹底的にシゴいたチームは，まるで軍隊だと噂された。それでも，神戸市の大会で見事優勝。田尻は報われたと思った。卒業間際，野球部の慰労会が開かれたときだった。田尻は部員たちから，予想だにしない言葉を投げつけられた。
　　　　「頑張る力となったのは先生への恨みです」

「最後の卒業の言葉って，普通，感動でうるうるくる言葉をもらったりすることを期待するわけでしょう，心のどこかで。それが，ものの見事に僕への恨みだけでしたからね。こんなことしてたらいかん。もう二度とこんな思いをさせちゃいかんと思いました」

教師になって10年。行き詰まった田尻は，故郷・島根に戻り，英語の指導に専念しようと考えた。

その後のさまざまな人々との出合い，発想の大転換，そして授業の大改造への着手により，田尻氏の英語教育実践は，まさに「生徒の心に火をつける授業」へと変容していくのですが，中学教員になった当初から大学の教員になる2007年の3月までずっと変わらなかったことがあります。それは，田尻氏が「ずっと生徒指導に携わっていた」[215]ことです。

教師の資質・力量に関して，田尻氏は以下の図を用いて説明することがよくあります。

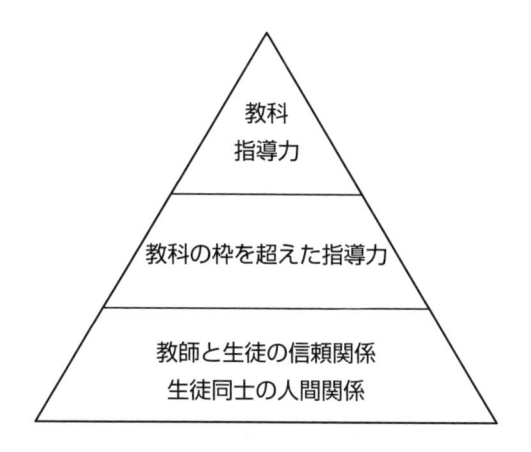

```
         /\
        /教科\
       /指導力\
      /_____\
     /教科の枠を\
    /超えた指導力\
   /_____\
  /  教師と生徒の信頼関係  \
 /    生徒同士の人間関係    \
/_____\
```

田尻氏によれば，教科内容の深い理解に基づく教科指導力は，教師の力量の頂上の一部に過ぎません。すなわち，教育の現場では，人間理解に基づく生徒指導力が第一に重要で，その結果生まれる教師と生徒の信頼関係と生徒同士の人間関係が授業の根底を支えます。次に全教科共通の指導する技術，すなわち「教科を超えた指導力」が位置します。教科教育内容理解に基づく教科指導力は，それらの下層の力がしっかりしてこそ活きる，と田尻氏は考えています。

別の言葉で言うのなら，田尻氏の考えは，①もっとも大切なのは，子どもの心を理解することであり，教師と生徒，生徒と生徒の間に信頼関係ができていることである，②その基礎の上に，全ての教科に通じる指導力がある，③教科（英語）の指導は，その上にしか存在しない，とまとめられるでしょう。

この考えに基づくと，「授業の改善を目ざすのであれば，教科の指導力だけを高めようとするだけでは不十分」であり，「学年（学級）経営や生徒指導をきちんと行わなければならない」ということになります。

以下，田尻氏による生徒指導を，「放課後の勉強会」「生徒会活動と行事」「部活動」「英語の授業」という場面別に見ていきましょう。

## 2　生徒指導その1：放課後の勉強会

生徒一人ひとりに真正面から向き合いしっかりと理解することを田尻氏が重視していることは，第2章第1節「自学システム」でも述べました。放課後の勉強会も，その実現への一方策として機能しています。[216]

> 先生方はよく言われるんです。中間テストをなくすか継続するかという議論の中で「テスト前ぐらい勉強させたい」，「テストがないと勉強する回数が減る」って言うんですよ。じゃあ，何でテスト勉強させるときに，会議入れるの？　矛盾してると思いません？　ですから，試験前で部活動が休みになるときこそ，子どもたちを集めて勉強会をする。そこで，先生も中に入って，一生懸命座って教えるんですよ。そうすると，授業のときにはステージの人（教師），フロアーの人（生徒）になっている関係が変わります。そして，個別の時間がいっぱいとれる。授業中にはなかなかできないことがいっぱいできる。試験前の勉強会では，2時間でも，3時間でも食いついてきます。だいたい残るのは勉強できる子です。ですから，fast learnerとの人間関係がガッチリできる。そして，勉強できない子も来ます。帰っちゃう子には，「おい，来いよ」というふうに声をかけてあげるといいんじゃないかと思います。

ある放課後の勉強会のやり取りを見てみましょう。[217]

| | |
|---|---|
| 生徒A： | （自分の故郷についての作文をしている。自分のノートに書いた So water is clean. So I can drink water. という文を田尻氏に見せている） |
| 田尻氏： | （それを見て）ここ，ほら。So が 2 回つながるでしょ，2 回連続になるでしょ。だけん，So the water is clean, and にしたほうがいい。 |
| 生徒A： | （元の文を消しゴムで消そうとする） |
| 田尻氏： | （それを制止して）あ，いや，入試に備えよう。（So を消しゴムで消す）the を大文字にして。 |
| 生徒A： | （The と書く） |
| 田尻氏： | （is と clean の間に so を書かせ，The water is so clean の so を指差して）so が「とても」だったら，後ろは that という決まり。so 〜 that. |
| 生徒A： | （that と書く） |
| 田尻氏： | そうすると，「とても何々だから」というすごい大事な that。that が「だから」っていう意味は，このときしかないけんな。でも，○○（生徒の名前）はそれを覚えることができるでしょ。これ，よく入試にも出てきたりするから，もう○○の文の中に入れてしまおう。（突然）What do you want to be when you grow up? |
| 生徒A： | （微笑んで）I want to be a fashion designer. |
| 田尻氏： | Why do you want to be a fashion designer? |
| 生徒A： | （即座に早口で）Because I want many people to wear the clothes I make. |
| 田尻氏と生徒A： | （満面の笑みで握手） |
| 田尻氏： | 覚えとったか。I want to be a fashion designer, because I want many people to wear the clothes I make. これ，もちネタなんよ。何か月ぶりか？ 3か月，4か月ぶりぐらいやな。 |
| 生徒A： | 全然このごろ…。 |
| 田尻氏： | やってなかったもんな。 |

| | |
|---|---|
| 生徒A： | （うなずく） |
| 田尻氏： | でも，それくらいのスピードで言えるってことは，自分のネタなんだよ。 |
| 生徒A： | （うなずく） |
| 田尻氏： | だったら，この so ～ that も自分のネタにしてしまおうよ。「とてもなんとかだから，なんとかだ」というときは，「so なんとか that なんとか」と言えば，これでまた○○のネタが増えるだろ。（さっきの文が）それくらいのスピードで言えるってことは，自分のネタなんだよ。だから，I am so handsome that all the girls love me. とかな。ま，そりゃないか。 |
| 生徒A： | （うなずく） |
| 田尻氏： | （笑いながら）The water is so clean that I can drink it. にすればいい。つながるでしょ。その水はとてもきれい。だから僕はそれを飲むことができる。でしょ。（英文を隠して）はい，英語で。はい，どうぞ。 |
| 生徒A： | （考えている） |
| 田尻氏： | The water … |
| 生徒A： | The water |
| 田尻氏： | is … |
| 生徒A： | is so clean that I … |
| 田尻氏： | I can |
| 生徒A： | I can drink it. |
| 田尻氏と生徒A： | (握手) |
| 田尻氏： | というふうになる。それを何度も何度も読んだら，△△（ALTの名前）が来たときでも，パッと手をあげて，The water is so clean that I can drink it. と言えば，「おお～っ！」って。○○，またお前，ファンができるぞや。 |

　放課後の勉強会では，生徒一人ひとりと接する時間をふんだんにとることができます。田尻氏はその時間を，各生徒とコミュニケーションをとる貴重な時

間と捉え，丁寧に個人指導を行うのです。放課後の勉強会への参加は自主性に任せられているのですが，参加によって「力がつく」ことが実感できるため，そして田尻氏から個人指導が受けられるため，多くの生徒が自ら積極的に参加してくるのだと，本稿の筆者は考えています。

## 3　生徒指導その２：生徒会活動と行事

　田尻氏は，「思考→判断→行動→反省→改善→進歩」を実体験する場として，生徒会活動や行事を非常に重視しています。[218]

　　　２年の３月は，生徒会としての初めての大きな仕事である３年生を送る会や，卒業式準備で生徒を育てる，「自立の時期」です。３年生を送る会では，全体構想やオープニング，クロージングなどを考えさせ，試行錯誤させます。まずは考えを持たせ，それをシミュレーションさせてみることで主体性を持たせます。教師は失敗を予測し，密かに次の手を打ちつつ，生徒が思うとおりにさせてみます。そして反省会。そこで，それまで受け身だった生徒が自主的に考え，行動するようになります。次に卒業式の準備。例えば，体育館で会場準備をしている生徒たちを主体的に動かすためには，会場図が必要です。その中に，意図的に何か所か間違いを入れておきます。教師はその見取り図を渡し，「みんなは成長してきているから，これだけ見ればもう会場準備ができるんじゃないかな」とふっかけます。その言葉に呼応した生徒は，会場図を片手に，現場監督よろしくお互いを指示したり相談したりします。そして時間が経つと生徒は間違いに気づき，「先生椅子の数が足りません。家庭科室から取って来ましょうか」とか，「保護者の中には夫婦で来たり，おじいさんやおばあさんが来たりするところがあるので，もう少しスペースがいるのでは」などという声が上がるようになります。卒業式当日の動きをシミュレーションし始めるのです。教師がそれをほめ，生徒をのせていくと，授業でも主体的に読み，意見を持ち，発表しようとする姿勢が身についていきます。授業の中での英語によるコミュニケーションは，①「意見や考え」，②「それを英語に直すスキル」，③「生徒同士，生徒と教員の良好な人間関係」がなければ成

り立ちません。2年の3月はその意味で，①と③を育てるいい機会なのです。

つまり，生徒会活動で出てくる「日本語で意見や考えを持ち，それを伝えること」や「生徒間・生徒と教師の人間関係構築」は，英語の授業のベースとしても機能するというわけです。そんな生徒会活動をサポートする教師のあるべき姿について，田尻氏はこう語っています。[219]

> 生徒会を担当する限り，ものすごい勉強しなければならない。どうやれば子どもたちが動くか，どうやれば子どもたちが自分で考え動くようになるか，ダメなときはどうしたらいいか，先生方にどう根回しをして賛同していただくか，もう本当に生徒会って，担当の先生は苦労します。でも，先生として伸びます。ぜひ生徒会をご支援下さい。生徒会が学校を創る，ということをぜひ頭に入れておいてください。

教師のしっかりとしたサポートの下で，生徒会活動に生徒が積極的に参画することのメリットについて，田尻氏はこう述べています。[220]

> （生徒会への積極的参画をとおして）自主的に物事を考えて，自主的に行動する子たちが増えてきます。そうすると授業の中で，ディスカッションができるようになってきます。なぜか。考える子たちが育ってくるからです。

「日本語で行えないことを，英語で行うことは不可能または非常に困難」とよく言われます。日本語でディスカッションできない生徒たちに，「さあ，ディスカッションすれば英語が上手になるから，やろう，やろう！」と教師がけしかけても，うまくいかないであろうことは想像に難くありません。生徒会活動をとおして「日本語で意見や考えを持ち，それを伝えること」を生徒たちに学んでほしいと，田尻氏は願っているのです。

生徒会活動とも関わりが深い「行事」で生徒を育てることも，田尻氏は重視しています。行事には，次のようなものが含まれます。[221]

- 学年集会
- 合唱コンクール
- 宿泊訓練／修学旅行
- 文化祭
- 入学式／卒業式準備
- 球技大会
- 学級行事
- 体育祭
- 職場体験学習
- 卒業式

前掲の卒業式の例でも見られるように，行事をとおして，生徒たちは企画・運営の大切さを知るとともに，その能力を向上させていきます。この点について，田尻氏はこう述べています。[222]

> 生徒会活動は，子どもたちに本当に考えさせて，いいものを創りあげさせる場なんです。…生徒会活動で子どもたちは変わるんです。自治力，自立心とかが出てきます。それから，物事を立ち上げて進める，つまり企画・運営の大変さを知ります。これが社会につながっていく。僕は，1年の1学期から学活の中の進路指導の時間に「将来は仕事をする。物事について考え，新しいものを創っていくのが仕事である。自分で，思考，判断，行動，反省，改善，進歩していくのが人生。本当に自分にとって，あるいは会社にとって学校にとって，一番いいことは何なのかということを判断できる人になりなさい」って伝えています。

## 4　生徒指導その3：部活動

部活動においても，田尻氏のアプローチは，生徒会活動や行事同様，企画・運営に生徒自身が積極的に携わることを重視しています。[223]

> 僕の場合，部活動が授業にものすごい影響を与えていると思うんです。基本的には，部活動も授業もはっきりとしたゴールを持つことが大切です。要するに野球であれ，またサッカーであれ，最後の大会でどんな試合がしたいのか。どういうカラーのチームになっていきたいのかっていうことを，まず，生徒と話し合って決めること。で，そこに向けて，じゃあ，それぞれの大会での目標を決めたり，この秋の大会までにこれくらいのレベルに持って行きたいと考えたり，春はこういうプレーができるようにな

って，最後に夏の大会で，是非メダルを狙えるようなチーム作りをしたいっていうのを話し合うんです。そういう話をしてると，子どもたちが，「先生，ワンバウンドのキャッチボールしましょう」とか言ってきます。「いいよ。意味は？」って聞くと，「ファーストの子がこの前ショートが投げたワンバウンドのハーフバウンドがすごく怖くて，横を向いてしまって，自信を失っているから，最初からワンバウンドでゆっくりゆっくり投げていって，だんだんだんだん速くしていって，速いワンバウンドでも，怖がらない練習をしたいんです」って言うので，「いいねぇ」って答えたことがあります。単純なキャッチボールでも，そういう自分たちなりの工夫をした練習が出来るようになってくると，生徒たちは部活動に飛んできます。部活動が終わって，「下校時間が過ぎたから帰れー！」って言っても，外で待っていて，「先生，質問していいですか？」とかいろいろ聞いてきます。そのスポーツの面白さにハマってくると，練習をするのは，「うまくなりたい」とか「いい練習が出来るようになりたい」とかいう理由で練習をするんで，多少きつかろうが，多少練習時間が長かろうが，家に帰ってからでもやりたいっていうふうな気持ちになります。そうなってくると自然に伸びてきますよね。授業も全く同じだと思います。

　ところで，この話の進め方は，第1章第1節「カリキュラム・デザイン」で説明した，バックワード・デザインそのものです。バックワード・デザインによるカリキュラム設計を，田尻氏は部活動の体験から身につけていたのです。教職についてからの9年間，「授業の準備などはそっちのけで，自分のエゴを生徒に押しつけるだけの指導をしていた」[224]田尻氏ですが，ある野球部の監督から「まず夢を持って，シミュレーションして，そしてそこへ行くための手立てを考えていけ，逆算していけ！」というアドバイスを受け，それが，バックワード・デザインによる英語授業のカリキュラム設計へとつながるきっかけになったそうです。[225]
　もう一人の野球部の監督のアドバイスからも，田尻氏は大きな学びを得ています。[226]

　　「田尻，授業も同じやで。その教科の面白さが分かって，頑張ったらど

んなことができるようになるかが分かると，子どもは俄然やる気を出すねん。そのあとは多少叱られようがきついことをしようが，生徒はついてくるもんや。練習なんて，やらせとるうちはたいしたことないで。やりたいと思わせてこそ指導者や」と言われたときは，目からうろこが落ちた。目的を持たせ，生徒の長所を見つけ，そこを育てる。部活動指導から学んだことは，私にとってとても大きな財産となっている。

「目的を持たせ，生徒の長所を見つけ，そこを育てる」ことは，現在の田尻氏の英語教育実践のバックボーンとなっている考えです。これらを総合すると，田尻氏の場合，「部活動での学びが，英語の授業改善に大きな影響を与えた」とまとめられるでしょう。

## 5　生徒指導その4：英語の授業

田尻氏の授業では，生徒同士の関わり合いがさまざまな局面で見られます。その重要性について，田尻氏はこう述べています。[227]

> 最近の子どもたちはコミュニケーション不足からか，人間関係を構築することが苦手になり，悩むことが多くなった。英語はコミュニケーションの仕方を教える教科である。ならば，授業を通じて生徒同士が関わり合い，お互いを理解し，認め，支え合えるようにしてやりたいと考え，日々の授業作りに精を出した。

田尻氏の英語教育実践で非常に多く見られる「生徒同士の教え合い」は，その工夫の中で生まれてきたものです。生徒同士で教え合う効果について，田尻氏はこう述べています。[228]

> 効果はたくさんあります。まず，人に教えることで自分が二度学べるという効果。それともう1つは，視野が広がるということですね。相手に対して「どうして分からないの」と思っても，それを言ったら人間関係が崩れてしまうので我慢する。そして「ここに資料があるよ」とか，「この

前，先生が言っていたじゃない」というように，周辺に気持ちを向けるようになるんです。それに，いろいろな感情を体験することもできる。最近の子どもたちって，外で遊んで暴れたり，ものをつくったりという体験が少ないでしょう。昔なら，喧嘩をしながらいろいろなことを覚えていったものですが，今の子はそういう機会が少ないために，言葉で交渉するのが下手な子が多いんです。それで，ワーッといきなり手や足が出るような，暴力的な行動に出てしまうことがあるんです。それならば，英語の中でいろいろ体験させてみよう。そう考えて，生徒にペアを組ませたり，ティーチャー制度をつくったりしているんです。

教え合いをする場合は，いわゆる fast learner が slow learner に教えることが多いのですが，それを成立させる条件として，川口・横溝（2005：122-123）は「fast learner が『教えることが自分のプラスになる』と感じること」「slow learner が『他の学習者に教えてもらっても構わない』と思うこと」を挙げています。この条件をクリアするために田尻氏がまず行っているのが，「fast learner の自己認知要求を満たすこと」そして「fast learner の知的好奇心やプライドをくすぐるような発展教材をあらかじめ用意しておくこと」です。[229]

　　ぜひお話ししたいのは，勉強を頑張っている生徒との接し方です。仮に授業で問題を起こす生徒がいたとします。その生徒を指導するには時間がかかります。その間に別の生徒が，「できました」と言ってきたら，問題のある生徒を待たせて，できた生徒の答案を見てあげてください。正解なら，ほめて喜ばせてあげる。さらにレベルを上げた課題を与えて，「できたらまた声かけてな。分からないところがあったら呼んでもええよ」と言う。するとこの生徒は夢中でドリルに取り組みます。そのあとに問題のある生徒のもとに戻っても，せいぜい 20 〜 30 秒しか待たせていません。
　　大事なのは，勉強のできる生徒たちの心を豊かに育てていくことです。授業を円滑に進めようとして問題を起こす生徒ばかりに時間をかけてしまうと，勉強のできる生徒は自分が大切にされていないと思って，先生に反感を抱くようになります。勉強を頑張る生徒は，将来，会社の中枢や役所などに入っていくでしょう。そのとき，仕事がうまくいかない同僚や部下

に温かく接することができる，思いやりのある社会人であってほしい。あるいは，心のこもった福祉事業をしてほしい。この実現は，勉強のできる生徒をいかに手厚く見られるかにかかっています。こうした教育を行わないと，大企業や官公庁に入っても私利私欲に走る人が出てきてしまう。今の社会には，勉強のできる生徒の心を豊かに育ててこなかったツケが出ているように思います。

このような形で fast learner を心理的に満たしたあとで，fast learner に対し，「ティーチャーまたはリーダーという役割で slow learner の学習を支援してほしい」という依頼を出します。その際には，次のようなことばを fast learner にかけています。[230]

> いいかい，みんな。英語ができればそれはそれでいいと思う。でも英語ができるということよりも，もっともっと大切なことがある。自分一人だけがよければいいというものじゃないんだよ。『合格，イエーイ』とお互いで言ってほしいし，分からないときには，しっかりと教え合いをしてほしい。

自分の学習をしっかりと見てくれている田尻氏本人に依頼されることによって，fast learner は，ティーチャー役やリーダー役を自発的に引き受けます。ただし，答えを教える行為は禁止されています。[231]

> 僕の授業は…ペア，あるいはグループというものをすごく生かすようにしているので，子どもたちの関わり合いというのが授業の中で大きな活力になってくるのです。それは，英語が苦手な子を得意な子が面倒を見てくれたり，あるいは，それ以外の関わり方もあります。その関わり合いで非常にみんながそれぞれの特徴を出して，お互いに違いを知ることでさらに盛り上がっていくんですね。その意味では習熟度のようにあまり同じような集団がそろってしまうと，違いが出てこなくて面白くなくなってしまうことがあります。それと，教え合いをするときに，分かっている子が分からない子に教えるときに，すごく人間関係がよくなっていくんです。…ペ

> ア学習では答えを教えちゃ駄目なんです。ヒントを与えることで、教えるほうも教えられるほうも頭を使うようになります。そこでお互いの工夫と努力が出てくるようになる。だから、分かったときに2人で大喜びをしますね。抱き合ったり、握手をしたり、立ち上がってガッツポーズを取ったり。

こういった工夫によって生徒同士の教え合いを実現しているのですが、いつもうまくいくわけではないことは、田尻氏も認めています。[232]

> 実際には、テストを受ける側の子が「もう合格にしろよ」と迫ったり、先生役の子が厳しすぎたりして、喧嘩が始まることもあります。この方法は、あくまでもチャレンジであって、こうすればうまくいくという確信があるわけではありません。絶対に子どもたちが傷つかないようにと思いながら、毎日、ひやひやして付き合っているという感じです。

しかし、「教え合いをめぐる生徒間の喧嘩は、生徒指導のチャンスでもある」と、田尻氏は考えているようです。[233]

> （夏休みに）さぼった生徒と頑張った生徒の関わりは、2学期から面白い形になっていきます。私は1年の2学期から生徒と担任と相談して作ったペアでの学習を開始しますが、ペアの一方（リーダー）がパートナーに教える際、1学期の勉強ができていないパートナーはリーダーの説明を聞いても理解できず、ついにはリーダーがたしなめ始めます。そして、昼休みや放課後に英語教室に来て、リーダーたちがパートナーたちを指導し始めるのです。教師が教えるより、友達に教えられるほうが本気になり、喧嘩をしながらでも、コミュニケーションをとって交渉力を身につけていきます。昨年度の1年生の教え合い学習では、「リーダーが厳しすぎる」、「パートナーの考えが甘い」、「パートナーが文句を言う」などという苦情も出ましたが、そのことを授業で話し合い、解決のための方策をみんなで考えました。私はそれを「コミュニケーションの練習」と位置づけています。

「生徒同士が関わり合い，お互いを理解し，認め，支え合える」[234] ことを目ざす英語の授業なので，教え合いをめぐる喧嘩も，生徒にとってのよい学習機会となっているわけです。
　以上，生徒同士のインターアクションを通じて生徒指導を行っている例でしたが，英語の授業中に，田尻氏本人から直接，生徒指導が行われることもあります。[235]

　　田尻の授業には，ストップウォッチが登場する。体育ではなく英語の授業に，各自1つずつのストップウォッチを持って臨むのは，いささか珍しい。例えば中学に入って，大文字，小文字の練習をする。30秒で全部書きなさいと言うと，文字が乱れる。大文字は正確に一番上の線と下から二番目の線に入っていないと許さない。小文字は上から二番目と三番目の線に収まっていないとNG。子どもからは，ちょっとぐらいええやんか，間違っておらへんとブーイングが起きる。

　　「子どもたちに聞くんです。お前ら，大きくなって車で営業していたとする。もし車が故障したらどないする？　修理に出す。いつ直りますかと聞くやろ。あさってまでに修理しますと言ったら，絶対にあさってまでにせなあかんのやで。あさってお前らが車取りに行って，『ごめん，昨日休んじゃって』と言われたらどないするのや。そんなん絶対ダメやと子どもらは言います。そや，休んでましたという言い訳が通用するのは学校だけや。何とか間に合わせても，車ボコボコやったら次は仕事もらえん。期日を守るのは絶対条件なんやで。期日を守って，最高の仕事をせな世の中は認めてくれへんのやで。ええか，30秒で書けというのは期日や。誰が見ても美しいものを30秒で仕上げないかん。それができなきゃ社会で通用せえへんのや。こう言うとみんな一生懸命きれいに書きます。子どもは納得すれば，自分で頑張る。でも大人は説得ばかりしてしまうんですわ」

　アルファベットを書く練習が，いつのまにか「人として何を大切にすべきか」という指導につながっています。そして，生徒たちはそれに納得して，頑張り始めます。「授業は生徒指導そのもの」[236] と考える田尻氏の英語教育実践

の中には，このような「英語の授業がいつのまにか生徒指導になっている」事例が，非常に多く見られます。

以上，「放課後の勉強会」「生徒会活動と行事」「部活動」「英語の授業」において，田尻氏がどのように生徒指導をしているかについて述べてきましたが，田尻氏の頭の中では，英語教育実践と生徒指導は，どうも明確には区別されていないようです。[237]

> 全部同じです。生徒会も部活動も授業も全く同じ。共通点は「生徒が本気になったときに生徒が動き始める。生徒が本気になって，質問したときに初めて生徒が聞く」っていう。生徒が本気になってやって，失敗しても，生徒は次のことにチャレンジするっていうことで。先生が教えるのではなくて，生徒が学んでいく。そこに先生がサポーターとして常に一緒にいてやって，子どもたちにアドバイスをしてやるっていうのが，先生の仕事であって，実際にやって，考えて反省して，またそれを改善していくのは子どもたちの作業であるっていうことに関しては，全く，部活も勉強も生徒会も変わらないと思いますね。

## 6　田尻氏の「叱る」「説諭する」行為

生徒一人ひとりの学習状況（プラス生活状況）を日常的に観察し頭の中に入れておく必要性については，第2章第2節「言葉かけ」の「C.ほめの信憑性」で既に述べました。このことは，「叱る」行為そして「説諭」行為についても当てはまります。「自分のことをしっかり見てくれていて，きちんと理解してくれている人」からの叱責や説諭は心に響きますが，そうでない人から同じ行為がなされても，望まれる効果が期待できないばかりか，「何でお前にそんなことを言われなきゃならんのだ」という反感が，叱責・説諭される側に生じる可能性も少なくありません。すなわち，「ほめる」「叱る」「説諭する」行為が効果的に機能するためには，「誰がその行為を行うか」ということが重要な位置を占めるのです。生徒たちから「ほめ・叱り・説諭を行う資格のある人間」として認められるために，田尻氏は自学帳や一対一の指導などをとおして，一人ひとりの生徒を注意深く観察し続けています。このことに関連して，田尻氏

はこう語っています。[238]

　　信頼関係が出来てないのは自分が学年主任をしていた2年生なんですよ。2年には自分が授業行ってないから。授業に行ってる3年生に対しては,「こうしなさい」ってことが言えるんですよ。だって僕はたっぷり時間を割いて,彼らのためにやっているっていう自信があるんです。あの子たちのために毎日僕は3時間使ってノートを見てやって,返事を書いてやったり,プリント作ってやったり,「あいつらのためにやってるぞ」っていう自負があるんです。だから,「お前たちも頑張るんだぞ,お前たちもこうしろよ」っていうことが言えるんだけど,今の2年生には何もしてやっていないから言えない。…この前すごく生徒指導上の問題が起きて,僕がその子たちを呼んで話をしないといけなくなったとき,「俺こいつら知らんぞ」ということに気がついたんです。それで「ごめんな,今日はこういういきさつで呼んだんだけど,俺はお前たちに何もしてやってないから,お前たちに説教するつもりもないし,人生論語るつもりもないし,ただ,みんな学校が楽しくないだろ？」と聞いてみると,「楽しくない」という答えが返ってきました。

「君たちのことをしっかり理解するまでは,自分には『ああしろ』とか『こうすべきだ』という資格がない」と田尻氏は考えているのです。そんな田尻氏が,「生徒一人ひとりのことをしっかりと理解しているので,自分には『ああしろ』とか『こうすべきだ』という資格がある」という判断の下,叱責や説諭を行う際には,「どのタイミングでどんな言葉をかければ生徒の心に一番響くか」を考えて実行に移します。NHKの『プロフェッショナル』で紹介された田尻実践の中に登場するS君へのアプローチが,その好例です。
　『プロフェッショナル』では,S君の心の中に「気づき」が生じるまで,注意深く観察し続け,「ここだ！」というタイミングで言葉をかける田尻氏の具体的言動が映っています。田尻氏が重視していることは,「生徒に気づかせる」ことなのです。「気づかせる」ことは,一方的に叱ったり説教したりすることに比べると,はるかに時間がかかりエネルギーが求められる行為です。それを支えるのは「愛」であると,山口・平尾（2003：125-126）は述べています。

「どうしてやったらその本人にとってベストなのか，同時に周りの人間にも喜んでもらえる存在になれるのか」という青写真を指導者がきちっと自分のなかに焼き付けないと，現実からかけはなれた指導をしてしまうことになる。このイメージを鮮明に描くということは，すごく大変なことなんだよ。僕なんか，夜も寝ないでいつもいつも想い描いていたもの。まあ，好きになった人のことを考えると，夜眠れなくなるのと一緒なんだけど（笑）。本当に僕は，子どもたち一人ひとりのいろんなイメージを描ききることに，いつもすごく時間を費やしてきた。それは誰にも負けないよ。マスコミなんかはすぐ，僕のことを「熱血」とか「根性」とかいう言葉だけで語ろうとするけれど，その裏側で僕が，どれだけ神経を遣って，試行錯誤しながら，生徒に向けてイメージをいかに構築してきたかということは，分からないだろうね。結局，気づかせてやれないというのは，指導者がどこまで手をさしのべてやればいいのか分からないんだな。その見極めができないから，ただ闇雲に強制したり，子どもたちに判断させないで教えすぎてしまうというか，過保護になったりしてしまう。そうやって，子どもが自分で気づく芽を摘んでしまうケースはよく見受けられるけど，この見極めというのは，やっぱり「愛」なんだよ。子を想う親の愛。生徒を想う教師の愛。子どもたちを想う大人の愛。本当に「この子にこうなってほしい」というイメージがあれば，おのずと分かるはずなんだ。愛情が足りないんだよ。何でもやってやるのが愛情なのではない。子どもを信じて，任せる。自分で気づくことができるまで，追い込んでやる。そういう気持ちが，本当の愛だと思うよ。

Ｓ君への田尻氏のアプローチも，「人の痛みが分かる子に育ってほしい」というイメージに支えられているのでしょう。その大切さに自分で気づくように，映像に映っているような形でＳ君を追い込んだのだと思います。そしてその行為は，田尻氏のＳ君への大きな愛情から生まれたものであると本稿の筆者は思っています。

## 第2節
# 自己研修の継続

## 1　教師の成長と自己教育力

　現在の教師育成は，「教師の成長（Teacher Development）」という方向性で実施されるようになってきています。この方向性は，「教師養成や研修にあたって，これまでよいとされてきた教え方のモデルを出発点としながらも，それを素材に＜いつ，つまりどのような学習者のタイプやレベル，ニーズに対して，またどんな問題がある場合に＞，＜なぜ，つまりどのような原則や理念に基づいて＞教えるかということを，自分なりに考えていく姿勢を養い，それらを実践し，その結果を観察し改善していくような成長を作りだしていくことを重要視するものです（岡崎・岡崎 1997：8-10）。換言すれば，教師を育成していく段階で，「自己教育力」を身につけさせようとする方向性が，現在の教師育成の主流である，とも言えるでしょう。「自己教育力」とは「教師としての向上心」のようなもの（横溝 2006：45）なのですが，田尻氏はどのような自己教育力を持っているのでしょうか。

## 2　田尻氏の自己教育力

　「なぜ教師は成長し続けなければならないのか」という問いに対する回答として，矢藤（2006）は，以下の4点を挙げています。

　⑴　大学の養成教育の段階で形成される専門的力量は，教職生活に必要な最低限のものであり，それのみで教育実践を遂行していくことは困難である。

(2) 教職歴に応じて教師の行動の場が拡大し，職務内容も深化・拡大する。
(3) 教育の内容や方法は，科学技術の発達，学問・文化の発展，社会的ニーズの変化に伴って変わる。
(4) 学習者をめぐってさまざまな教育問題が顕在化してきている。

　成長し続けないと，さまざまな変化に対応できなくなるというわけです。教師の成長に関して，田尻氏は「教師は自分で高まり続けることが絶対に必要だ」と考えています。[239]

　　人を育てるために必要なのは，やはり自分が高まり続けることだと思います。高まったからこそ見えることもたくさんありますし，そもそも人に努力を促しておきながら自分が努力を怠っては，言葉に重みが出てきません。だから，自分が努力し続け，工夫し続け，チャレンジし続けることは絶対に必要だと思います。

　この考えの下，田尻氏はさまざまな自己研修を自分自身に課しています。以下，「英語の自己研修」と「教え方の自己研修」に分けて述べていきます。

## 3　英語の自己研修

　「髭をたくわえた口からは，ネイティブ並みの英語が出てくる（柳井1997：2）」と評されるほど，田尻氏の英語はトップレベルにあります。しかしながら，田尻氏には留学経験はなく，日本国内での個人的自己研修によって自らの英語力を伸ばしています。個人的自己研修を始める前の英語力について，田尻氏はこう語っています。[240]

　　肝心の英語の授業では，いったい何を教えていたのか，ほとんど思い出すこともできません。ましてや，英語の教材研究なんてしたこともありませんでした。自分の英語力もひどいもので，ボタニカルガーデンの訳を「これはボタンの庭っていう意味や」なんて真顔で説明したら，かしこい子たちは，あっけにとられて教科書ではなく，塾の宿題を始めました。あ

とで，辞書を引いてがく然としましたけど…。

では，田尻氏はどのようにして高いレベルの英語を身につけたのでしょうか。大津の著書（2007：185-186）の中で，田尻氏は以下のように回答しています。

Q1 ご自身にとって，これが決定的だったと思われる学習法を1つ挙げてください。
　3つあります。1つは20年以上続けているシャドーイング。2つ目は生徒にアウトプット活動をたくさんやらせたこと。特に，ライティングをチェックする過程で「こんなん言うんかいな」と迷って辞書を引いたりALTに質問し続けたことが，自分の英語力を伸ばしてくれました。3つ目はALTとたくさんしゃべったことです。

Q2 英語学習者に勧めたい英語学習法を1つ挙げてください。
　シャドーイングです。

Q3 英語学習者に助言したいことを1つ挙げてください。
　英語学習は自分一人では「知識のストック」で終わってしまう可能性があります。英語を実際に使ってこそ，そのストックが活性化されます。漢字を覚えたことと，漢字を使うことの違いとよく似ていると思います。一人で学習をしたあと，相手を見つけて使うことが大切であり，この両者は英語学習の両輪だと思っています。

シャドーイングとは「カセットテープやビデオテープの音声を追って，数秒遅れて発話すること。流暢さやリスニング，スピーキングの能力を向上させるために使われる手法」[241]なのですが，田尻氏は自身のシャドーイングのやり方を次のように説明しています。[242]

　僕自身もまだ英語の勉強をし続けていますが，ラジオの英会話番組を録音して，それをずっと行き帰りの車中でシャドーイングし，分からないとテキストで調べて，もう一回シャドーイングしています。そこには学習者である自分と，困ったときの補助教材であるテキスト，この2つしかないんです。インストラクターはいないんです。でも十分学習できるんです。

シャドーイングによる独学について，田尻氏は以下のようにも語っています。[243]

　23年前ですよね。それから，シャドーイングをずっと続けています。自分で学習をしていて，ふと気がつくと指導者がいないんです。ひたすらトレーニングをしている自分と，そのトレーニングの補助教材であるカセットテープと分からないときに助けてくれるテキストと辞書だけ。「ああ，指導者いらないんだ」って思いました。とりあえず一番最初にまず聞いたり読んだりしてインプットをしたあとは，ひたすらトレーニングをします。その表現を，車の中で，電車の中で，相手がいないけれども使うシーンを自分で想像します。そういう練習をしているときに，「こういう練習が必要だよな」と思ったんです。音とか文字を身体の中に一回取り込んで，自分なりにアレンジして，応用しながら使うレベルまで持っていきたいと常に思いながら，電車の中でぶつぶつ，頭をドアにつけながら練習をしていました。それこそがインテイク（intake）の部分だろうって，たぶん身体の中で感じていたと思います。

シャドーイングの他は，生徒やALTとのコミュニケーションの中で，英語力を高めているのですが，田尻氏自身が英語の自己研修をしている姿を生徒に見せることもあります。[244]

　教員の方々は，力を伸ばし続ける姿を生徒に見せてあげてほしい。生徒に質問された単語の意味が分からなかったとき，すぐに調べる姿を見せることはとても重要です。生徒は「先生でも知らないことがあるのか」と言ってきます。そこで辞書を引いて単語を調べて，「この言葉の意味，初めて知った。今，調べないと，この次いつこの単語に出合うか分からないからな」と言うと，生徒も調べるようになります。単語の意味を知らないことより，知ったかぶりをして，うそをつくほうがよほど恥ずかしい。こうした日々の授業での生徒とのやり取り一つひとつに授業改善やお互いの成長につながるヒントが隠されています。先生方には，それを見逃さない努力を続けていただきたいと思います。

第3章　生徒を育てるために必要なこと

英語の教師として「自ら学び続ける」のは当然のことであり，その前向きな学び続ける姿を生徒に見せるべきであると，田尻氏は考えているようです。

## 4　教え方の自己研修

これまで紹介してきた「英語の教え方に関するさまざまな工夫」を目の当たりにすると，多くの英語教員は圧倒されてしまいます（本稿の筆者もその一人です）。しかし，その工夫の全部が，田尻氏のオリジナルというわけではないようです。[245]

> 期末テストが終わったら，クリスマス・スペシャル！　私はジョン・レノンの "Happy Christmas" を使いました。まず最初に，歌詞の意味を確認します。その後，メロディに合うように，歌詞を短く格好よくします。最初は直訳で長い日本文を書いていた生徒たちも，メロディに合わせるために意訳をするようになります。このとき，意外な生徒が詩心を持っているのを発見して，感動されるかもしれません。アウトプットをさせると，生徒のよさや才能を知ることができて本当に楽しいです。次に，英語の歌を直訳して歌うので有名な「王様」の "幸せなクリスマス" で答え合わせをしたあと，コーラス部分である War is over if you want it. を書いた模造紙を貼ります。ジョンとヨーコが送ったこのメッセージに対して，ニューヨーカーはどう応えたかを予想させ，最後は The John Lennon Video Collection（VHS 版）を見せます。生徒の心がぐっと動く瞬間を見ると，この仕事をしている醍醐味を感じます。この授業を豊かにしてくれる王様の CD とジョン・レノンのビデオは，いずれも筑波大学附属駒場中高（当時）の久保野雅史先生から紹介していただいたものです。持つべきものは友ですね。

「他の教師から学ぶことによって，自分の授業が変わっていった」ことを，田尻氏は次のように認めています。[246]

筑波大学附属駒場中学高等学校の久保野雅史先生から紹介していただいたビデオやCDは生徒の心を動かすものばかりであったし，中嶋洋一先生の書かれた『"英語の歌"で英語好きにするハヤ技30』は，同じ世代としての共通点を見つけて喜び，私よりはるかに深遠な考えに感動し，一気に読んでしまった。こういう素晴らしい先生方や，その先生方に紹介していただいた先生，本や教材のおかげで，私の生徒の心もどんどん豊かになっていった。両氏に教わったもう1つの技がある。Show & Tell などのスピーチの指導法である。

　このような田尻氏の「他人から学ぶ」姿勢について，髙橋（2004：7-8）はこう述べています。

> 　私は彼（田尻氏のこと）から，「教えること，教師であるということは，自ら学び続けることである」ということを学んだ。彼は，ある研究授業の協議会の冒頭で，「私の授業の大半はパクリです」と堂々と述べたことがある。確かに，彼の授業を見ると優れた先人や同僚の実践を取り入れている所が少なくない。しかし，「表面的な物まね」はどれ1つとしてなく，全てが，自分自身と自分の目の前にいる生徒たちに最も適したものへとアレンジされ，全てが，「田尻流」のオリジナルの指導になっているのである。英語教員の自己研修は，「知る」→「模倣する」→「改良する」→「創造する」という過程を踏むべきものと考えるが，模倣のみに終始していると，授業で最も大切なことである，「何のために今，これを行っているのか」を自ら説明することのできない単なるコピー機となりはて，…「先を見て，今を指導する」ことができなくなってしまう。若い先生方には，田尻氏のこの修行の過程（「守破離」）をぜひ学び取っていただきたいと思う。

　このように，田尻氏の実践の多くは，田尻流のアレンジによってオリジナル化された結果の産物なのです。それを実現するためには，積極的に研修に参加すべきだと田尻氏は考えています。[247]

そこで自分の英語力が足りないと思ったら，自分で英語運用能力を高める工夫はいくらでもできるんです。10日間だけ運用能力を鍛えても，自分で自分を高める気持ちを持たなければ，研修に出た意味がないんです。教員の英語力にしても，授業力にしてもね。

　そして，県などが提供する公的研修だけでなく，さまざまな研修会に参加することで，自分のネットワークを広げる努力をすべきだと考えています。[248]

　身銭を切って，まず研修会に出て行くことですね。金を惜しんでいては出合いがない。出合った先生からいろいろなものを紹介してもらう。本を読むのもすごく大事だけれども，本を読むとそれで終わってしまう部分があるんです。でも研修会に行くと，先生方と知り合って，今はもうメールでオンラインでつながる時代になっているから，「こんなものがあったよ」とか，「こんなもの持ってるよ」というように，みんなで情報のシェアをしていくことができるんです。英語科はシェアリングのネットワークがあちこちでできていますよね。

　さまざまな研修会に参加していろいろな教え方に出合うことにより，田尻流のアレンジができるというわけですが，同じようなアレンジが他の英語教員にできるわけではありません。そのことについて，田尻氏はこう語っています。[249]

　研修会などで私の話を聞いた先生が，全く同じことをしても，残念ですが大抵つまずきます。生徒や学生一人ひとりの考えは違うし，教員にもそれぞれの個性があります。その個性を認めるところに教育があると思います。教科指導の方法を自分なりに砕いて，試行錯誤しながら実践する中で，ようやく教員の個性が発揮されて，指導力が向上します。そう考えると，自分を生かす教科指導の技術を体得していく必要があります。

　この田尻氏の主張は，「机上での学習によって得る知識と，実践をとおして得る実践的知識の両方が，継続する内省作業の中に組み入れられることによって，教師一人ひとりの職業人としての成長が実現できる」という，内省モデル

での教師教育の考えと一致しています（横溝・迫田・松崎 2005）。そんな田尻氏は，自分が講師となる研修に関して，次のようなことを述べています。[250]

> 僕は大阪の研修会で，一番嬉しかったのは，高校の先生方が集まって来られて，「先生の言われていることは直接私たちにはできない，条件が違うから。直接はできないけれども，非常に inspiring でした」と言われたことですね。授業の感想も，「すごい授業」は「自分にはできないかもしれない」につながるけど，「inspiring な授業」は「自分も頑張ってみよう」につながりますよね。だから，あの言葉が一番嬉しかったですね。

つまり田尻氏は，「心に火がついて『自分なりに頑張ってみよう』という気持ちが生じること」を，講師として研修をする際にも，目ざしているのです。そして，自己成長をしようという気持ちが不足・欠如している教員に対しては，厳しい態度を取っています。[251]

> 僕の講演を聞いて，「じゃあ無理だ」と悲観的になる先生方が結構いるんです。ただ気がついてほしいのは，「もっと高めるチャンスはあるんじゃないか」ということです。指導力向上研修なんかで僕の話をお聞きになって「ああ，まだまだ足りんわー」とか「いやあ，自分はさぼってるわー。もう早く帰って頑張りたい」とかって言われたら，僕の話がうまくいったっていうことだから，嬉しいのは嬉しいんです。でもそれは，裏を返せば，「やっぱり努力不足の先生が多い」ということにもなります。僕が一番嫌いなことばは，「結局は人間性ですよね」っていうことばです。それはあきらめのことばでしょう？　人間性なんか自分で高めるもんであって，人間は完璧じゃないわけだから。死ぬまで高まるチャンスがあるのに，それをあきらめてる人のことばのように聞こえてしまうので。

「教師は自分で高まり続けることが絶対に必要だ」という田尻氏の厳しい態度は，「教員は人を育てる仕事をしているのだから，自分自身が育っている『背中』を手本として見せる必要がある」という信念に支えられています。[252]

できないと思った時点でもうできません。あの人はできるけど私にはできないと思ったら，できるものを探すか，それとも「できるようになりたい」と思うか，2つに1つしかないと思います。できないって言って動かない人は，ほんとにできなくなってしまうと思いますよ。それはしちゃいけないでしょ，教員は。やっぱり子どもの手本とならないといけないわけだから。子どもの手本って何かっていったら，できなくても頑張る人なわけでしょ。できなくてもできるようにしようと思ってあがいてる姿を見せるのが大人の仕事なのに，「できない」って言って動かなかったら教員の資格はないと思います。

第3節

# 子どもの可能性を信じること

## 1　教師の期待と生徒の成長

　「教師期待（teacher expectation）」に関して，「生徒が達成できることに対して，教師が十分に高い期待値を保つこと」が重要であると言われています。この現象は「ピグマリオン効果（Pygmalion effect）」と呼ばれるものなのですが，「自分の担当する生徒が高い学力水準に到達できると教師自身が確信すれば，生徒もそうなる可能性は十分にある。しかし，自分の生徒がどの程度学習についていけるかに関して低い期待値を持っている場合は，生徒たちもこの『低い期待に沿う程度の』学習成果をあげる（ドルニェイ 2005：39-40）」ということが分かっています。であるとすれば，「教師が『生徒全員が大きく伸びる』と信じていること」が重要だということになります。この点に関して，田尻氏はどのように考えているのでしょうか。[253]

　　　人を育てる者には我慢強さも必要ですね。授業中に短気を出して怒ってしまったら，そこで全て終わってしまいます。そうならないようにするには，長期的に物事を見ること。「今はできていないけれど，絶対にできるようになる」と信じることです。

　そして，生徒の可能性を教師が低く見積もってしまうことの危険性について，田尻氏は次のように指摘しています。[254]

　　　生徒が集中して取り組むのは，自分の120％の能力をぶつけて何とかできるかという問題に直面したときなんです。なのに先生方は，「この文

は難しいな」と思ったら，解説し始める。解説しなくてもいいんです。子どもが解説してくれるから。先生方は，母親と同じで，「この子には無理だからやさしくしてあげよう」と過保護になっているんです。「この子には無理かなあ」と思ったことを，泣きながらでもいいから「頑張れ，頑張れ」と近くで見守っていてあげないといけないのに，すぐ助けを出す。だから子どもは育たない。

## 2 生徒を信じることの大切さ

「今はできていないけれど，絶対にできるようになる」と信じることは，実は容易いことではありません。なかなかそれができない教員も少なくないと思います。そんな教員に対して，田尻氏は次のような心構えを持つことを提案しています。[255]

> やはり中学校でも高校でも，大学でもみんなそうなんですが，子どもに教えている以上，子どもの成長が楽しみでやっているはずなので，子どもの反応を見ていかなければその喜びは実感として持てないと思います。「だんだん上手になってきたぞ」，「うまくなってきたぞ」，あるいは「お兄さん，お姉さんになってきたな」という，そのような手応えを子どもたちから感じることが我々の仕事の楽しさであって，その楽しさを追求するという原点に先生方が帰られれば，もっと前向きに子どもたちと関われるようになると思います。最初は誰でもできないし，できなくて当たり前だから，できないものができるようになってこそこちらも楽しいのであって，「もうあいつはできへんわ」とか，「こいつは駄目や」という発想は，教師としての自分の楽しみをなくしてしまうことになる。あの子たちができるようになるためにこれをやってみようかと思ったときに，授業作りが楽しくなってくると思います。

そして，「20数年の間，ずっと公立中学一筋で教えてきたのは，子どもたちの可能性を証明したかったからだ」とも，田尻氏は述べています。[256]

日本中の学校で，教師が最も多く所属しているのが公立の学校です。ただ，どうしても私立や附属校などとは条件が違うと考える先生が多いんですね。だからこそ僕は，「同じ公立でもこういうことができますよ」，「みなさんの受け持っている生徒も本当はすごい力を持っているはずですよ」と証明したいんです。そのためには，他の公立校と全く同じ条件でやらないといけないでしょう。…学校にはそれぞれの苦労があると思いますが，公立であろうが私立であろうが附属であろうが，根本の条件は同じですから，どこでも絶対によくなる可能性はあるし，どの先生もうまくいく可能性を持っているのではないでしょうか。

　目の前の生徒全員を「成長していく人」として位置づけ，その気持ちを保持し続けることには，大きなエネルギーと忍耐力が必要です。それぞれの成長のスピードや成長過程が異なっているからです。教師も人間ですので，いっこうに変化していないように見える生徒を見てイライラしたり諦めたりすることも，ある意味，自然な感情なのかもしれません。本稿の筆者は，成長の個人差を尊重しようという気持ちを持ちづらくなったときに，吉田（2005：196）による以下の文言を思い出すことがあります。

　　可能性を信じて存在に意識を向けてくれる人によって，長いトンネルを抜けて目覚めた才能が，たくさん世の中にはあります。可能性を信じることは思想ではなく，価値を創造していくための原理だと考えます。その原理が日々の相手を受け入れる技術を生み出していくのです。

　この最後の「可能性を信じることは思想ではなく，価値を創造していくための原理。その原理が日々の相手を受け入れる技術を生み出していく」という文言は，人の成長を支える全ての教師が常に心に留めておくべきことばだと，本稿の筆者は考えています。そして，田尻氏の言動は，この文言をまさに具現化しているもののように思えます。

　「今はできていないけれど，絶対にできるようになる」と信じて働きかけ続けることは，親が子どもに対して自然に行っていることと同じだと，田尻氏は捉えています。[257]

僕たちは，裏切られても裏切られても信じ続けないといけない。親がそうでしょう。自分の子を信じる親の気持ちを，教師は引き継がなければならないんです。親と同じように子どもたち一人ひとりを好きになることは，教師の義務だと思うんですよ。「君のことを本当に大事に思っているよ」，「君にはいっぱい，いいところがあるよ」と自信を持たせつつ，「その代わり，つらいことも乗り越えなさい」とメッセージを送る。この両方を言い続けることが，教師にとって大切ではないでしょうか。

　「親が子どもに対するように，教師は生徒一人ひとりを好きになり，可能性を信じなければならない」と，田尻氏は考えているのです。そういった「覚悟」のような気持ちの維持を，田尻氏はとても大切にしています。[258]

　中学校に勤めていたときは，毎朝出かける前に鏡に向かって，「お前は，自分の子どもを担任してもらいたい教員か？」と自問していました。

　このような田尻氏の子どもに対する信頼そして期待に関して，茂木健一郎氏はこう述べています。[259]

　人間の脳にとって，人から信頼されていないとか期待されていないとかいうことは，非常にショックなことである。信頼や期待が重荷に思える場合もあるかもしれないが，今はうまくいかなくても信頼してもらっていると感じることは，子どもにとってはすごく大事なインフラだと思う。それなしには，おそらく学びも成長もない。子どもたちに信頼という光を当てるのが，教師の務めなのではないだろうか。

　本稿の筆者はこれまで，田尻氏による英語教育実践，そして生徒指導実践などをたくさん紹介してきました。それらの実践には綿密かつ周到な工夫が凝らしてあり，その工夫によって生徒の心に火がついていく過程を少しずつ明らかにしてきました。その工夫一つひとつの素晴らしさは本稿の筆者を圧倒し続けているのですが，執筆を進めるにつれて，「田尻氏の『子どもの可能性を信じて，それを引き出してあげることが教師の務め』という揺らぎのない信念こそ

が，その工夫を支えている」という思いを強く持つようになりました。「田尻先生は自分のことを信じて，自分に期待してくれている」というメッセージが生徒一人ひとりにしっかりと伝わっていることこそが，田尻実践の「生徒の心に火をつける」メカニズムの中心部分ではないかと，現在は思っています。

2007年2月7日　東出雲中学校にて

# 注

第1章：英語教科固有の特徴
第1節　カリキュラム・デザイン
　　　注1.　田尻（2002d：204）より
　　　注2.　吉永（2008：210）より
　　　注3.　田尻悟郎のWebsite Workshopより
　　　注4.　菅，中嶋，田尻（2004：39）より
　　　注5.　田尻（2008g）より
第2節　テストの決定
　　　注6.　セクション3の問題の元々の作者は築道和明氏である
　　　注7.　菅，中嶋，田尻（2004：76）より
　　　注8.　2009年8月5日関西大学ワークショップより
　　　注9.　菅，中嶋，田尻（2004：75）より
　　　注10. 吉永（2008：210）より
第3節　教材の決定
　1. 教材選択／作成にあたっての心がけ
　　　注11. 菅，中嶋，田尻（2004：134-135）より
　　　注12. 菅，中嶋，田尻（2004：134-135）より
　　　注13. 菅，中嶋，田尻（2004：143）より
　　　注14. 菅，中嶋，田尻（2004：140-141）より
　2. 教科書
　　　注15. 菅，中嶋，田尻（2004：54）より
　　　注16. 2008年8月1日関西大学ワークショップより
　　　注17. 田尻悟郎のWebsite Workshopより
　　　注18. 2008年8月1日関西大学ワークショップより
　　　注19. 菅，中嶋，田尻（2004：12）より
　　　注20. 菅，中嶋，田尻（2004：15-16）より
　　　注21. 田尻悟郎のWebsite Workshopより
　　　注22. 田尻悟郎のWebsite Workshopより
　　　注23. 菅，中嶋，田尻（2004：68）より
　　　注24. 2007年2月の東出雲中学校での授業より
　　　注25. 田尻悟郎のWebsite Workshopより
　　　注26. 2007年11月24日の講演より
　　　注27. 「田尻悟郎のWebsite Workshopより
　　　注28. 2007年11月24日の講演より
　　　注29. 田尻悟郎のWebsite Workshopより

3. 辞書
    注30.　髙橋（2007：119）より
    注31.　田尻悟郎のWebsite Workshopより
    注32.　田尻（2008g）より
    注33.　田尻（2008g）より
4. 歌・音楽
    注34.　茂木他（2007：22-23）より
    注35.　田尻（2007e：43）より
    注36.　2008年6月22日沖縄での講演より
    注37.　2008年6月22日沖縄での講演より
    注38.　2006年1月29日のインタビューより
    注39.　田尻（2007c：43）より
    注40.　菅，中嶋，田尻（2004：174）より
5. 映画
    注41.　2006年1月29日のインタビューより
    注42.　2006年1月29日のインタビューより
第4節　教え方の決定
1. ユニークな教え方を支えているもの
    注43.　茂木他（2007：22-23）より
2. アルファベットの指導とフォニックス
    注44.　田尻（2002a：8）より
    注45.　田尻悟郎のWebsite Workshopより
    注46.　田尻（2007c：44）より
    注47.　田尻，築道（2009a：2-3）より
    注48.　田尻（2003：13）より
    注49.　田尻（2006a：3）より
    注50.　2009年8月5日関西大学ワークショップより
    注51.　田尻（2003：13）より
    注52.　2007年11月24日東広島での春原憲一郎氏との対談より
    注53.　2008年8月7日の配布資料より
    注54.　田尻（2007d：44）より
    注55.　茂木他（2007：30）より
    注56.　高塚，築道，田尻（2008：1）より
    注57.　田尻（2007d：44）より
    注58.　田尻（2003：14）より
    注59.　高塚，築道，田尻（2008：1）より
    注60.　田尻（2003：14）より

注 61.　田尻（2006a：6）より
注 62.　田尻（2006a：7）より
注 63.　田尻（2003：14）より
注 64.　田尻（2006a：8）より
注 65.　田尻（2006a：2）より
注 66.　田尻（2006a：8）より
注 67.　田尻悟郎の Website Workshop より
注 68.　2009 年 8 月 3 日関西大学ワークショップより
注 69.　田尻（2006a：16）より
注 70.　田尻（2006a：17）より
注 71.　田尻（2006a：22）より
注 72.　2008 年 8 月 7 日の配布資料より
注 73.　田尻（2003：14）より
注 74.　田尻（2006a：36）より
注 75.　田尻（2006a：55）より
注 76.　田尻（2008f）より
注 77.　田尻（2003：14）より
注 78.　田尻（2006a：56）より
注 79.　田尻（2006a：56）より

3. 語順指導
注 80.　田尻（2004a：9）より
注 81.　田尻（2004b：4）より
注 82.　ベネッセコーポレーション『語順下敷き』より
注 83.　田尻（2006c）の「中学生のみなさんへ」より
注 84.　田尻（2004a：9）より
注 85.　改訂版「自己表現お助けブック」（pp.22-23）より
注 86.　改訂版「自己表現お助けブック」（p.14）より
注 87.　田尻（2004a：10）より
注 88.　田尻（2008i）より

4. 誤りへの対処
注 89.　田尻（2004a：11）より
注 90.　田尻（2008e：2-3）より
注 91.　改訂版『自己表現お助けブック』（p.31）より
注 92.　田尻（2008e：3）より
注 93.　2009 年 8 月 6 日関西大学ワークショップより
注 94.　茂木他（2007：18）より
注 95.　田尻（2004a：11）より

注 96. 田尻（2008g）より
注 97. 田尻（2004a：11）より
注 98. 田尻（2007h：42）より
5. 機械的ドリル
注 99. 田尻（2002b）より
注 100. 田尻，築道（2009a：17）より
注 101. 田尻（2002b）より
注 102. 田尻（2002b）より
注 103. 田尻，築道（2009a：28）より
注 104. 田尻（2002b）より
注 105. 田尻（2002b）より
注 106. 田尻（2002b）より
注 107. 田尻（2002b）より
注 108. 田尻（2004b：8-15）より
注 109. 田尻，築道（2009a：6）より
注 110. 2008 年 8 月 4 日配布資料より
注 111. 2008 年 8 月 4 日配布資料より
注 112. 2008 年 8 月 4 日配布資料より
注 113. 田尻，築道（2009a：34）より
注 114. 2008 年 8 月 4 日配布資料より
注 115. 2008 年 8 月 4 日関西大学ワークショップより
注 116. 田尻，築道（2009b：33）より
注 117. 田尻（2007h：42）より
注 118. 2008 年 6 月 22 日沖縄での講演より
注 119. 田尻（2002c）より
注 120. 田尻（2004c）より
注 121. 田尻（2002d：205）より
注 122. 田尻，築道（2009b：55）より
注 123. 田尻（2002d：205）より
注 124. 田尻（2002c）より
注 125. 2008 年 6 月 22 日沖縄での講演より
注 126. 田尻，築道（2009a：9）より
注 127. 菅，中嶋，田尻（2004：7）より
6. 日記
注 128. 田尻（2007a：88-89）より
注 129. 田尻（2007d：44-45）より
注 130. 田尻（2007d：45）より

注 131. 田尻悟郎の Website Workshop より
注 132. 田尻（2007d：45）より
注 133. 田尻悟郎の Website Workshop より
注 134. 田尻（2007d：45）より

7. 文章の指導
注 135. 田尻（2004a：10）より
注 136. 田尻（2004a：10-11）より
注 137. 田尻悟郎の Website Workshop より

8. スピーチ
注 138. 田尻（2008a：49）より
注 139. 田尻（2008a：49）より
注 140. 2009 年 8 月 5 日の配付資料より
注 141. 田尻（2008b：47）より
注 142. 菅，中嶋，田尻（2004：112-113）より
注 143. 田尻（2008a：49）より
注 144. 田尻（2002d：209）より
注 145. 田尻（2002d：209-211）より
注 146. 田尻（2002d：209）より
注 147. 田尻（2008c：47）より
注 148. 田尻（2007b：114）より
注 149. 田尻（2008b：47）より
注 150. 田尻（2002c：209）より
注 151. 田尻（2008a：49）より
注 152. 田尻（2007b：114）より
注 153. 田尻（2007b：114）より
注 154. 吉永（2008：210）より

9. 文型導入と文法説明
注 155. 2007 年 1 月 29 日のインタビューより
注 156. 2007 年 1 月 29 日のインタビューより
注 157. 田尻（2007a：82-83）より
注 158. 2009 年 8 月 4 日関西大学ワークショップより
注 159. 田尻（2002c）では田尻氏による実際の説明を映像で，田尻・築道（2009a）ではイラストによる説明を見ることができる
注 160. 2007 年 1 月 29 日のインタビューより
注 161. 田尻（2002c）より
注 162. 2007 年 1 月 29 日のインタビューより
注 163. 2007 年 1 月 29 日のインタビューより

注164. 2007年1月29日のインタビューより
注165. 菅，中嶋，田尻（2004：148-149）より
10. 4技能の指導
注166. 田尻（2007a：89）より
注167. 田尻（2007g：46）より
注168. 田尻（2007c：44）より
注169. 菅，中嶋，田尻（2004：158）より
注170. 茂木他（2007：51）より
注171. 田尻（2007b：111-115）より
注172. 茂木他（2007：52）より
注173. 菅，中嶋，田尻（2004：53）より
注174. 菅，中嶋，田尻（2004：51）より

第2章：生徒の心に火をつける工夫
第1節　自学システム
注175. 茂木他（2007：36-37）より
注176. 田尻（1997：150）より
注177. 田尻（1997：150）より
注178. それ以前の例は，田尻（1994，1997）に詳しく紹介されている
注179. 田尻（1994：58）より
注180. 田尻（1997：21）より
注181. 田尻（1994：27）より
注182. 田尻（1997：21）より
注183. 田尻（1997：42）より
注184. 田尻（1997：52）より
注185. 田尻（1994：43）より
注186. 田尻（1994：27）より
注187. 田尻（1997：21-22）より
注188. 2008年6月22日の配布資料より
注189. 田尻（1994：28）より
注190. 2008年8月4日の配布資料より
注191. 田尻（1997：64）より
注192. 田尻（1997：20）より
注193. 茂木他（2007：26-27）より
注194. 田尻（1997：128-129）より
注195. 吉永（2008：210）より
注196. 菅，中嶋，田尻（2004：130）より

注 197. 田尻（1997：14）より
注 198. 菅，中嶋，田尻（2004：44）より
注 199. 田尻（1997：14）より
注 200. 田尻（2002d：211）より

第 2 節　言葉かけ
注 201. 田尻（1997：125）より
注 202. J. Brophy（1981）より
注 203. 日本放送協会（2007）より
注 204. 2009 年 8 月 5 日関西大学ワークショップより
注 205. 田尻（1997：56）より
注 206. 茂木他（2007：48）より
注 207. 茂木他（2007：46-47）より
注 208. 写真は日本放送協会（2007）より
注 209. 田尻（2009）より
注 210. 田尻（1997：125-126）より
注 211. 日本放送協会（2007）より
注 212. 田尻（1994：41）より
注 213. 菅，中嶋，田尻（2004：21）より

第 3 章：生徒を育てるために必要なこと
第 1 節　生徒指導と教科指導のつながり
注 214. 茂木他（2007：32-33）より
注 215. 菅，中嶋，田尻（2004：24）より
注 216. 2008 年 8 月 6 日関西大学ワークショップより
注 217. 田尻（2008i）より
注 218. 田尻（2008c：46-47）より
注 219. 2008 年 8 月 6 日関西大学ワークショップより
注 220. 2008 年 8 月 6 日関西大学ワークショップより
注 221. 2008 年 8 月 6 日の配布資料より
注 222. 2008 年 8 月 6 日関西大学ワークショップより
注 223. 2005 年 7 月 18 日のインタビューより
注 224. 菅，中嶋，田尻（2004：188）より
注 225. 菅，中嶋，田尻（2004：51）より
注 226. 菅，中嶋，田尻（2004：191）より
注 227. 田尻（2002d：204）より
注 228. 茂木他（2007：28-29）より
注 229. 田尻（2008e：4）より

注 230. 茂木他（2007：52）より
注 231. 菅，中嶋，田尻（2004：113）より
注 232. 茂木他（2007：29）より
注 233. 田尻（2007f：42）より
注 234. 田尻（2002d：204）より
注 235. 吉永（2008：211）より
注 236. 田尻悟郎の Website Workshop より
注 237. 2005 年 7 月 18 日のインタビューより
注 238. 2005 年 7 月 18 日のインタビューより

第 2 節　自己研修の継続
注 239. 茂木他（2007：48）より
注 240. 田尻（2008d：7）より
注 241. 菅，中嶋，田尻（2007：37）より
注 242. 菅，中嶋，田尻（2007：37）より
注 243. 2006 年 1 月 28 日のインタビューより
注 244. 田尻（2008e：5）より
注 245. 田尻（2007i：43）より
注 246. 田尻（2002d：208）より
注 247. 菅，中嶋，田尻（2004：93）より
注 248. 菅，中嶋，田尻（2004：134）より
注 249. 田尻（2008e：5）より
注 250. 菅，中嶋，田尻（2004：105-106）より
注 251. 2006 年 1 月 28 日のインタビューより
注 252. 2006 年 1 月 28 日のインタビューより

第 3 節　子どもの可能性を信じること
注 253. 茂木他（2007：48-49）より
注 254. 2009 年 8 月 6 日関西大学ワークショップより
注 255. 菅，中嶋，田尻（2004：168）より
注 256. 茂木他（2007：46-47）より
注 257. 茂木他（2007：48-49）より
注 258. 2008 年 6 月の沖縄での講演より
注 259. 茂木他（2007：49）より

## 引用文献

足立和美（2009）「学習者に応じた教材の選択」三浦省五・深澤清治編著『新しい学びを拓く英語科授業の理論と実践』ミネルヴァ書房，62-70.
家本芳郎（1993）『子どもの心にひびくほめ方叱り方：ほめて伸ばし叱って伸ばす』学事出版
大下邦幸（1996）『コミュニケーション能力を高める英語授業：理論と実践』東京書籍
大津由紀雄（2004）『英文法の疑問：恥ずかしくてずっと聞けなかったこと』NHK出版
大津由紀雄（2007）『英語学習7つの誤解』NHK出版
岡秀夫，赤池秀代，酒井志延（2004）『英語教員研修プログラム対応「英語授業力」強化マニュアル』大修館書店
岡崎敏雄，岡崎眸（1997）『日本語教育の実習：理論と実践』アルク
加藤和昭（1988）『ほめ方・叱り方・教え方』経営実務出版
金谷憲（2008）『英語教育熱：過熱心理を常識で冷ます』研究社
金谷憲，高知県高校授業研究プロジェクトチーム（2004）『高校英語教育を変える和訳先渡し授業の試み』三省堂
川口義一，横溝紳一郎（2005a）『成長する教師のための日本語教育ガイドブック上巻』ひつじ書房
川口義一，横溝紳一郎（2005b）『成長する教師のための日本語教育ガイドブック下巻』ひつじ書房
菅正隆，中嶋洋一，田尻悟郎編著（2004）『英語教育ゆかいな仲間たちからの贈りもの』日本文教出版
隈部直光（1996）『英語教師心得のすべて』開拓社
小林ミナ（1998）『よくわかる教授法』アルク
クレイグ・ショードロン（2002）『第2言語クラスルーム研究』田中春美，吉岡薫共訳，リーベル出版
清ルミ（1995）『創造的授業の発想と着眼点』アルク
関根雅泰（2007）『これだけはおさえておきたい「仕事の教え方」』日本能率協会マネジメントセンター
田上芳彦（1999）『英文法用語がわかる本』研究社
高島英幸（1995）「Interactive Approach（インターアクティブ・アプローチ）」田崎清忠編『現代英語教授法総覧』大修館書店，280-295.
高塚正信，築道和明，田尻悟郎（2008）『ABC Tree 1 教師用指導書』ベネッセコーポレーション
髙橋一幸（2004）「英語教育"元気の素"－『ゆかいな仲間たちからの贈りもの』刊行に寄せて－」菅正隆，中嶋洋一，田尻悟郎編著『英語教育ゆかいな仲間たちからの贈りもの』日本文教出版，5-9.

髙橋一幸（2007a）「コミュニケーション能力を伸ばす『伏線指導』のすすめ」樋口忠彦，緑川日出子，髙橋一幸編著『すぐれた英語授業実践：よりよい授業づくりのために』大修館書店，89-92.

髙橋一幸（2007b）「中学生もこれだけ話す！：生徒の心を揺さぶり，話したいことを湧き起こさせる指導」樋口忠彦，緑川日出子，髙橋一幸編著『すぐれた英語授業実践：よりよい授業づくりのために』大修館書店，116-119.

髙橋一幸，田尻悟郎（2008）『チャンツで楽習！決定版』NHK出版

田尻悟郎（1994）「授業を円滑に進める自学帳」柳井智彦，田尻悟郎，大鐘雅勝著『自ら学ぶ子が育つ英語科自学システム』明治図書，25-59.

田尻悟郎（1997）『英語科自学のシステムマニュアル』明治図書

田尻悟郎（2002a）「生徒の学力差を見きわめるためには：1学期末，ここに注目する［中学校の場合］」『英語教育』4月号，大修館書店，8-10.

田尻悟郎（2002b）『英語授業の実践指導事例集 達人にみる授業の組み立てとアイディア集：田尻悟郎の中学生指導のアイディア集(1)』ジャパンライム

田尻悟郎（2002c）『英語授業の実践指導事例集 達人にみる授業の組み立てとアイディア集：田尻悟郎の中学生指導のアイディア集(2)』ジャパンライム

田尻悟郎（2002d）「心を育てる授業を追求して」三浦孝，弘山貞夫，中嶋洋一編著『だから英語は教育なんだ：心を育てる英語授業のアプローチ』研究社，203-211.

田尻悟郎（2003）「発音指導とフォニックス」『英語教育』1月号，大修館書店，13-15.

田尻悟郎（2004a）「生徒はここを間違う！-22年分のノートから-」『英語教育』12月号，大修館書店，8-11.

田尻悟郎（2004b）『英語がわかる！自己表現お助けブック』教育出版

田尻悟郎（2004c）『どの子も英語が好きになりたい6-way Street -何を教えて何を学ぶのか-ライブ版』バンブルビー

田尻悟郎（2006a）『田尻悟郎の楽しいフォニックス：田尻式フォニックスで発音をきたえよう！』教育出版

田尻悟郎（2006b）『田尻悟郎の英語語順トレーニングノート1年』教育出版

田尻悟郎（2007a）「計画的な刷り込みによる文型・文法事項の指導（中1・2学期）」樋口忠彦，緑川日出子，髙橋一幸編著『すぐれた英語授業実践：よりよい授業づくりのために』大修館書店，81-89.

田尻悟郎（2007b）「既習事項を駆使するコミュニケーション活動・自己表現活動（中3・3学期）」樋口忠彦，緑川日出子，髙橋一幸編著『すぐれた英語授業実践：よりよい授業づくりのために』大修館書店，107-115.

田尻悟郎（2007c）「田尻悟郎の公立中学の12か月：4月」『英語教育』4月号，大修館書店，44-45.

田尻悟郎（2007d）「田尻悟郎の公立中学の12か月：5月」『英語教育』5月号，大修館書店，44-45.

田尻悟郎（2007e）「田尻悟郎の公立中学の12か月：7月」『英語教育』7月号，大修館書店，42-43．
田尻悟郎（2007f）「田尻悟郎の公立中学の12か月：8月」『英語教育』8月号，大修館書店，42-43．
田尻悟郎（2007g）「田尻悟郎の公立中学の12か月：9月」『英語教育』9月号，大修館書店，46-47．
田尻悟郎（2007h）「田尻悟郎の公立中学の12か月：10月」『英語教育』10月号，大修館書店，42-43．
田尻悟郎（2007i）「田尻悟郎の公立中学の12か月：12月」『英語教育』12月号，大修館書店，42-43．
田尻悟郎（2008a）「田尻悟郎の公立中学の12か月：1月」『英語教育』1月号，大修館書店，48-49．
田尻悟郎（2008b）「田尻悟郎の公立中学の12か月：2月」『英語教育』2月号，大修館書店，46-47．
田尻悟郎（2008c）「田尻悟郎の公立中学の12か月：3月」『英語教育』3月号，大修館書店，46-47．
田尻悟郎（2008d）「英語は『教わる』のではなく『自分で考えて学ぶ』もの」『Stepping Stone』Vol. 1，㈶日本英語検定協会，6-7．
田尻悟郎（2008e）「もっと知りたい，上手になりたいと生徒の心が動く楽しい授業ができれば自学により英語力はぐんぐん上昇する」『TOEIC Bridge Newsletter』No. 12，㈶国際ビジネスコミュニケーション協会，2-5．
田尻悟郎（2008f）『NHK教育テレビ・わくわく授業－わたしの教え方－DVD第1巻：田尻悟郎先生の英語(1) "5分刻み"で英語が好きになる』ベネッセコーポレーション
田尻悟郎（2008g）『NHK教育テレビ・わくわく授業－わたしの教え方－DVD第2巻：田尻悟郎先生の英語(2)心が動いた！英語ができた！』ベネッセコーポレーション
田尻悟郎（2008h）『NHK教育テレビ・わくわく授業－わたしの教え方－DVD第3巻：田尻悟郎先生の英語(3) "魔法のテスト"で自信がついた』ベネッセコーポレーション
田尻悟郎（2008i）『NHK教育テレビ・わくわく授業－わたしの教え方－DVD第4巻：田尻悟郎先生の英語(4)こうすれば英語は楽しくなる！』ベネッセコーポレーション
田尻悟郎（2009）「カリスマ英語教師 田尻悟郎・関西大教授，教えの極意を語る」『2009年7月6日読売新聞関西版』
田尻悟郎のWebsite Workshop　http：//gtec.for-students.jp/tajiri/index.htm
田尻悟郎，築道和明（2009a）『Talk and Talk Book 1』正進社
田尻悟郎，築道和明（2009b）『Talk and Talk Book 2』正進社
田尻悟郎，築道和明（2009c）『Talk and Talk Book 3』正進社
築道和明，田尻悟郎（2000a）『Talk and Talk Book 1』正進社
築道和明，田尻悟郎（2000b）『Talk and Talk Book 2』正進社

築道和明，田尻悟郎（2000c）『Talk and Talk Book 3』正進社

ゾルダン・ドルニェイ（2005）『動機づけを高める英語指導ストラテジー35』米山朝二，関昭典訳，大修館書店

中井弘一（2000）「英語授業で音楽は活用できるのか」斎藤栄二，鈴木寿一編著『より良い英語授業を目指して：教師の疑問と悩みにこたえる』大修館書店，219-221.

名柄迪監修，中西家栄子，茅野直子（1991）『実践日本語教授法』バベル・プレス

新里眞男（1991）「音読の意義と指導法」『英語授業学の視点』三省堂

日本放送協会（2007）『プロフェッショナル仕事の流儀：楽しんで学べ，傷ついて育て 中学英語教師 田尻悟郎の仕事』NHKエンタープライズ

Jeremy Harmer（2003）『実践的英語教育の指導法：4技能から評価まで』斎藤栄二，新里眞男監訳，ピアソン・エデュケーション

D. バーン（1984）「四技能の統合」K. ジョンソン，K. モロウ編著『コミュニカティブ・アプローチと英語教育』小笠原八重訳，桐原書店，129-138.

樋口忠彦編著（1996）『英語授業Q&A：教師の質問140に答える』中教出版

深澤清治（2009）「求められる統合型の英語科授業構成」三浦省五，深澤清治編著『新しい学びを拓く英語科授業の理論と実践』ミネルヴァ書房，111-121.

三浦孝（2006）「コミュニケーション活動はなぜ英語授業の核となるのか」三浦孝，中嶋洋一，池岡慎著『ヒューマンな英語授業がしたい！：かかわる，つながるコミュニケーション活動をデザインする』研究社，1-55.

三浦孝，中嶋洋一，池岡慎（2006）『ヒューマンな英語授業がしたい！：かかわる，つながるコミュニケーション活動をデザインする』研究社

村端五郎，高知県田野町幼小中連携英語教育研究会編著（2005）『幼小中の連携で楽しい英語の文字学習－10年間の指導計画と40の活動事例－』明治図書

茂木健一郎，NHK「プロフェッショナル」制作班（2007）『プロフェッショナル仕事の流儀9』NHK出版

山口良治，平尾誠二（2003）『気づかせて動かす：熱情と理のマネジメント』PHP研究所

山下政俊（2000）『学びの支援としての言葉かけの技法』明治図書

山田憲昭（2001）「授業研究：高等学校の部」『全国英語教育研究団体連合会総会全国英語教育研究大会要項』22-30.

山田憲昭（2004）「リーディング授業，今年は訳先渡しで」『英語教育』4月号，大修館書店，14-15.

柳井智彦（1994）「『自学システム』とは何か」柳井智彦・田尻悟郎・大鐘雅勝著『自ら学ぶ子が育つ英語科自学システム』明治図書，7－24.

柳井智彦（1997）「＜序＞生きる力を育むシステム」田尻悟郎著『英語科自学のシステムマニュアル』明治図書，1-2.

矢藤誠慈郎（2006）「学習する教師」，曽余田浩史，岡東壽隆（編著）『新ティーチング・プロフェッション：教師を目指す人へのエール基礎・基本』明治図書，183-197.

柳瀬陽介（2004）「英語教育図書－今年の収穫・厳選12冊－」『英語教育』2004年10月増刊号，大修館書店，102-110．
横溝紳一郎（1997）『ドリルの鉄人：コミュニカティブなドリルからロールプレイへ』アルク
横溝紳一郎（2006）「教師の成長を支援するということ：自己教育力とアクション・リサーチ」春原憲一郎，横溝紳一郎編著『日本語教師の成長と自己研修：新たな教師研修ストラテジーの可能性をめざして』凡人社，44-67．
横溝紳一郎，迫田久美子，松崎寛（2005）「教育実習」縫部義憲監修，水町伊佐男編『講座・日本語教育学第4巻』スリーエーネットワーク，25-51．
吉田典生（2005）『なぜ，「できる人」は「できる人」を育てられないのか？』日本実業出版社
吉永みち子（2008）「英語の授業で生きる力を育てる」『26の「生きざま！」』日本経済新聞出版社，201-212．
若林俊輔（1983）『これからの英語教師：英語授業学的アプローチによる30章』大修館書店
渡辺浩行（2001）「英語のライティング想定事例集－教育現場から研究トピックへ」小室俊明編著『英語ライティング論－書く能力と指導を科学する』河源社，13-29．
J. Brophy（1981）Teacher praise： A functional analysis. *Review of Educational Research*, 51 (1), 5-32.
J. D. Brown（1995）*The Elements of Language Curriculum*： *A Systematic Approach to Program Development*. Boston, MA： Heinle & Heinle Publishers.
Severn Cullis-Suzuki（2003）「セヴァン・スズキさんのスピーチ」『6-way Street 下巻』バンブルビー

# 執筆をおえて

横溝紳一郎

　2007年11月24日,「言語学・コミュニケーション・ライフヒストリー的観点からの中学英語教師の研究」(平成17年度〜19年度萌芽研究:課題番号17652064, 研究代表者:柳瀬陽介),通称「田尻科研」のシンポジウムが,広島大学で開催されました。当日私に与えられた役割が2つありました。1つは,田尻氏の幼少時代から現在までをまとめた「ライフヒストリー」のDVDを作成することでした。田尻氏からお借りしたアルバムの写真をスキャンし,手元にあった映像と組み合わせ,BGMやテロップを入れながら,約30分の1本の映画のようにまとめるのには,思いのほか時間が(80数時間!)かかりましたが,とても楽しい作業でした。

　もう1つの役割,それは,「田尻実践をどう教員研修に活かすのか」について,30分ほど語るというものでした。教員の養成・研修は私の専門分野ですので,「まあ,なんとかなるだろう」と,ある意味タカを括っていたのですが,実際に準備を始めてみると,途方に暮れてしまいました。それはきっと,当時の私が田尻実践に圧倒され続けていて,「こういう研修をすべきだ」という提言などができる状態ではなかったからではないかと,今は思っています。困った私は,当日になってトピックを「田尻実践に出合ってしまった私たちはどうすればいいのか?」に替えました。トピックを替えたことによって,私自身の問題として捉えることが可能になり,なんとか30分,話をすることができました。

　本書の執筆をおえた今,2007年11月24日に話したことを思い出し,「田尻実践にどう向き合えば,自分は幸せでいられるのか」について,私なりにちょっと考えてみたいと思います。

　私自身,「田尻実践はすごい,素晴らしい」と思っているのですから,「田尻氏みたいにはなれない,見なかったことにしよう,距離を置こう」という作戦はとれません。そんなことをしたら,あっというまに不幸になってしまいます。でも,「田尻氏のようになろう!」としても,それは無理でしょう。本書中の大津氏のコラムに出てきた「田尻氏の＜ことばへの感性＞」のようなもの

は，私には圧倒的に不足しています。漫才や落語の要素を取り入れ，聞く人をグイグイ引き込んでいく話術も持ち合わせていませんし，あれほどの音感はもちろんありません。そう考えていくと，本書中の柳瀬氏のコラムに出てきた「田尻小悟郎」になることは，とうてい不可能ですし，それを目ざすと，また不幸になってしまいそうです。こう考えてくると，「田尻氏から距離を置かず，でも，小悟郎になることは目ざさない」といった絶妙の感覚でのお付き合いの仕方が必要となるようです（男性同士ではありますが）。

さまざまな試行錯誤の末に，現在の私は，このように田尻実践と向き合っています。

［作戦その1］
　　田尻実践を支えている教育哲学のもとで，行動してみる。
　　　（教育哲学）
　　　　　一人ひとりの学びに寄り添おう。
　　　　　学習者の可能性を信じ続けよう。
　　　　　夢を持ち，その実現に向けて行動し続けよう。

困った事態に直面したときに，「（本人になったつもりで）田尻氏だったら，こんなときどうするのだろう？」と考えてみることにしています。例えば，昨日教えた（つもりの）ことを大部分忘れてしまう生徒がいて，「何とかしないといけない」という状態に置かれたとします。「なんだ，コイツ。やる気もなさそうだし，ダメだな，コイツ」という声が自分の内部から出てきそうになったら，「ちょっと待て。こんなとき，田尻氏だったらどうするだろう？」と考えてみます。すると，「この生徒と一対一で寄り添いながら，忘れてしまう原因を解明し，それを解決するための方策を，生徒と一緒に探していく」シーンがイメージとして浮かんできます。そのイメージにしたがって行動することによって，問題の解決へとつなげることができます。

ただ，ここで大事なことは，一年中田尻悟郎でい続けることは大変ですし，不可能だという事実です。これを解決するために，私は「必要なときだけ，田尻氏を自分の『行動規範』にしよう」と心に決めています。自分にとって必要なときだけ「田尻氏のようになろう」というのは，ちょっと虫のいい話かもし

れませんが，これが私の作戦その1です。

作戦その2は，こんな感じです。

[作戦その2]
　　　型から入ってみる。
　　　　　真似できそうなところは真似してみる。うまくいけば，それでよし。うまくいかない場合は，諦めるのではなく，「何でうまくいかないんだろう」と考えてみる，原因を調べてみる，やり方を少し変えてみる，そしてまたチャレンジしてみる。

　本書の内容をご覧になるとお分かりになると思いますが，英語教育実践や生徒指導実践などに関して，田尻氏は，ご自身がお持ちの知識やノウハウを「使えるものは使ってください」というスタンスで，余すところなく提供なさっています。作戦その2は，これに便乗する形で「使えそうだなと自分が判断したものは，使わせてもらおう」というものです。例えば，2007年の秋に関西大学の英語科教科教育法の授業を見学に行ったとき「答案を返すときは，必ず名前を呼んで，渡すときは相手と目を合わせながら『ハイ』と言って渡さないといけない」という話がありました。「これはいい！」と思った私は，さっそく自分の現場で，それを試してみました。答案返却後は，生徒とのコミュニケーションが前日までとはぐっと変わったように感じました。こういった「ちょっとしたこと」でも，生徒のやる気に影響を与えるんだなと，そのとき，実感しました。

　ただ，講演などで聞いたり本書の中に書かれていることを読んだりして，そのとおりにやってみても，うまくいかないことも出てくると思います。そんなときに，「あ，ダメだ」と諦めてしまうのは，何とももったいない話です。原因を考えて，何かを変えるだけで，全く違う結果につながるのかもしれないわけですから。試行錯誤の連続こそが，必要不可欠だと思います。その試行錯誤こそが，田尻氏が私たちに望んでいることだと思います。現在の私は，こういった形で，田尻実践との幸福なお付き合いをしています。

　本書の執筆は，かき集めた田尻実践についての膨大なデータと格闘し，元データに忠実な形でまとめる，という形で進められました。しかしながら，デー

タとして残っているものは全て，その当時の田尻氏についてのものです。どんどん進化を遂げている田尻氏ですので，現在と照らし合わせて「以前とは考え方ややり方が違う」という部分が多々出てきました。本書執筆の最終段階で，田尻氏ご自身に内容をチェックしていただいたあとで，現時点の田尻氏に合わせて，引用データを一部変更いたしました。この点につきまして，ご了承くだされば幸いです。

　本書は多くの方のサポートによって初めて可能になったものです。この場を借りてお礼を申し上げます。表紙カバーの切り絵を作成してくださった，私の長年の友人である小西一珠喜様，編集という大変な作業をしてくださった教育出版の青木佳之様に心から感謝いたします。

　最後になりましたが，本書は科学研究費補助金プロジェクト「言語学・コミュニケーション・ライフヒストリー的観点からの中学英語教師の研究」（平成17年度〜19年度萌芽研究：課題番号 17652064）の研究成果発表の一部です。共同研究者である柳瀬陽介氏・大津由紀雄氏とは，大いなる知的刺激を与えていただきながら，素晴らしく楽しい時間を共有することができました。心よりの感謝を申し上げます。そして，膨大なデータを惜しみなくご提供くださり，教師としての"Starting Over"の機会を私に与えてくださった田尻悟郎氏に，心からのお礼を申し上げます。

2007年11月24日　東広島にて（左下は春原憲一郎氏）

## おわりに

　私は神戸市と島根県で7つの公立中学校に勤務し，その後，関西大学に移って3年が経つ。教員生活もいよいよ30年目に突入するが，私が日本で最も幸せな教員の1人であることは間違いない。大学でも中学校と同じように学生の輝く才能に心ふるわせ，彼らの心意気に感激し，努力に敬意を表し，心遣いに感謝し，悩みや迷いにつきあっている。大学では授業しか学生と接する機会はないが，それでも中学校勤務時代と同じように，彼らとたくさん話ができている。

　なぜそうなるのか。自分ではよく分かっていなかったが，この本を読み進めるうちに，だんだん分かってきた。それほど大津先生，柳瀬先生，横溝先生の分析は鋭い。恥ずかしい話だが，自分のやっていることは我流で，根拠も曖昧だった。

　NHK教育テレビ『わくわく授業』で，当時富山県砺波市立出町中学校で教頭をなさっていた中嶋洋一先生（現関西外国語大学教授）と私の両方の授業を紹介してくださったディレクターが，「中嶋先生は王貞治タイプ，田尻先生は長嶋茂雄タイプですね」とおっしゃったが，言い得て妙だと思った。私は，「グッとやってバシッとやれば，あとはカキーンと行く」授業作りをするタイプだと思っていたが，本書を読んで，自分がどうやら少しは考えていたらしいことが分かり，嬉しくなった。大津先生，柳瀬先生，横溝先生，ありがとうございます！

　本書の発刊に至るきっかけは，今から約5年前に，広島大学の柳瀬陽介先生から，私の授業実践を本格的に研究したいとのお言葉をいただいたことにある。私も我流でやっていたことを分析し，実践に理論的な裏付けをしていただきたい，成功事例をたくさんの先生方にも使っていただけるように普遍化したいと思っていたので，二つ返事でお受けした。

　柳瀬陽介先生とはそのずっと前から親交があり，研修会などでよくお会いしていた。柳瀬先生はご自分で発表なさることも多いが，他の講師の話を小型のラップトップに素早く打ち込み，それを瞬時に分析され，参加者が唸るような

講評をされるので定評があった。また柳瀬先生の読書量は信じられないぐらい豊富であり，研究室は知が結集し，教育現場における知見も圧倒的である。そしてそれらが紹介されているホームページは，間違いなく英語教育界で日本一だと思っていたので，研究のお誘いを受けたとき，ぜひ一緒に勉強させていただきたいと思った。そして，柳瀬先生が私に紹介してくださったのが，慶応大学の大津由紀雄先生と当時広島大学（現佐賀大学）の横溝紳一郎先生だった。

大津先生はその前から存じ上げていたが，認知科学の権威，脳科学も詳しい，MITでチョムスキーに直接指導を受けた偉人というイメージだった。しかし，よくはったりをかます私は，大津先生と初めてお会いするときも，びびったそぶりを見せないよう努めた。

2005年の夏，初めて東京三田の慶應義塾大学言語文化研究所にお邪魔し，最初のインタビューが始まった。そのときの印象は，研究室がきれいで，まるで図書館のような書籍数であったことと，そして，意外なことに，チョコレートやクッキー，ジュースが豊富に用意されていたことである（どうやらこれは私に合わせてくださったようだが…）。

このときの話はとても楽しかった（と言っても，私がしゃべり続け，3人の先生方は笑い続けるという感じだった）。大津先生のお人柄ですぐに打ち解け，快い時間を過ごさせていただいた。その後，近くの駅でギネスビールを飲んだ。そこから，大津先生とのお酒のつきあいも始まり，新橋のガード下で飲む楽しみも教えていただいた。大津先生は都はるみがお好きなようで，最初に抱いていたイメージが完全に崩れたが，調子に乗ってしゃべる私の本性も見抜かれてしまった。それ以来，とてもよくしてくださっていて，今や竹田豆腐店（香川県，讃岐うどんの名店にお揚げを納めておられ，そのお揚げは絶品！一度食べたらやみつきになること請け合い）の「揚げ友」である。

横溝先生は，日本語教育の大家で，現在は佐賀大学にお勤めになり，留学生のお世話をなさっている。彼らの寂しい思いや異文化の中での悩みなどにとことんつきあわれる，とても優しい方である。ただ，山笠の季節になると人が変わるそうなので，その時期は近づかないようにしているが。

横溝先生には，見事としか言いようのない分析をしていただき，本書のほとんどを執筆してくださった。膨大な資料と格闘されただけでなく，私の気まぐれと一所にとどまらない性格におつきあいくださり，数年かけて何度も書き直

しをされた。心より感謝申し上げたい。そして，より正確な分析と記述を期すために，2008年と2009年，関西大学英語指導力開発ワークショップ（http://www.kansai-u.ac.jp/ws/）にご参加くださり，私の講座を全て受けてくださった。福岡と大阪を数往復され，10日以上ホテルに泊まって私を研究されたが，90分の講座を2年間で39コマ受講されたので，「ゴロー菌」に脳を蝕まれ，大変な目に遭われたようだ。ご家族の皆様に，心よりお詫び申し上げます。

柳瀬先生のコラムにもあるように，皆さんは皆さんの特徴や長所があるわけであり，田尻小悟郎を目ざす必要はない。職員室に田尻が30人いるところを想像していただきたい。生徒にとって，これほどの悪夢はないだろう。先生方が一人ひとり違うから楽しい。ぜひ私の実践を手がかりに先生方なりの味付け，改良をされ，新しい手法を開発していただきたい。私も，better than yesterday をモットーに，明日も変化を続け，その中に進化が見られることを期待して生きていく所存である。

本書を刊行するに当たっては，教育出版の青木佳之氏に多大なるご迷惑をおかけした。心よりお詫びを申し上げるとともに，細やかなお心遣いをしてくださったことに感謝の意を表したい。そして何よりも，この科研の提案者であり，長年にわたって私の授業実践を研究し，私の過労を心配してたくさんのサプリメントを送ってくださる柳瀬陽介先生，脳科学を始め，私にたくさんの新しい世界を切り拓いてくださる大津由紀雄先生，膨大な時間をかけて私の実践を世に紹介してくださる横溝紳一郎先生に，感謝申し上げたい。

我々4人の提案が，読者の皆様の授業をさらによくしていくためのヒントになれば幸いである。

2010年3月吉日

田尻悟郎

[編　著]
## 横溝紳一郎
　1961年福岡県福岡市で，台湾生まれの父とペルー生まれの母から，生を授かる。西南学院大学在籍中に留学したサンディエゴで，「ことばの教師」になることを決意。その後，ハワイに渡り，日本語を教えながら研究を続け，ハワイ大学大学院より修士号（MA）および博士号（Ph.D.）を取得。現在は，佐賀大学留学生センター教授として，外国人に対する日本語教育や日本語教師養成を行う一方で，在住の博多地区で，小中連携の英語教育コーディネーターやボランティアALTを担当するなど，さまざまな教育活動に積極的に関わっている。代表著作として，『日本語教師のためのアクション・リサーチ』（凡人社），『成長する教師のための日本語教育ガイドブック上・下巻』（ひつじ書房）などがある。

[著　者]
## 大津由紀雄
　1948年，新潟県長岡弁ネイティブの父と江戸弁ネイティブの母の間に生を受ける。父経営の町工場を継ぐという大津家の期待を裏切り，認知科学の世界へ入る。1981年，Ph.D.（MIT）。1990年代になり，英語教育界の荒廃ぶりに，いてもたってもいられず発言を開始する。その縁あって，柳瀬陽介，田尻悟郎，横溝紳一郎の知遇を得る（時間順）。現在，慶應義塾大学言語文化研究所教授。英語教育関係の著書として，『ことばの力を育む』（窪薗晴夫との共著，慶應義塾大学出版会，2008年）などがある。柳瀬との共通点，おしゃべり。田尻との共通点，酒と×××。横溝との共通点，お祭り好き。

## 柳瀬陽介
　1963年生。元々国語教師志望だったので大学時代は英語教育を専攻したことを後悔。一時期ユング心理学にかぶれる。結局英語教育を続けるが「毒食わば皿まで」と大学院に進学。修士課程では心理言語学の真似事をするが，博士課程でその面白さを全く感じられなくなる。ウィトゲンシュタイン哲学に活路を見いだし，以来「英語教育の哲学的探究」という珍しい看板を掲げる。「哲学者は歩け」との教えに従い，できるだけ現場に出ることを心がけ，実践家の実践知を言語化することを研究テーマの一つとする。現在，広島大学大学院教育学研究科准教授。最新著作に『リフレクティブな英語教育をめざして―教師の語りが拓く授業研究』（ひつじ書房）。

[監　修]
## 田尻悟郎
　1958年島根県松江市で，散髪屋の父とパーマ屋の母の長男として生を受ける。大好きだった野球で挫折し，音楽の道に進むことを決意。高校の職員室が「奇跡だ！」とどよめいた島根大学合格の報告以来，奇跡を追い求めるが，音楽の道ではヤマハの大会において中国地区グランプリを受賞して運を使い果たし，親に説得されて教員になる。神戸市の中学校では生徒指導と野球の指導に明け暮れたが，島根に帰ってから野球部を持たせてもらえなかったことが転機となり，英語授業研究に没頭するようになる。その結果，柳瀬氏，大津氏，横溝氏らとの運命的な出合いを果たす。趣味はしゃべることと飲むこと。代表著作として，『（英語）授業改革論』（教育出版），『Talk and Talk』（正進社），『チャンツで楽習！　決定版』（NHK出版）などがある。


[カバー切り絵]
## 小西一珠喜
　1958年長崎県北松浦郡小値賀町（五島列島）の小さな島で，漁師の父と温厚な母の長男として誕生。大自然の中で育ち，絵を描くのが得意だった。北松西高等学校在籍中の夏に福岡市の百貨店で，きりえの実演と出合い，処女作品「竹馬」を創作する。1983年，福岡市に広告関係の会社を立ち上げる。2001年12月，小値賀町の実家が火事で全焼。その時，奇跡的に燃え残ったきりえ作品「ゆかた」を見て，天の声を感じる。この時期からきりえで博多祇園山笠をモチーフにきりえにのめり込む日々が始まった。2008年，山笠の男衆の法被姿をモデルにした作品を櫛田神社に奉納。代表著作として，画集『博多祇園山笠きり絵』（海鳥社）がある。
「博多きりえ」http://hakatakirie.com/

## 生徒の心に火をつける
### 英語教師 田尻悟郎の挑戦

2010年5月27日　初版第1刷発行
2013年2月4日　初版第6刷発行

| | |
|---|---|
| 編著者 | 横溝紳一郎 |
| 著　者 | 大津由紀雄　　柳瀬　陽介 |
| 監　修 | 田尻　悟郎 |
| カバー切り絵 | 小西一珠喜 |
| 発行者 | 小林　一光 |
| 発行所 | 教育出版株式会社 |
| | 〒101-0051　東京都千代田区神田神保町2-10 |
| | 電話（03）3238-6965　　FAX（03）3238-6999 |

©G. Tajiri, S. Yokomizo 2010　　　　DTP　明　昌　堂
Printed in Japan　　　　　　　　　　印刷　モリモト印刷
落丁本・乱丁本はお取替えいたします。　製本　上　島　製　本

ISBN978-4-316-80284-8　C3037